As origens do fascismo

AS ORIGENS DO FASCISMO

textos de
JOSÉ CARLOS MARIÁTEGUI

tradução e organização
LUIZ BERNARDO PERICÁS

alameda

Edição: Joana Monteleone
Assistente editorial: Marília Chaves
Projeto gráfico e diagramação: Christopher Franquelin
Capa: Christopher Franquelin

CIP-Brasil. Catalogação na fonte
Sindicato Nacional dos Editores de Livros, RJ

M286s

Mariátegui, José Carlos, 1894-1930
As origens do fascismo / textos de José Carlos Mariátegui ; organizador Luiz Bernardo Pericás. - São Paulo :
Alameda, 2008.
288p.

Inclui bibliografia
ISBN 978-85-98325-78-1

1. Fascismo. 2. Fascismo - Itália - História - Século XX. 3. Itália - Política e governo - 1914-1945. I. Pericás, Luiz Bernardo, 1969-. II. Título.

08-2458. CDD: 320.533
CDU: 321.64

17.06.08 18.06.08 007194

ALAMEDA CASA EDITORIAL
Rua Iperoig, 351 – Perdizes
Cep: 05016-000 São Paulo – SP
Tel 11 3862-0850

Sumário

JOSÉ CARLOS MARIÁTEGUI E AS ORIGENS DO FASCISMO

Luiz Bernardo Pericás

O fascismo, fenômeno político complexo que exerceu enorme influência em alguns países ao longo do século XX, foi extensamente analisado por diversos estudiosos desde suas origens. Antonio Gramsci, León Trotsky, Otto Bauer, Paul Sweezy e Ernest Mandel foram apenas alguns daqueles que tentaram compreender suas características e sutilezas. Entre os teóricos latino-americanos que trabalharam com o tema, é fundamental citar José Carlos Mariátegui como um dos primeiros a observar e acompanhar de perto os eventos na Itália que constituíram o fascismo, assim como tentar proporcionar uma interpretação precisa e acurada deste movimento singular.

O período em que Mariátegui esteve na Europa foi talvez o mais importante para sua formação teórica e para o desenvolvimento de suas idéias políticas. Dos três anos e quatro meses que JCM permaneceu no Velho Continente, a maior parte viveu na Itália, onde, como ele mesmo dizia, "se casou com uma mulher e algumas idéias". Apesar do espaço de tempo relativamente curto, teve acesso a personalidades literárias e políticas de peso, presenciou o desdobramento dos acontecimentos de maior transcendência do momento, visitou museus, leu os mais influentes jornais e ampliou seu conhecimento teórico a partir do estudo de muitas obras publicadas e discutidas na época.

Os motivos que levaram este que é considerado um dos pais do marxismo latino-americano ao "exílio dourado" na Europa são conhecidos. Trabalhando no meio jornalístico desde 1909, quando ainda era ajudante, linotipista e entregador do *La Prensa*, até começar poucos anos mais tarde a assinar os próprios artigos, utilizando pseudônimos, Mariátegui transitara de um período em que produzia poemas, contos, peças de teatro e colunismo social (inclusive colaborando para revistas femininas), para o início de uma nova fase, escrevendo sobre a política nacional no diário *El Tiempo*, sem deixar, contudo, de ainda manter vínculos com o *colonidismo* e de divulgar suas crônicas cotidianas mais leves. Depois de lançar, em 1918, com César Falcón, *Nuestra Época*, funda, em 1919, o *La Razón*, que se torna um instrumento de luta e apoio aos operários em greve pela jornada diária de trabalho de oito horas e pelo barateamento de subsistências. Também defende os estudantes da Universidade de San Marcos que pleiteavam a reforma universitária. Mariátegui então, apesar de muito jovem, já é conhecido por apoiar as causas dos trabalhadores peruanos e começa a ser visto como uma figura incômoda para o governo. Mesmo que tivesse permanecido do lado de Augusto Leguía, em sua campanha à presidência, o *La Razón* rapidamente torna-se um crítico feroz após o dirigente tomar o poder através de um golpe de Estado preventivo.

A posição de Mariátegui, consequentemente, também se torna mais difícil: ou sairia Peru ou correria o risco de ser preso. Influenciado por Enrique Piedra e Foción Mariátegui, o ditador Leguía, viúvo de Julia Swayne y Mariátegui (prima-irmã do pai de José Carlos), concedeu ao jovem periodista e a Falcón a possibilidade de ir viver na Europa com uma "bolsa" para trabalhar como "agentes de propaganda" do governo. Mesmo criticado por alguns opositores mais radicais do regime, José Carlos Mariátegui ainda assim decidiu aceitar a proposta, já que teria a oportunidade de conhecer outras culturas, de continuar a escrever para a imprensa peruana e de se aprofundar teoricamente. Esta seria a opção mais lógica no momento.[1]

---

[1] Para mais informações sobre a juventude de Mariátegui, ver Ricardo Luna Vegas, *José Carlos Mariátegui, ensayo biográfico*, Lima, Editorial Horizonte, 1989; Alberto Tauro, "Estudio preliminar", in José Carlos Mariátegui, *Escritos juveniles, tomo I*, Lima, Biblioteca Amauta, 1987, págs. 7 a 64; Alberto Flores Galindo, "Años de iniciacion: Juan Croniquer, 1914-1918", in Alberto Flores Galindo, *La agonia de Mariátegui, la polémica con el Komintern*, Lima, Centro de Estudios y Promoción del Desarrollo, 1982, págs. 119 a 141; e Guillermo Rouillon, *La creación heroica de José Carlos Mariátegui*, Lima, Editorial Arica, 1975.

Mariátegui, com apenas 25 anos de idade, partiu do Peru no dia 8 de outubro de 1919 e, após uma rápida escala em Nova Iorque, foi para a França, chegando ao país no dia 10 de novembro do mesmo ano. Seguiu para Paris, onde permaneceu apenas quarenta dias e então mudou-se para a Itália. Por um lado o clima mediterrâneo lhe agradava mais, especialmente por causa de seu estado de saúde frágil. Por outro, havia sido convidado a ir lá viver por um amigo, o cônsul peruano em Gênova Palmiro Machiavello, que mais tarde iria traduzir contos de Alfredo Panzini e Massimo Bontempelli, a pedido do próprio Mariátegui.

Não se pode descartar também a possibilidade de ele ter ido morar na península por causa da influência que a cultura italiana exercia, até certo ponto, no Peru no início do século, e que isso tenha pesado na sua escolha. A imprensa em língua italiana produzia várias publicações, como *Corriere del Pacifico*, *La Patria*, *L'Italiano*, *Almanacco Civile*, *Araldo*, *Stella d'Italia* e *Rivista italoperuviana* (dirigida por Enrico Calcagnoli), que eram lidas por alguns setores intelectualizados, principalmente em Lima, e que não passaram despercebidas por José Carlos Mariátegui, que chegou a polemizar, em 1915, com Emilio Sequi, antigo secretário de Mazzini e editor do *La Voce d'Italia*; lojas maçônicas promoviam encontros e conferências com literatos e políticos na capital e forneceram os primeiros quadros para o Partido Civilista; e o Colégio Italiano e seus professores, como Giuseppe Evoli, Manuele Solari e Antonio Raimondi, assim como seu diretor, Augusto Catanzaro, também divulgavam a cultura de seu país. Escritores e poetas italianos eram traduzidos, publicados em espanhol e se tornavam conhecidos no Peru. A influência de Leopardi, Pascoli e D'Annunzio era grande, especialmente entre as novas gerações. É bom lembrar que o próprio Manuel González Prada, que muito influenciou o jovem Mariátegui, era admirador, divulgador e tradutor de diversos escritores como Carducci, Prati e Stechetti.

Também é necessário salientar a amizade e influência mútua entre José Carlos e o poeta Abraham Valdelomar, grande aficionado da cultura italiana, cultura esta em parte absorvida por ele através da faculdade de Letras da Universidade de San Marcos e de seu professor de filosofia Alejandro Deustua, que introduziu em suas aulas autores como Filipo Masci e Guido della Valla. Valdelomar publica versos inspirados na estética d'annunziana e, entre 1913 e 1914, vai viver na Itália. Ao retornar, relata suas experiências européias e conta sobre as novas tendências locais, especialmente a obra de Marinetti. As estórias de Valdelomar (de quem Mariátegui irá se afastar em termos estéticos, literários e políticos alguns anos mais tarde), certamente devem ter suscitado interesse no jovem jornalista em conhecer a península.

De qualquer forma, as impressões de Valdelomar sobre a Itália serão muito diferentes daquelas escritas por JCM mais tarde. Neste caso, enquanto Valdelomar presenciará a Itália antes da guerra e por lá viverá por menos de seis meses, Mariátegui irá morar naquele país por dois anos e meio, após a Primeira Guerra Mundial. A conjuntura será outra e as opiniões de José Carlos Mariátegui mostrarão isso. É claro que suas impressões sofrerão também a influência de sua personalidade e posicionamento político. A Itália também oferecia uma vida cultural rica, um movimento operário em ebulição e um ambiente político extremamente interessante, desde o ponto de vista da teoria revolucionária como também da construção efetiva de uma alternativa socialista para os trabalhadores da península.[2]

A Itália que Mariátegui encontra é o resultado de várias experiências traumáticas recentes. O *Risorgimento* possibilitara uma unidade geográfica, construída e idealizada majoritariamente pela burguesia, que deixou de lado, em grande medida, o elemento po-

---

2 Para mais informações sobre Mariátegui na Itália, ver Robert Paris, *La formación ideológica de José Carlos Mariátegui*, México, Ediciones Pasado y Presente/Siglo Veintiuno Editores, 1981; Maria Wiesse, *José Carlos Mariátegui*, Lima, Biblioteca Amauta, 1987; José Carlos Mariátegui, *El alma matinal y otras estaciones del hombre de hoy*, Lima, Biblioteca Amauta, 1987; e Estuardo Nuñez, "Prologo", in José Carlos Mariátegui, *Cartas de Itália*, Lima, Biblioteca Amauta, 1987; e Estuardo Nuñez, *La experiencia europea de José Carlos Mariátegui*, Lima, Empresa Editora Amauta, 1994.

pular. A contínua fratura do norte desenvolvido e do sul agrário e dependente, o ponto nevrálgico da estrutura econômica do país, manteve-se praticamente intacta, portanto, durante a segunda metade do século XIX. A Itália, unida a partir do ideal cultural mazziniano, levado a cabo pelo ímpeto diplomático e militar de Cavour e Garibaldi, não se tornava palpável para boa parte da população, que em sua maioria sequer falava o italiano (a língua dos toscanos cultos), preferindo dialetos regionais.

O país, nas décadas subseqüentes à unificação *de facto*, acomodava, assim, em frágil equilíbrio, uma massa de camponeses pobres, uma ascendente classe operária (que ganhava muito lentamente organicidade e estruturação), e um setor político composto de partidos e dirigentes mais interessados em compromissos parlamentares e com sua perpetuação no poder do que necessariamente com a melhoria de vida dos estratos menos privilegiados da nação. O Estado surgido do *Risorgimento*, portanto, era politicamente fraco, conservador e burocratizado, mantendo quase que inalteradas as relações e os compromissos entre a burguesia e os setores latifundiários. A Itália aparecia no cenário europeu como um Estado coadjuvante, sem força política, militar ou econômica para rivalizar com as grandes potências industriais européias.

A indústria italiana era comparativamente atrasada em relação à das nações centrais do Velho Continente e à dos Estados Unidos, tinha poucos recursos, mercado interno restrito e difícil possibilidade de concorrência no exterior. Mantendo fortes laços com a burocracia estatal, gradualmente se transformava num elemento de corrupção por excelência. Políticas aduaneiras, fiscais e creditícias possibilitaram maiores investimentos, inclusive estrangeiros, no parque industrial. Empresas foram criadas com apoio de grandes bancos, como a Banca Nazionale, Banca Generale e Credito Mobiliare, assim como com apoio estatal. Algumas fábricas surgiram, como a de Franco Tosi, que produzia caldeiras ou a Breda, que ajudou a constituir a indústria mecânica. Mesmo que o país na segunda metade da década de 1880 já começasse a poder pensar na produção de aço, e que efetivamente houvesse um crescimento nesta atividade, a economia industrial ainda era controlada principalmente pelos setores têxtil e manufatureiro.

Enquanto isso, a agricultura também estava longe de apresentar qualquer eficiência econômica. Em outras palavras, o que se podia constatar era: por um lado um sistema latifundiário extensamente difundido e por outro, terras montanhosas ou encharcadas (e, portanto, pouco favoráveis a grandes produções agrícolas), e um campesinato de pouca formação cultural e que compunha essencialmente uma mão-de-obra barata, fartamente disponível e controlada, seja pelas classes patronais agrárias, seja pelo Estado centralizador aliado a estas.

A permanência de pequenas propriedades no meio rural representaria, para certos setores da elite, um entrave para a acumulação de capital e para o desenvolvimento do campo. Assim, foi destruída qualquer possibilidade de que um modelo ampliado de pequenas propriedades prevalecesse e se favoreceu a constituição de latifúndios. A produção agrícola em parte financiava os empreendimentos públicos, como a construção de estradas e ferrovias. Desta forma, o sistema fiscal do país sangrava a renda do campo e a transferia para o setor público e para as indústrias privadas. E o campesinato pobre do sul era cada vez mais esmagado economicamente.

Na última década do século XIX, tanto no governo Crispi, como no primeiro e breve gabinete de Giolitti, o que se pôde presenciar foram exemplos claros de políticas paternalistas, demagógicas e em vários casos, repressoras, apoiadas na monarquia e na organização policial, internamente, assim como na máquina militar alemã no campo internacional. Os escândalos bancários e casos de corrupção marcaram o período. Um imperialismo retórico e frágil, sem bases reais dentro da economia ou da estrutura militar do país, começou a surgir a partir desta época e se expressou nas derrotas de Dogali e Ádua.

O fenômeno do *transformismo* torna-se efetivamente patente. A linha entre os liberal-conservadores e os liberais progressistas irá borrar-se e perder em parte seu sentido. Políticos de colorações aparentemente distintas trabalharão juntos, mudarão de idéias e plataformas, formarão alianças e coalizões para manter-se no poder. Em outras palavras, os políticos aceitarão a melhor fórmula no momento, "transformando" suas agremiações e seus projetos de acordo com os resultados nas eleições ou pelas necessidades conjunturais.

O começo do século XX se caracteriza pelo longo governo Giolitti, que permanece no poder, quase que ininterruptamente, de 1903 a 1914, levando ao ápice o *transformismo* e usando com habilidade sua posição para abrandar polêmicas e problemas em todo o país. O período foi chamado de "decênio feliz", uma caracterização um tanto quanto exagerada para aquele momento. De fato, houve um claro desenvolvimento das forças produtivas e da economia italiana como um todo, assim como a promulgação de várias reformas "democratizantes", como benefícios trabalhistas, sufrágio universal masculino (é bom lembrar que em 1912, o número de eleitores subiu de três milhões para oito milhões de pessoas), e melhorias na educação fundamental.

Na prática, contudo, essas medidas tinham como principal intuito "pacificar" e "controlar" quaisquer arroubos das massas populares, construindo, por conseguinte, uma base institucional para garantir a estabilidade necessária para que o capital financeiro e a indústria pesada pudessem se desenvolver sem empecilhos. É difícil dizer que houvesse, em realidade, verdadeiras divisões entre os setores progressistas e conservadores no Parlamento nacional. Na verdade, o que se constatava era uma coalizão de indivíduos ou grupos, sem reais vínculos com os desejos de boa parte da população, seu eleitorado.

Acompanhando o mito da tranqüilidade social que surgia no período desta que foi cunhada de "monarquia socialista", houve um significativo aumento da burocracia, uma melhor estruturação dos aparatos policiais, o aprofundamento das desigualdades entre sul e norte e a criação dos primeiros trustes. O governo Giolitti, com os fiascos militares de Crispi na memória, ainda teve tempo de uma aventura bélica contra os interesses da Turquia na Líbia, em 1911, usando uma retórica nacionalista e guerreira que surtia certo efeito *em parte* daqueles cidadãos que agora sentiam-se incorporados devidamente à nação pelo sufrágio universal. Mas Giolitti parece não ter percebido ou ter tido plena consciência das transformações dos partidos e das modificações políticas extra-parlamentares que deram, gradualmente, força e organicidade a setores como os católicos e socialistas, que, em parte, cresceram durante os anos de seu mandato, com intenção de combater o desgastado liberalismo oligárquico que ele defendia. Como diria o filósofo Benedetto Croce, o liberalismo na Itália havia deixado de ser um ideal, uma emoção, e teria se convertido, na prática, num "sistema", num "regime".

Os nacionalistas, àquela altura, certamente ganhavam força depois da gesta na Tripolitânia, que teve o apoio financeiro da Banca di Roma. Em dezembro do ano anterior a estes acontecimentos havia sido fundada, em Florença, a *Associazione Nazionalista Italiana*. Seu principal dirigente, Enrico Corradini, iria, na ocasião, propor a fórmula do "socialismo nacional". Em 1911, juntamente com Federzoni, Coppola, Maraviglia e Forges Davanzati, começou a publicar seu *L'Idea Nazionale*, um semanário político.

O que se pode dizer é que este "nacionalismo" italiano tinha características confusas e personagens extravagantes. Uma mistura de provincianismo, imperialismo de segunda categoria, retórica anti-socialista, militarismo tacanho e populismo, o "nacionalismo" italiano ganhava espaço, mesmo que restrito, cultural e politicamente, no cenário interno. Neste sentido, pode-se dizer que os dois elementos "espirituais" da tendência nacionalista, que mais tarde viriam a ser importantes influências dentro do fascismo, foram o d'annunzianismo e o futurismo marinettiano. Movimento vertical, agressivo, conservador e intelectualizado, tentava penetrar em diferentes camadas da população com seu discurso patriótico.

A economia política não lhes interessava tanto quanto os "ideais" do grande império. Ou seja, tentavam passar por cima da realidade objetiva, acreditando que o palavreado entusiástico e a imposição de valores culturais seriam o suficiente para construir uma nova nação italiana, forte e orgulhosa. Através de romances, peças teatrais e manifestos, exaltavam as "glórias" da Roma antiga. Corradini, Prezzolini, Papini e tantos outros, através de publicações como *Il Regno* e *La Voce*, por exemplo, difundiam suas propostas muitas vezes irracionalistas e exaltadas. Era fundamental que se constituísse um Estado forte, autoritário e expansionista, favorecendo o grande capital nacional a se reproduzir e se desenvolver em outras regiões fora da Itália. A Associação era apoiada financeiramente pela Banca Comerciale Italiana, instituição criada por um grupo industrial alemão. Era, portanto, o braço político, até onde convinha, dos interesses dos banqueiros nacionais e estrangeiros.

Os futuristas, por seu lado, também seguiam caminhos políticos similares. Em 1909, Filippo Tomaso Marinetti havia lançado seu "Manifeste de futurisme" no jornal parisiense *Le Figaro*, e logo suas idéias começam a ser adotadas por alguns seguidores na Itália. Um ano mais tarde, publicaria *Mafarka*, um romance caótico que aprofundaria suas teorias, seguido da peça teatral *Le roi bombace* e *Anti-neutralità*, assim como *Teatro sintetico futurista*. Defenderá a guerra e o intervencionismo italiano.

Mais realista em termos práticos, sem dúvida, era o próprio setor financeiro, através de instituições como a Banca di Roma, Credito Mobiliare, Banca Commerciale Italiana e Banca Generale, que, em alguns casos, tinham filiais e interesses econômicos (como linhas de navegação, por exemplo), em países do Império Otomano que se esfacelava, como Egito, Eritréia, Etiópia, Marrocos e a própria Tripolitânia. A compra do porto de Assab ao sultão de Raheita pela Companhia Rubatino é um exemplo disto, assim como a aquisição das primeiras feitorias ao sultão de Zanzibar, que vendeu o litoral de Benadir à Itália por 144 mil libras esterlinas.[3]

Com as mudanças políticas que ocorriam na Turquia, a transformação do Marrocos em protetorado francês e a suposta necessidade de expansão de seu mercado e influência política-econômica na região em seu entorno, desde o *mare nostrum* mediterrâneo até o Mar Vermelho e algumas áreas balcânicas, a Itália, em boa medida apoiada pelo setor financeiro, empreendeu suas aventuras militares e contribuiu, à sua maneira, para o início da Primeira Guerra Mundial, poucos anos depois. De qualquer forma, nos congressos subseqüentes, os nacionalistas foram paulatinamente "depurando" seus quadros, afastando os elementos democráticos, maçons e liberais. Restaram, então, aqueles que representavam e recebiam o apoio da indústria pesada. Ou seja, a Associação continuou representando um grupo pequeno e sem grande penetração na maior parte da população.

O governo Giolitti e o regime liberal encontraram-se cada vez mais isolados também por causa da atuação dos católicos, que desde a segunda metade do século XIX sentiam-se insatisfeitos com a perda de influência e poder temporal sobre as demais regiões do país. O ápice do confronto entre a Igreja e o liberalismo havia se expressado entre 1869 e 1870 no Concílio Vaticano, quando fora anunciado o "autocativeiro" interno do Papa dentro de Roma, assim como a "infalibilidade" do líder máximo do catolicismo. É verdade que essa relação difícil não será sempre tensa, e diversos privilégios serão concedidos ao Papa pela Itália unificada.

De 1871 em diante, o Papa não poderia ser julgado ou condenado pelas cortes italianas, teria direito a um corpo diplomático e militar próprios, assim como receberia do governo uma fatia em dinheiro para seus gastos anuais e o direito a permanecer com os palácios Vaticano e Latera-

3 Ver J. Pires do Rio, *Realidades econômicas do Brasil*, Rio de Janeiro, Livraria José Olympio Editora, 1945, pág. 306.

nense. A Vila de Castelgandolfo também ficaria em suas mãos. Mesmo assim, uma diversidade de restrições serão impostas ao Vaticano, que terá de abrir mão de vários privilégios. Os católicos, contudo, lutarão por conseguir exercer influência nas escolas, defendendo o ensino livre, e portanto, passível de ser em parte controlado por eles. Com o crescimento do movimento operário influenciado pelo anarco-sindicalismo e pelo socialismo de inspiração marxista, a partir do início da década de 1890, serão incentivadas as iniciativas de aproximação com setores trabalhistas. Surgiam, portanto, as condições necessárias para que, poucos anos mais tarde, se construísse um setor sindicalista "branco".

Os democratas-cristãos, encabeçados por Dom Romulo Murri, demonstravam cada vez mais seu anti-liberalismo e seu desejo de ampliar a democracia na Itália, ainda que continuassem, na prática, afastados dos foros parlamentar ou governamental, seguindo as ordens da "Santa Sé", que desde 1874 proibia a participação de clérigos na política. Mesmo que houvesse acaloradas discussões entre os católicos conservadores e os "progressistas", todos respeitavam o *non expedit* papal, que lentamente foi sendo suavizado nos primeiros anos do século XX. Um exemplo claro disto foi a suspensão, em 1904, pelo Papa Pio X, da aplicação da bula nos distritos eleitorais onde os candidatos anti-clericais poderiam ganhar se os católicos se abstivessem de ir às urnas. Ainda assim, os católicos continuavam proibidos de formar seu próprio partido.

A Itália se modernizava e aos poucos se industrializava, apresentando uma nova problemática social e desafios econômicos, que eram encarados de forma pragmática pelos sacerdotes mais avançados politicamente, mas que sofriam a resistência dos "velhos", sem disposição para grandes mudanças doutrinárias. Ainda assim, a antiga *Opera dei Congressi*, que fora a principal organização da Igreja desde 1874, e que participara ativamente, de forma "oficial", patrocinando associações de trabalhadores, sociedades de ajuda mútua, jornais e bancos, e "controlando" as atividades de diversos setores sociais, foi dissolvida e substituída em 1904 por várias *Unioni Cattoliche*, dirigidas por bispos conservadores.

Nesse sentido, é interessante ver a trajetória de Murri. Representando um setor jovem, que ansiava por mudanças dentro da relação entre Igreja e Estado, Murri tornava-se aos poucos uma figura desagradável para o Vaticano. Por meio de várias revistas, como *Cultura Sociale*, *Rivista di Cultura*, *Rinnovamento* e *Nova e Vetera*, expunha suas idéias polêmicas, que desagradavam aos elementos mais reacionários da Igreja. Este clérigo rebelde, que achava que os católicos conscientes tinham por obrigação ajudar os trabalhadores e camponeses a se organizar para a defesa de seus interesses de classe contra os capitalistas, já havia sido punido em 1903, mas mesmo assim foi um dos incentivadores, dois anos mais tarde, da constituição da *Lega Democratica Nazionale* e de sua publicação, *Azione Democratica*. A LDN, que apoiava a separação da Igreja e Estado, será condenada pelo Papa, que punirá Murri e o proibirá de publicar a *Cultura Sociale*, que será substituída, em seguida, por outra publicação, a *Rivista di Cultura*.

Quando a *Lega* expressa ser favorável à liberdade de ensino, fim do ensino religioso nas escolas e controle do Estado sobre os colégios, as alas conservadoras católicas reagem imediatamente, condenando, pela encíclica *Pascendi dominici gregis*, o movimento "modernista". O fato é que, lenta e paradoxalmente, a Igreja claramente vai se inserindo no campo político. São fundadas a *Direzione generale dell'Azione cattolica italiana* e a *Unione fra le donne cattoliche d'Italia*, ambas de 1908, e um ano mais tarde, os católicos recebem a permissão para se candidatar. Nas primeiras eleições em que puderam participar, Murri foi eleito e em seguida excomungado pelo sumo pontífice. O setor mais moderado, que havia apresentado vários candidatos e que havia vencido o pleito, sai fortalecido. Os católicos, assim, reforçam seus laços com os bancos, fundam diversas revistas e jornais e dão impulso ao sindicalismo *bianco*. Os sindicatos católicos, a partir daí, irão rivalizar com os anarquistas e socialistas.

Outro importante clérigo que se destacou nos quadros católicos, no início do século XX, foi o sacerdote siciliano Luigi Sturzo, um dos fundadores e líderes do Partido Popular, criado em 1919, pouco depois da Primeira Guerra Mundial. Era também um ferrenho opositor do liberalismo e tinha a intenção de construir um partido de massas católico que não estivesse organicamente vinculado à Igreja de Roma.

Os socialistas, por outro lado, aumentavam nitidamente o número de membros dentro de seus quadros políticos, apesar de suas costumeiras fricções internas. A Federação dos Trabalhadores da Terra, por exemplo, que foi criada em 1901, contava com mais de 200 mil adeptos um ano mais tarde, enquanto a CGL (Confederação Geral do Trabalho) possuía o mesmo número de filiados em 1906, reunidos em 700 ligas. O movimento operário italiano, antes controlado principalmente por anarquistas, ganhava coesão e organicidade gradualmente, à medida que os socialistas estruturavam seu partido. Das sociedades de auxílio mútuo, os trabalhadores transitaram para o Partido Operário Italiano, fundado em 1882, e em seguida, para o Partidos dos Trabalhadores Italianos (1892). Em 1895 seria fundado o Partido Socialista Italiano (PSI).

No Congresso do partido, realizado em 1900, ficou clara a divisão entre os "minimalistas" e os "maximalistas". Filipo Turati, principal dirigente da agremiação, conseguiu convencer os delegados a aprovar os dois programas propostos, já que o "mínimo" representaria um meio para se atingir, de alguma forma, o "máximo". O partido estava repleto de intelectuais e teóricos, mas supostamente os melhores "organizadores" dos trabalhadores encontravam-se no movimento sindical, muitos dos quais foram expulsos do PSI pouco tempo depois.

Os setores mais "revolucionários" do partido, entre os anos de 1908 e 1912, foram liderados por Constantino Lazzari e Benito Mussolini. Já a maioria reformista trabalhava no sentido de convencer o proletariado a abraçar o socialismo evolucionista e colaboracionista bernsteiniano. No Congresso de 1912, os maximalistas conseguiram expulsar diversos militantes dos setores mais conservadores, inclusive Bissolati, e tomaram em suas mãos o partido. Mesmo perdendo espaço no PSI, os reformistas continuaram controlando a Confederação Geral do Trabalho. Assim, enquanto os operários mais qualificados (principalmente de algumas indústrias do Norte), e funcionários do Estado, apoiavam as posições mais conservadoras, os trabalhadores sem especialização, mais pobres, como menor nível de instrução, tanto nas áreas rurais como urbanas, se mantiveram junto aos anarquistas e sindicalistas socialistas revolucionários.

De qualquer forma, as greves mais importantes antes da entrada da Itália na Primeira Guerra Mundial foram impulsionadas pelos setores mais radicais do sindicalismo italiano. A "Semana Vermelha", que começou em Ancona, em 7 de junho de 1914, depois de uma refrega entre trabalhadores e polícia, liderada inicialmente pelo anarquista Errico Malatesta, cresceu em proporções quando o PSI e a CGL decretaram uma greve geral, que já havia tomado conta da Romagna e que rapidamente se espalhou por todo o país. Com o crescimento dos protestos, o que era uma greve se tornou uma rebelião. Preocupados com o desenrolar dos acontecimentos, os líderes socialistas e sindicalistas tiraram seu apoio e esvaziaram a greve, que terminou uma semana mais tarde.

A Primeira Guerra Mundial iria complicar ainda mais o confuso cenário político italiano. Despreparado militarmente, o país entraria no conflito em maio de 1915, pressionado pelo movimento de praças e pela ambígua prerrogativa régia constitucional, invocada pelo rei para se aliar secretamente à *Entente*, através do Pacto de Londres. Muitos acreditavam que a guerra possibilitaria um aumento de território para a Itália, uma integração (que seria finalmente completada, depois de muitas décadas) das massas populares à nação unificada, assim como a destruição de qualquer tentativa de revolução internamente. O primeiro-ministro Salandra e o ministro de Relações Exteriores, Sonnino, influenciados pelos setores favoráveis ao intervencionismo (como nacionalistas, futuristas e d'annunzianos) jogam a Itália na guerra. Este seria o golpe final ao regime de Giolitti, que renunciaria.

Mussolini, antes pacifista e contrário à intervenção italiana na Líbia, começa a defender abertamente o envolvimento no conflito e a publicar o seu *Il Popolo d'Italia*, um jornal de tiragem pequena e com pouca repercussão no país, mas que terá o apoio financeiro de algumas corporações industriais. Seria consequentemente expulso do PSI. No dia 1º de janeiro de 1915, Mussolini divulgaria o primeiro manifesto dos *fasci d'azione rivoluzionaria*. Nos dias 24 e 25 do mesmo mês, seria realizado o primeiro Congresso dos *fasci* em Milão. O "movimento", na época, já contava com aproximadamente nove mil membros. Neste período Marinetti publica *Guerra sola igiene del mundo*, exaltando a guerra e incentivando o envolvimento italiano. Os socialistas, anarquistas e católicos, por seu lado, levantarão a voz contra a participação do país no conflito.

Em 1918, a Itália, que havia perdido em torno de 750 mil soldados na guerra e encontrava-se politicamente polarizada, ganhou o direito de participar, junto a seus aliados, das discussões do Tratado de Versalhes. Mas a "mutilação" das reivindicações irredentistas culminou na saída de Orlando e Sonnino da mesa de negociações em 24 de abril de 1919. Em setembro do mesmo ano, D'Annunzio e um grupo de *arditi* "patriotas" indignados, apoiados por setores nacionalistas e conservadores, invadem "pacificamente" a cidade de Fiume (na fronteira do novo Estado da Iugoslávia), que não havia sido cedida à Itália após a guerra. A ocupação teatral de Fiume foi um desafio aberto ao Tratado de Versalhes, que só causou mais desconforto e embaraço ao então governo de Francesco Nitti, desde junho no poder. D'Annunzio, forçado pelo exército italiano, teria de sair de Fiume em dezembro de 1920, desprestigiado.

O governo Nitti se enfraquecia. Muitas das promessas de terra aos camponeses e de justiça social para os operários urbanos, ou seja, para os grupos que engrossavam as fileiras do exército e que efetivamente iam para os campos de batalha, propagandeadas pelo governo do país durante o conflito, não se concretizaram. Em outras palavras: pura ilusão. Como dizia um velho provérbio popular italiano, "em tempo de guerra, mais mentira do que terra".

Para a grande indústria, contudo, o conflito fora um ótimo negócio. Os setores siderúrgico, automobilístico e químico, por exemplo, tiveram enorme crescimento entre 1915 e 1917. A taxa média de crescimento anual da indústria foi de 4, 26% para 7, 75% neste período. Nesses anos, fusões ocorreram e os lucros aumentaram ainda mais. A produção de ferro ilustra bem a situação. De 200 mil toneladas anuais, a produção aumentou para um milhão de toneladas no final da guerra. Enquanto isso, percebia-se a diminuição da produção agrícola, a destruição de muitas pequenas e médias empresas, a contínua desvalorização da lira e o crescimento da inflação. O déficit fiscal italiano, que era de 214 milhões de liras entre 1914 e 1915, subiu para 23.345 milhões entre 1918 e 1919. As classes médias gradualmente se empobreciam, cada vez mais exauridas pela pesada carga tributária imposta pelo Estado naquele momento.[4]

O país se encontrava, na prática, quebrado economicamente. Trabalhadores das grandes cidades, professores e até magistrados declararam greve por melhores salários e jornada de oito horas, assim como manifestações eram feitas contra o aumento no custo de vida e até mesmo contra a intervenção estrangeira na Rússia. Saques e pilhagens começavam a ocorrer. Enquanto sindicalistas, camponeses e "revolucionários" aumentavam sua agitação, setores de classe média, latifundiários e representantes da grande indústria começavam a reagir contra o bolchevismo e a propaganda socialista. E os antigos combatentes da guerra, soldados e oficiais, marchavam nas ruas com suas medalhas e reuniam-se em associações e bandos paramilitares para mostrar sua força e tentar garantir sua reinserção na vida social italiana.

O país tinha de resolver o "problema" da reintegração de 160 mil veteranos em rápido processo de desmobilização, manter o ritmo da

---

[4] Ver Robert Paris, *Los origenes del fascismo*, Barcelona, Ediciones Península, 1976, págs. 66 e 67.

produção industrial em tempo de paz, converter as fábricas para o novo momento histórico que se delineava, controlar as greves e lutar contra o desemprego estrutural e a pobreza. Junto a esse quadro de crise política e econômica, estava o mito da "vitória mutilada". Os discursos de D'Annunzio e Mussolini só ajudavam a aumentar as tensões dentro do país. É bom lembrar que nesse momento, mesmo que o *Il Popolo d'Italia* (que agora era designado como "o jornal dos combatentes e produtores") estivesse isolado, com pouca influência na população, Mussolini já controlava um grupo militarizado composto de antigos veteranos, que lhe poderiam ser úteis em termos políticos em algum momento.

Em 23 de maio de 1919, Mussolini funda o primeiro *fasci di combattimento*, na praça San Sepolcro, em Milão, juntamente com um punhado heterogêneo de radicais (entre cem e duzentas pessoas), especialmente composto de veteranos de guerra, *arditi*, antigos militantes socialistas, revolucionários arrependidos, futuristas e alguns sindicalistas. Quase não impressionou ninguém naquele momento, apesar da retórica violenta dos seus membros. O programa "fascista" era pouco profundo em termos teóricos e voltado principalmente para atacar tudo aquilo a que seus divulgadores eram contrários *até então*, ou seja, o capitalismo, a monarquia, a Igreja, o liberalismo, o marxismo, o Parlamento e a "burguesia" italiana.

Na prática, o fascismo, assim, começava mais como um *estado de ânimo* e uma "doutrina da ação", do que necessariamente com uma agrupação política orgânica. Apenas um ano mais tarde é que o "fascismo" se tornaria, efetivamente, um movimento de massa. Mussolini e os fascistas iriam tomar emprestado de D'Annunzio as saudações romanas, os uniformes e os rituais que ele havia elaborado durante a ocupação de Fiume.

Em abril de 1919, após a decretação de greve dos socialistas e sindicalistas em Milão, um grupo fascista, com elementos provenientes dos *arditi*, futuristas e militares, havia invadido a sede do *Avanti* e causado a maior destruição possível. Esse foi apenas um exemplo entre outros do que os fascistas já vinham fazendo antes mesmo da fundação formal da agremiação (a partir de bandos paramilitares que muitas vezes surgiam espontaneamente), e que constituiu uma forma de atuar comum do grupo daí em diante.

Durante o primeiro Congresso "fascista", em outubro, na cidade de Florença, era possível perceber as dificuldades do movimento: um número de militantes ainda pequeno e o dinheiro para as atividades, escasso. Nas eleições daquele ano, nenhum fascista conseguiu se eleger para o Parlamento. Em Milão, a única cidade onde concorreram, tiveram apenas quatro mil votos. O destaque na ocasião ficou com os socialistas e os populares, de Luigi Sturzo. O PSI, apesar do sucesso eleitoral, estava em meio a fricções internas por causa das discussões sobre os caminhos a tomar, pressionado pelas muitas greves e ocupações de fábricas que ocorriam em várias cidades. Elementos mais colaboracionistas e evolucionistas, e um setor revolucionário, discutiam os rumos do partido.

Sentindo-se acuados e derrotados, os fascistas cada vez mais irão aprofundar sua política agressiva e extra-parlamentar, tentando arregimentar nas massas descontentes seus novos adeptos. Mussolini conseguira aglutinar muitos desses bandos, que já vinham atuando, com uma fachada "patriótica" e de caráter *inicialmente* rural, muitas vezes de forma autônoma, local, esporádica e circunstancial. É bom lembrar que estes bandos, os primeiros "núcleos" fascistas, armados e apoiados por fazendeiros e comerciantes do campo italiano, cumpriam o papel de defender os interesses dos setores patronais agrícolas e a burguesia rural de forma geral, principalmente no Vale do Pó, que temiam a perda de suas terras e privilégios depois da guerra, ao perceber a crescente mobilização dos *popolari*, socialistas, camponeses e proletariado rural, assim como por causa das movimentações dos católicos e membros do PSI dentro do Parlamento, que planejavam reformas econômicas e sociais em grande escala.

As invasões e ocupações de fazendas aumentavam. Em abril de 1920, em torno de 27 mil hectares, de 191 proprietários, já haviam passado para o controle do trabalhadores rurais, que começavam a governar as províncias por meio de cooperativas e prefeituras. Como Nitti cedia, e entregava a posse das terras ao campesinato, os setores capitalistas rurais constituíram a Confederação Geral da Agricultura e financiavam as "expedições punitivas" no campo. Essas turbas armadas foram também úteis aos interesses do capitalismo urbano. Ao perceber que o uso da força poderia assegurar, de alguma forma, a preservação de sua posição privilegiada, a burguesia das cidades industrializadas decidiu financiar esses *squadristi* de desordeiros uniformizados e armados de porretes, revólveres e facas, que tentavam deter o avanço do "perigo" bolchevique e maximalista. Ou seja, mesmo que a fundação "oficial" e as origens ideológicas do fascismo tenham sido urbanas, os "embriões" da *prática* do movimento surgiram no meio rural.

A ocupação das fábricas, em 1920, iria representar a última possibilidade séria de fortalecimento do movimento operário e do caminho revolucionário. A incompetência dos socialistas e a falta de habilidade do governo liberal de Giolitti (de volta ao poder desde a demissão de Nitti, em junho daquele ano), que era visto pelas classes abastadas como inepto, pouco confiável e propenso a mediações e favorecimentos aos trabalhadores, abriram caminho para a entrada de vez do movimento fascista como protagonista no cenário político italiano.

Entre 1920 e 1921, o fascismo iria crescer. De acordo com números do Ministério do Interior da época, só de março a outubro de 1921, por exemplo, o fascismo, de 80.476 aderentes passaria para 217.072 membros. De 108 *fascios*, em 1920, aumentará para 830 um ano mais tarde. A grande maioria dos inscritos seria proveniente do Norte da Itália, seguido do Sul e Centro do país. Isto significava que os fascistas já podiam rivalizar numericamente com os socialistas, que tinham em torno de 217 mil em seus quadros e com os populares, com aproximadamente 250 mil filiados naquele momento.

A composição social do fascismo é também interessante. Em torno de 24, 3% eram trabalhadores rurais; 15, 5% de trabalhadores das indústrias; 13% de estudantes; 11, 9% de agricultores e fazendeiros; 9, 9% de empregados privados; 4, 7% de funcionários públicos; 9, 2% de comerciantes; 6, 6% de profissionais liberais; 2, 8% de industriais; 1, 1% de professores; e 1% de trabalhadores do mar.[5] Assim, tanto a classe média urbana, como também a rural, que crescera significativamente depois da guerra, após receber títulos de posse de terra em decorrência da desagregação de vários latifúndios, temerosas do perigo bolchevique e ansiando por ocupar maior espaço político, engrossaram as fileiras do fascismo. Em outras palavras, o fascismo talvez pudesse possibilitar uma maior mobilidade e ascensão social das camadas médias italianas, que exigiam maior participação no governo. A quantidade de veteranos de guerra e de jovens (muitos dos quais, estudantes secundaristas e universitários), era significativo. O caminho natural seria a transformação, em algum momento, do movimento em partido.

Nas eleições de maio de 1921, os fascistas, através de alianças, dentro das chapas propostas por Giovanni Giolitti (que queria contrabalançar a força dos *popolari* e socialistas) conseguem finalmente representação parlamentar, elegendo 35 deputados na ocasião. De antiparlamentares e "anti-capitalistas", os fascistas passam a fazer o jogo político tradicional e propugnam o aprofundamento dos ideais imperialistas dos nacionalistas. Mesmo sendo contra os "partidos", se tornarão um também. Inicialmente contra o Estado, farão o possível para se apoderar de suas estruturas e restaurá-lo a partir de seus moldes. Mais tarde, mudando seu discurso anticlerical, irão se aproximar do Papa e da Igreja. Até mesmo uma tendência monárquica, encabeçada por Cesare De Vecchio, líder do *fascio* de Turim, surgirá den-

---

5 Ver Emilio Gentile, "Itália fascista: do partido armado ao Estado totalitário", in Emilio Gentile e Renzo de Felice, *A Itália de Mussolini e a origem do fascismo*, São Paulo, Ícone Editora, 1988, págs. 25 e 26.

tro do fascismo. Marinetti, alguns anos mais tarde, irá dizer, em seu *Futurismo e fascismo*, que o fascismo seria, na prática, uma extensão natural do futurismo.

Ainda praticando atos ilegais e violentos nas ruas, os fascistas ganhavam um perfil de legalidade dentro do Parlamento. Mussolini, seu principal líder, ainda tinha, contudo, de conseguir controlar outras *squadras* que continuavam atuando de maneira independente. Ele era a figura mais importante e influente do fascismo, mas não o seu líder *absoluto* e inquestionável. Ainda tinha de enfrentar ou negociar com lideranças como Dino Grandi, em Bolonha, Roberto Farinacci, em Cremona, Italo Balbo, em Ferrara, Giuseppe Bottai, em Roma, Piero Marsich, em Veneza e Perrone Compagni, na Toscana.

Em junho de 1921, Giolitti, que encabeçara um frágil governo de conciliação e compromisso, renuncia. Ele fizera uma aposta alta. Acreditara que o fascismo poderia ser importante para compor uma aliança, já que representava as camadas médias italianas. Mas não podia conceber a idéia de que os fascistas agiriam fora da ordem constituída. Influenciado pela tradição *transformista*, Giolitti imaginava que o fascismo seria absorvido pelo Parlamento e se adaptaria às suas formas de atuação. O próprio Benedetto Croce não acreditava no perigo fascista, já que, para ele, o movimento aparentemente não possuía um programa.

Bonomi entra no lugar de Giolitti. A crise política se instaurava. De um lado, os socialistas faziam o possível para criar empecilhos ao pleno funcionamento do Parlamento, enquanto do outro, os católicos perdiam sua força, entre disputas internas e a falta de apoio do Vaticano, que gradualmente os abandonava. A Câmara ia sendo aos poucos paralisada.

Em realidade, o PSI já vinha seguindo uma política de auto-exclusão de qualquer compromisso com o governo desde 1919, quando havia se negado a comparecer perante o rei depois das eleições, abandonando em seguida a Câmara. Apesar das vitórias eleitorais, o partido ia se rompendo internamente com as disputas dos reformistas como Turati, Treves e Modigliani, e os maximalistas liderados por Serrati, que cada vez mais abriam o confronto com a monarquia. Já o PPI, por sua vez, poderia ter cumprido o papel de "árbitro" dos confrontos parlamentares e governamentais. As polêmicas pessoais entre Giolitti e Nitti, assim como as altercações de vários líderes políticos entre si, como Salandra, Orlando e Sonnino, dificultavam os trabalhos legislativos. Os populares de Luigi Sturzo certamente tiveram sua parcela de participação política nos governos do pós-guerra, mas seu insistente anti-liberalismo continuava a ser um entrave para uma real colaboração governamental. Os católicos eram, na prática, "sócios" incômodos e distantes.

Ainda em 1921, em dezembro, Mussolini, apoiado pelas organizações patronais e agrárias, como a Confindustria e Confagricultura, propõe a criação de um partido a seus correligionários, e no Congresso de Roma, tornando-se cada vez mais nitidamente o *duce* do fascismo, ganhando hegemonia sobre os outros líderes *squadristas*, funda o PNF, um "partido armado", explicitamente disposto a fazer uma oposição *desleal* ao regime liberal, permitindo-se a agir dentro ou fora da lei, dependendo das circunstâncias do momento. Seu primeiro-secretário escolhido na ocasião seria Michele Bianchi. Este seria claramente um partido das classes médias italianas insatisfeitas, exaltando a burguesia "produtiva" e o mito da "solidariedade" nacional. O fascismo mais tarde tentará destruir os outros partidos, absorvendo alguns de seus membros dentro de seu projeto político, atacará a maçonaria e lutará contra a própria democracia.[6]

Os sindicatos lentamente iam deixando de lado a influência dos socialistas e engrossavam o "sindicalismo nacional", apoiado pelos setores patronais e pelos fascistas. O desemprego, a inflação e o descon-

---

6 Ver Palmiro Togliatti, *Lições sobre o fascismo*, São Paulo, Livraria Editora Ciências Humanas, 1978, págs. 27 a 40.

tentamento com a crise econômica levavam os trabalhadores a seguir propostas *supostamente* mais pragmáticas e eficientes.

A tentativa de greve geral proposta pelo PSI e pela CGL, em 1922, em defesa da liberdade, rompida com extrema violência, em apenas um dia pelos fascistas, resultou num enorme fracasso. Assim, o fascismo, gradualmente, ia isolando e derrotando o Estado liberal e seus inimigos socialistas.

Entre 1919 e 1922 houve cinco governos que se alternaram no poder e várias crises institucionais. Os mandatos de Nitti, Giolitti, Bonomi e duas vezes o de Facta só demonstraram a fragilidade em que se encontrava o liberalismo na ocasião. Em 1922, quando sai de cena o governo Bonomi, os fascistas percebem sua oportunidade. Eles estavam seguros de que o regime liberal agonizava e começaram a se movimentar nas ruas, organizando mobilizações, concentrações públicas e marchas em várias cidades. Milhares de *squadristi*, uniformizados e armados, ocupavam bairros e invadiam praças e edifícios, agredindo os opositores e expulsando as autoridades locais. O governo de Facta preferiu não combater diretamente essa violência. Mussolini naquele momento diria que "nosso programa é simples: queremos governar a Itália".

A oposição não conseguia mais deter o fascismo. Em meados de outubro, os fascistas começaram a preparar uma "marcha a Roma", uma sugestão de D'Annunzio, para exigir o poder. Em Nápoles, em torno de 40 mil militantes se reuniram num ato organizado por Mussolini, marcando para o dia 27 daquele mês a entrada na capital. Mesmo que aparentassem estar controlando a situação e esteticamente impressionassem, os "camisas negras" na prática tinham menos força do que davam a entender. Os principais quadros fascistas, De Bono, Balbo, Bianchi e De Vecchio, mesmo assim, organizaram em torno de 26 mil indivíduos, mal preparados militarmente, para "invadir" a "Cidade Eterna", que tinha na ocasião 28 mil soldados dispostos a defendê-la. Apesar disso, o blefe funcionou.

No dia 30, pacificamente, os fascistas são convidados a governar. Salandra, um dos responsáveis por derrubar Facta, que tentara construir um novo governo de coalizão e não conseguira, havia buscado, diante da crise, uma solução para o momento. Conseguiu convencer o rei Vittorio Manuele III a não declarar um estado de guerra e a convocar Mussolini para assumir formalmente o governo do país. Ou seja, um claro arranjo palaciano. As colunas fascistas marcharam na capital sem nenhuma resistência. Portanto, não houve uma "revolução" fascista, mas a capitulação do rei e um compromisso das elites, ou seja, de membros do governo, militares e funcionários de alto escalão, com o apoio financeiro de latifundiários, banqueiros e industriais, e auxiliados pelo exército e pelos setores políticos conservadores. Assim, no dia 30 de outubro de 1922, Mussolini e os fascistas alcançam o poder[7].

A Itália de Mariátegui

Mariátegui chega a Gênova em dezembro de 1919 e a partir de janeiro de 1920 vai viver em Roma, onde passará a maior parte de sua permanência naquele país. Entre junho e julho fará um curso de verão em Florença, onde conhece Anna Chiape, uma jovem sienesa de dezessete anos com quem se casará pouco tempo depois.

Em agosto José Carlos estará em Gênova novamente e em setembro segue para Veneza. Em 1921, então, casa-se com a Anna, a "donzela de Siena", e passará sua lua-de-mel em Frascati, localidade onde nasceria, em dezembro, Sandro, o primeiro filho do casal, que recebeu este nome em homenagem ao pintor Botticelli. Mariátegui, apesar de suas convicções marxistas, sempre teve um acentuado lado místico e, mesmo sendo um anticlerical contido, manteve-se até certo ponto fiel

7 Para mais informações sobre as origens do fascismo, ver Edward R. Tannenbaum, *La experiencia fascista, sociedad y cultura en Italia (1922-1945)*, Madri, Alianza Editorial, 1975.

aos preceitos religiosos e tentou evitar atritos com o catolicismo que tanta influência exerceu sobre sua família.

Assistiu ao XVII Congresso do Partido Socialista Italiano, no Teatro Goldoni, em Livorno, de 15 a 21 de janeiro de 1921, trabalhando como correspondente do jornal *El Tiempo*. A extrema esquerda liderada por Antonio Gramsci em Turim e por Bordiga em Nápoles, formará a partir desse momento, o Partido Comunista Italiano, que conseguirá eleger 16 deputados nas eleições de maio daquele ano. Em seguida, Mariátegui visitará as cidades de Milão, Turim e Pisa.

Retornou a Gênova em março de 1922 e esteve presente, entre 10 de abril e 19 de maio, na Conferência Econômica Internacional, quando teve a oportunidade de se reunir mais uma vez com seus amigos Falcón e Machiavello, assim como também com o médico Carlos Roe. Tentarão constituir o que seria um núcleo socialista peruano, sem sucesso.

De volta a Roma, seguiu para a representação diplomática peruana, onde teria de realizar algumas funções consulares. O ministro plenipotenciário do Peru, o general Oscar Benevides, recebeu o jovem, que cumpriria a função de "agente de propaganda jornalística na Itália" por "tempo indeterminado". Mariátegui, na ocasião, manterá relações cordiais (apesar de em alguns momentos ter discordâncias políticas) com diplomatas e artistas de seu país que lá viviam, como o segundo secretário Pío Artadi, o primeiro secretário Pedro López Aliaga, o escultor Artemio Ocaña (padrinho de batismo de seu filho), o próprio general Benevides e Arturo Osores, que mais tarde ocupou o lugar do militar na missão peruana. Durante um breve período sua "bolsa" do governo deixou de ser enviada, o que acarretou em dificuldades financeiras relativas para o periodista, casado e com um filho pequeno para cuidar.

Em maio de 1922, contudo, o chanceler Salomón avisa que o soldo mensal voltaria a ser enviado normalmente. A partir de agosto do mesmo ano, partirá da Itália para a Alemanha, e depois de visitar algumas cidades européias rapidamente com seu amigo Falcón, retornará, em fevereiro de 1923, para seu país. A influência italiana, contudo, continuará presente e constante depois de sua volta ao Peru. Mariátegui organizará uma exposição de pintores italianos, continuará lendo e escrevendo sobre autores da península e incentivará a tradução e publicação de poemas, contos e artigos de personalidades daquela nação. Ele também dará destaque à Itália em seu *El alma matinal*. O italiano será a língua usada dentro de sua casa.

O primeiro artigo escrito por Mariátegui na Itália foi "O problema do Adriático", de 28 de janeiro de 1920, publicado em 2 de maio pelo *El Tiempo*. Em seguida prepara "A entente e os sovietes". Ele enviará ao Peru, em seu período italiano, 46 textos (que demorarão, devido à distância, de três a quatro meses para chegar a seu país), desde narrativas descritivas de diferentes cidades e crônicas de costumes, até artigos sobre arte, cultura, personalidades e política.

Os textos são úteis para indicar como, já naquela época, José Carlos Mariátegui, consegue absorver os fatos e temas do momento, sendo extremamente competente em suas escolhas dos episódios narrados e no trabalho de análise política. São considerados também fundamentais como um *retrato* extremamente rico e detalhado da Itália nos anos de formação do fascismo. É de se estranhar, contudo, que Mariátegui não tenha escrito *nenhum artigo específico* sobre os sindicatos italianos ou a greves operárias que ocorriam no país na época.

O fato é que o preparo intelectual de José Carlos dá um salto na Europa. A partir do momento que vive a realidade européia, Mariátegui consolida suas posições socialistas, amadurece sua percepção política e aprofunda seu conhecimento teórico.

Ele perceberá uma diferença clara entre as publicações italianas e os jornais de seu país. Numa carta para Berta Molina, escrita em Florença, em 1921, o jovem jornalista diz que "o jornalismo peruano, em geral, é de uma incipiência escandalosa. Assim, tanto os diários como as revistas carecem de seleção, de mesura, de substância. Por um lado, são escritos de maneira detestável; por outro, são de um vazio absoluto. Isto unido ao seu tropicalismo, ao seu exagero, ao seu pedantismo. Imitamos à Argentina, à rastaquera Argentina, que imita por sua vez aos Estados Unidos. E os Estados Unidos não sabem nem sequer imitar a Europa. Quando se está na Europa, habituado à imprensa de Paris ou de Roma, a leitura dos jornais peruanos causa uma péssima impressão".[8] Na Itália ele será leitor de diversas publicações, como *L'Ordine Nuovo*, *Avanti*, *Il Soviet*, *Critica Sociale*, *Umanità Nuova*, *La Rivoluzione Liberale*, *Il Corriere della Sera*, *La Stampa*, *Il Resto de Carlin*, *Il Messagero*, *La Tribuna*, *L'Epoca*, *Il Corriere d'Italia*, *Il Paese*, *L'Idea Nazionale* e *La Nazione*, entre outros. Tanto os jornais "socialistas" ou de esquerda, até as publicações da grande imprensa "burguesa", ajudarão Mariátegui a ter uma idéia ampla do que está acontecendo no mundo, assim como possibilitarão ao peruano ter acesso às análises e opiniões de importantes intelectuais italianos sobre os principais acontecimentos da época.

Mariátegui havia afirmado que queria "ver a Itália sem literatura", ou seja, não queria conhecer o país como um turista, com idéias pré-concebidas e visões romantizadas de suas paisagens e cidades, mas sim, perceber a península a partir de suas observações *objetivas*, diretas, secas, tentando compreender as idiossincrasias da população, sua formação histórica e seu processo político. Lá conhecerá, não obstante, várias cidades, artistas, escritores e militantes. Esteve presente na Praça de São Pedro, aguardando a escolha do novo Papa Pio XI, em pé em frente ao Vaticano, juntamente com outros amigos; através da família de sua mulher, *aparentemente* conheceu pessoalmente a Benedetto Croce; conversou longamente com o conde húngaro Mijali Karolyi, na época exilado em Florença e acusado de ser bolchevique pelo governo italiano; e é possível que tenha conhecido de passagem, muito rapidamente, a Piero Gobetti.

Em alguns momentos, se tem a impressão de que, para Mariátegui,

8 Ver Ricardo Luna Vegas, *José Carlos Mariátegui, ensayo biográfico*, pág. 38.

a revolução em moldes marxistas poderia surgir como um avanço, um desenvolvimento do próprio liberalismo, que "abriria o caminho" para o socialismo. Assim, o liberalismo prepararia o terreno e daria as condições para que a tarefa revolucionária fosse completada pelo proletariado. Por isso, não é de se estranhar que Mariátegui acreditasse que a Itália, juntamente com a Alemanha, seria o próximo país a realizar uma revolução socialista.

Personalidades como Croce, Karolyi e Gobetti ("croceano de esquerda") eram admiradas pelo peruano, que, de alguma forma, lhes tomava emprestado, como exemplo, ações e idéias que melhor lhe convinham, não só para mostrar as qualidades destas figuras, mas também para indicar, de certo modo, a viabilidade de um socialismo heterodoxo e independente, que poderia ser construído a partir da conjunção de *outras* origens intelectuais. Em realidade, a teoria política de Mariátegui se nutre de uma diversidade de fontes -mesmo que às vezes análogas-, *em geral*, bastante distintas entre si. Ele certamente foi influenciado por Manuel González Prada -seu "mestre" da juventude-, Georges Sorel, Gobetti, Bergson, Labriola e Gramsci, entre muitos outros. As próprias atitudes "heróicas", "exageradas" e "audaciosas" de D'Annunzio, assim como os escritos de Marinetti e Papini também ajudaram a compor o ideário mariateguiano na ocasião, mesmo sabendo de suas restrições a esses personagens. Neste caso, o clima e o ambiente intelectual proporcionados pela Itália nos anos 1920 penetrou de alguma forma nos trabalhos do jornalista peruano. Papini, por exemplo, será o tradutor de *Introduction à la metaphysique*, de Bergson, autor muito admirado na época por José Carlos Mariátegui. Coincidentemente, tanto Mussolini como Mariátegui, figuras diametralmente opostas politicamente, consideravam como fortes influências pessoais suas Nietzsche e Sorel, o que mostra a importância do ambiente cultural da Itália em distintos indivíduos naquele momento, e a forma como estes indivíduos interpretavam e utilizavam a obra dos dois pensadores europeus. É interessante recordar que a epígrafe dos *Sete ensaios de interpretação da realidade peruana*, o livro mais importante de Mariátegui, seja de Nietzsche, e não de Marx, Engels ou Lênin, por exemplo.[9] No Velho Continente, Mariátegui também se aproximará de Freud e da psicanálise. Logo depois de retornar ao Peru, em 1923, numa entrevista jornalística, Mariátegui disse que seus escritores favoritos eram Górki e Andreyev; o poeta que mais gostava, Walt Whitman; os pintores, Leonardo da Vinci, Piero della Francesca, Boticelli, Degas, Cezanne e Matisse; a figura histórica que mais admirava, Cristóvão Colombo; e seu compositor favorito, Beethoven.[10] Essa mistura de influências será responsável, entre outros fatores, para que o jovem periodista seja mais tarde acusado por apristas de ser "europeizante", e pelos soviéticos de ser "aprista", soreliano e até mesmo um populista. Alguns críticos chegaram ao ponto de denominá-lo, de "bolchevique d'annunziano", um termo um tanto quanto exótico, enquanto outros o consideravam um leninista.[11]

É possível dizer que em boa medida o marxismo de Mariátegui foi *filtrado* das muitas fontes já citadas, mesmo sabendo da existência de uma grande quantidade de obras de Marx e Engels, riscadas e anotadas, em sua biblioteca particular. Ele certamente conhecia as obras dos fundadores do socialismo científico, mas, se prestarmos atenção no que ele *efetivamente* escreveu, encontraremos de forma

9 Para mais informações sobre os *Sete ensaios de interpretação da realidade peruana*, ver Jorge Falcón, *Anatomia de los siete ensayos de Mariátegui*, Lima, Empresa Editora Amauta, 1978; Osvaldo Fernandez Diaz, *Mariátegui, o la experiencia del otro*, Lima, Amauta 1994; Jorge Del Prado *Mariátegui, y su obra*, Lima, Ediciones, Nuevo Horizonte, 1946; Hernando Aguirre Gamio, *Mariátegui: destino polémico*, Lima, Instituto Nacional de Cultura, 1975; e Tomas G. Escajadillo, *Mariátegui y la Literatura Peruana*, Lima, Amaru Editores, 2004.

10 Ver José Carlos Mariátegui, *La novela y la vida, Sigfried y el profesor Canella*, Lima, Biblioteca Amauta, 1987, págs. 138 a 142.

11 Ver, por exemplo, José Aricó (org.), *Mariátegui y los origenes del marxismo latinoamericano*, México, Ediciones Pasado y Presente/Siglo Veintiuno Editores, 1978.

inquestionável os ecos e resquícios dos escritos de muitos outros autores proeminentes no período. Ou seja, ele conheceu e se influenciou por distintas *leituras* de Marx e Engels. A partir da mescla destas múltiplas referências, José Carlos Mariátegui irá construir seu próprio arcabouço teórico e seu próprio marxismo "flexível". É interessante notar que a obra de Mariátegui é muito mais centrada na filosofia, cultura, arte e política do que necessariamente na economia política, tema que ele pouco trabalhou.

Os artigos jornalísticos de Mariátegui sobre o fascismo e a política na Itália também são claramente inspirados nos textos de Gramsci, Togliatti e da equipe do *L'Ordine Nuovo*, assim como, indubitavelmente, por Gobetti. Muitas de suas interpretações sobre o painel político europeu, divulgadas em conferências e crônicas periodísticas, foram elaboradas a partir dos textos do crítico italiano Adriano Tilgher, de quem tinha lido os livros *La crisi mondiale* e *Voci del tempo*. O crítico pirandelliano, autor de *Studi sul teatro contemporaneo*, será muitas vezes mencionado nos textos mariateguianos, e certamente será uma influência para moldar suas opiniões sobre o fascismo. É também possível notar como José Carlos Mariátegui foi inspirado -mais especificamente nas análises sobre o pós-guerra europeu-, por John Maynard Keynes e seu *As conseqüências econômicas da paz*, do qual tirou parte de suas conclusões.

Já em Piero Gobetti houve uma aproximação e afinidades nítidas. É possível traçar um paralelo entre os dois jovens autores. Gobetti, um liberal de esquerda, discípulo de Croce, editor do *La Rivoluzione Liberale* e colaborador do *L'Ordine Nuovo*, foi um dos mais ferrenhos opositores à ascensão de Mussolini e do fascismo ao poder. Mesmo tendo perdido a vida após contrair broncopneumonia, com apenas 25 anos de idade, na França, conseguiu criar um *corpus* teórico sofisticado, especialmente para alguém tão jovem. Foi autor, basicamente, de artigos, ensaios, notas e esboços que mais tarde foram compilados em livros que em grande medida discutiam a formação histórica recente da Itália e temas contemporâneos. Seus *insights* e críticas ferozes não passaram despercebidos por Mariátegui, que pôde notar nele "originalidade de pensamento, força de expressão, riqueza de idéias".[12] Num editorial de *Amauta*, alguns anos mais tarde, Mariátegui diria que "pensamos e sentimos, como Gobetti, que a história é um reformismo, mas com a condição que os revolucionários ajam como tais". Para ele, claramente inspirado no escritor italiano, "o destino de todo liberalismo autêntico é preparar o caminho ao socialismo".[13] Ou seja, a filosofia liberal *historicista* de Croce era aceitável e até bem-vinda em termos objetivos, mas de forma alguma o liberalismo "filosófico" e político gentilliano, modalidade contra a modernidade e o "progresso", que travaria o andamento do processo histórico e poderia resultar, em última instância, no fascismo. Gobetti certamente interpretava o liberalismo italiano de forma muito particular. Para ele, o novo ator que desempenharia o papel fundamental de *renovar* a ordem liberal seria o proletariado, o herdeiro "natural" da função libertária antes exercida pela burguesia. O movimento operário seria o "primeiro movimento laico" italiano. Qualquer aperfeiçoamento do liberalismo deveria passar pelas questões impostas pelos trabalhadores, ainda que Gobetti, possivelmente influenciado pelo ímpeto d'annunziano de sua época, tivesse traços elitistas em sua teoria e colocasse uma importância mister no papel dos *indivíduos* e sua responsabilidade nos acontecimentos históricos. Com Gobetti, é possível perceber o início de um diálogo aberto, franco e sem preconceitos entre o liberalismo "de esquerda" e o socialismo, que seria, para ele, "um dos maiores fatores de liberdade e liberalismo do mundo moderno".[14] Assim, Gobetti se afastará gradualmente do liberalismo de caráter nacionalista e conservador, em parte, de acordo com ele, por ser anti-socialista e estar comprometido com o catolicismo. Ou seja, ele defenderá algo como um "liberal-socialismo" para a Itália naquele

12 José Carlos Mariátegui, "Piero Gobetti", in José Carlos Mariátegui, *El alma matinal y otras estaciones del hombre de hoy*, pág. 136.

13 José Carlos Mariátegui, "Política Uruguaya", in José Carlos Mariátegui, *Temas de nuestra América*, Lima, Biblioteca Amauta, 1986, pág. 136.

14 Ver Walquiria Domingues Leão Rego, *Em busca do socialismo democrático*, Campinas, Editora da Unicamp, 2001, pág. 73.

momento.[15] Ele também terá uma interpretação bastante pessoal sobre a revolução de Outubro, que tanto admirava. Para ele, "a revolução russa, na sua íntima dialética, promovendo a constituição de uma democracia agrícola, derrubando a autocracia e o *mir*, criando um Estado no qual o povo tem fé, porque o sente como obra sua, é essencialmente uma afirmação do *liberalismo*".[16] De acordo com o jovem escritor italiano, Lênin seria "o maior mestre do liberalismo moderno".[17] A importância do indivíduo é clara neste caso. Ele chegou a afirmar que Lênin iria emprestar "seu mito para defender seu povo de todos os perigos reacionários".[18]

O interesse por Gobetti pode ser encontrado em diversos artigos de Mariátegui após seu retorno ao Peru. José Carlos Mariátegui, que havia lido várias obras de Gobetti, como *Risorgimento senza eroi*, *Paradiso dello spirito russo* e *Opera crítica* (primeira e segunda partes) publicará no *Mundial*, três artigos exclusivamente sobre o jovem radical italiano.[19] Os artigos que mais tarde deram origem ao livro *Defensa del marxismo*, seguem, em linhas gerais, a abordagem idealista de Croce e Gobetti em relação ao processo histórico e ao marxismo.

Assim como Gobetti, o autor dos *Sete ensaios* também não se preocupará demasiadamente com temas econômicos. Ou seja, para Mariátegui, o marxismo se caracterizaria como o resultado do encontro do economicismo com "a emoção, o *pathos* revolucionário".[20] Mariátegui, elogiando

---

15 Ibid, págs. 74 e 75.

16 Ibid, pág. 76.

17 Ibid, pág. 77.

18 Ibid.

19 Ver José Carlos Mariátegui, "Piero Gobetti" in *Mundial*, Lima, 12 de Junho de 1929 e reproduzido in Mariátegui, *El alma matinal y otras estaciones del hombre de hoy*, pág. 133 a 137; José Carlos Mariátegui, "La economia y Piero Gobetti", in *Mundial*, Lima 26 de Julho de 1929 e reproduzido in ibid, pág. 138 a 141; e José Carlos Mariátegui "Piero Gobetti y el risogimento", in *Mundial*, Lima, 15 de Agosto de 1929, e reproduzido in ibid, pág. 142 a 145

20 José Carlos Mariátegui, citado in Robert Paris, *La formación ideológica de José Carlos Mariátegui*, pág. 162.

Gobetti, dizia que suas idéias não teriam sido elaboradas a partir de uma hermética educação marxista, mas de um amadurecimento autônomo e livre de seu pensamento.[21] Alguns traços da análise gobettiana do *Risorgimento* e da formação histórica da Itália servirão como modelo para os estudos de Mariátegui sobre o Peru e seu próprio processo de formação. Mas é sempre bom lembrar que, ao contrário de Gobetti, o jornalista peruano se considerava indubitavelmente marxista. Enquanto Croce e seu discípulo de esquerda tinham várias restrições à obra de Marx e sua filosofia *política*, Mariátegui acreditava na revolução socialista e na abolição das classes sociais. Se para o jovem radical italiano a principal força "revolucionária" poderia ser encontrada no proletariado de Turim, Mariátegui irá considerar as massas indígenas como um dos protagonistas mais importantes e *fundamentais* para a construção de um novo modelo político e social que fosse realmente democrático em seu país.

É questionável que em algum momento tenha ocorrido um encontro *de facto* entre Gramsci e Mariátegui, e que eles teriam sido amigos, como afirmam alguns autores[22]. É possível que tenham se cruzado no Congresso do PSI em Livorno, o que não caracterizaria necessariamente um "encontro". De qualquer maneira, não houve uma influência *direta* e *pessoal* do teórico italiano no jovem jornalista peruano ou vice-versa, mesmo que seja possível traçar um paralelo entre a vida e obra desses dois autores. Como se sabe, Mariátegui conheceu o conde húngaro Karolyi e o conde italiano Perrone, estudioso do Peru, duas figuras intelectualmente menos importantes que Gramsci. Mesmo assim, JCM escreveu artigos específicos narrando seu encontro e conversas com eles. Se tivesse estado com Gramsci, provavelmente teria

---

[21] José Carlos Mariátegui, "La economia y Piero Gobetti", in Mariátegui, *El alma matinal y otras estaciones del hombre de hoy*, pág. 138.

[22] Ver Jorge del Prado, "Lenin y su obra en el pensamento y en la accion de José Carlos", in vários, *Lenin y Mariátegui*, Lima, Bibliotéca Amauta, 1970, pág. 20.

escrito algo sobre o evento. Mas não há um artigo *específico* sequer sobre o teórico do PCI em sua obra. Em realidade, durante todo o período em que esteve na Itália, citou Gramsci muito poucas vezes, de forma rápida, sem se deter a detalhes, apenas mencionando rapidamente seu nome. A influência de outros autores, como Croce, Labriola e Gobetti foi nitidamente maior. Mariátegui, contudo, era leitor do *L'Ordine Nuovo*, e tirou desta publicação muitas de suas análises. Os dois autores também viveram no mesmo país, na mesma época, e foram influenciados pelo mesmo ambiente político e cultural.

Fundamental para a compreensão do pensamento mariateguiano é certamente a obra de Georges Sorel e sua idéia de mito revolucionário. Como é conhecido, as teorias sorelianas, muitas vezes marcadas pela ambigüidade, falta de clareza, contradição e confusão, formam parte também dos elementos importantes da construção do ideário fascista.

A elaboração das teorias sorelianas pode ser facilmente entendida a partir de todo o intrincado contexto de sua época. Assim como outros contemporâneos seus, como Freud, Croce, Pareto, Weber, Jung, Bergson e Michels, o teórico parisiense irá influenciar e ser influenciado por um ambiente onde se generaliza uma atitude de crítica e revisão a vários conceitos políticos e filosóficos em voga até então. A "emoção" e os valores subjetivos dos indivíduos começam a ganhar proeminência. Tanto os aspectos lógicos como também os "ilógicos", "sensoriais", "suprarracionais" e "instintivos" serão cada vez mais levados em conta. Isso propiciará o desenvolvimento de filosofias "irracionalistas", ao mesmo tempo em que o mundo se automatiza, avança tecnologicamente e se industrializa rapidamente.

As leis e as estruturas burguesas formais serão criticadas e muitas vezes rechaçadas em nome de uma maior liberdade de atuação contra os convencionalismos e compromissos com a ordem instituída. Ou seja, é a defesa de uma atitude individual e social mais dinâmica, cética, autoritária e rebelde. O pensamento irracional, portanto, apresentava-se contra qualquer racionalização lógica formal. Por isso, era também antiintelectualista. Enquanto surgia um pensamento que apoiava as ações a partir do instinto e da intuição, o movimento operário e os partidos socialistas cresciam e ganhavam proeminência em diversos países. Assim, ao mesmo tempo em que as idéias marxistas eram discutidas e divulgadas, muitos decidiam também utilizar elementos irracionalistas para revisá-las e adaptá-las ao novo contexto político e cultural que estava surgindo. De qualquer forma, como já foi mencionado, o irracionalismo, apoiado na intuição, arbitrariedades, ausência de análise objetiva e argumentos sem fundamentos, acabou se caracterizando como um corrente burguesa reacionária e foi uma das responsáveis pelas origens do fascismo.

Inicialmente um defensor do "evolucionismo" bernsteiniano, o engenheiro francês, a partir de 1898 começará a mudar de rumos e a se radicalizar. Criticado por anarquistas e anarco-sindicalistas por suas posições "ortodoxas" dentro do socialismo e por sua admiração por Eduard Bernstein -a quem considerava ter uma grande sinceridade moral, realismo e rigor intelectual, e que, consequentemente, devia ser imitado-, Sorel decidirá seguir caminhos mais revolucionários. Depois de apoiar as manifestações contra o governo da França durante o caso Dreyfus, criticará vários amigos antigos, como Jaurès e Zola, e romperá com alguns socialistas e republicanos, acusados por ele de seguirem uma linha política que não enfatizava rupturas profundas e rápidas dentro da sociedade. Seriam excessivamente "intelectualizados" e distantes dos operários. A partir daí, abandonará sua militância social-democrata e revisionista, e entre 1904 e 1909 publicará vários textos importantes, assim como seus livros mais famosos, *Reflexões sobre a violência* e *As ilusões do progresso*.

O ano de 1909, contudo, representará o abandono momentâneo do perfil socialista, ao se decidir por contribuir com artigos para o *L'Independence*, uma revista nacionalista e conservadora. Após o flerte com os setores anti-socialistas, que expressavam o pessimismo e a desilusão com a época, Sorel retornará aos quadros do "marxismo" em 1914, quando iniciará sua colaboração com distintas publicações, como *El Tempo, L'Avanti, La Ronda* e *L'Ordine Nuovo*. Ele queria retomar sua posição e seu prestígio de grande filósofo do "sindicalismo revolucionário". Mas seu confusionismo intelectual começa a se mostrar cada vez mais explícito. Ao mesmo tempo em que considerava Mussolini como um "gênio da política", exaltava Lênin como sendo "o maior teórico do socialismo", mesmo que mais tarde o líder da revolução de Outubro comentasse que Sorel era "um escritor confuso e pouco coerente". Lênin, como é sabido, era declaradamente contra o "sindicalismo", que para ele era quase equivalente ao anarquismo, e desconfiava da eficácia da greve geral, tão propugnada por Sorel e seus seguidores. Mesmo assim, alguns aspectos do pensamento soreliano irão impressionar Mariátegui, que tinha admiração e respeito por suas idéias. A posição anti-científica, antiintelectual, anti-acadêmica e contra a democracia parlamentar formal certamente tinham algum apelo no jovem jornalista peruano. O problema é que a revolução para Sorel era algo abstrato, mal delineado e mal definido. Para o teórico francês, seria importante usar a violência para destruir o regime burguês, que ele particularmente detestava. Como Nietzsche, percebia uma decadência moral da burguesia e de seus valores e costumes, assim como também não acreditava em atitudes pacifistas.

Sorel provavelmente foi mais influenciado por Proudhon do que por Marx. Por isso, talvez, seu interesse no proletariado tenha sido maior principalmente por causa dos aspectos morais do que necessariamente dos econômicos. Como Proudhon, o engenheiro francês também desconfiará do Estado e sua intervenção excessiva no meio social. Já de Bergson ele utilizará os conceitos de "impulso vital" e da intuição. Seria justamente através da intuição que se poderia divulgar ao proletariado os mitos contemporâneos, a partir de imagens e sentimentos do socialismo contra a sociedade moderna. Ou seja, o socialismo seria, para ele, não uma doutrina compreensível objetivamente, mas sim algo para se "sentir" e "experimentar". Por isso, o mito da greve geral se expressaria como um ato da vontade e não um conceito geral, vago e de difícil entendimento analítico. Este "mito" seria construído por imagens que unificariam os operários em torno de uma estratégia política que, instintivamente, os levariam à ação revolucionária.

Sorel se considerava o representante por excelência da vanguarda do socialismo, até certo ponto mesmo superando o autor de *O Capital*, já que teria introduzido na teoria marxista elementos "fundamentais" e "originais", como o mito da greve geral, por exemplo. Para Sorel, portanto, o socialismo tinha um fundamento muito mais ético, moral e cultural do que econômico.

Mas o caráter contraditório de Sorel aparece quando ele, ao mesmo tempo que se considerava socialista, exalta com admiração o próprio capitalismo e os indivíduos empreendedores criados pelo sistema. Em outras palavras, ele tem certa nostalgia de alguns elementos da burguesia dos velhos tempos, como os capitalistas ingleses da época de Marx, que, supostamente, tinham o espírito de conquistador característico daqueles que criavam novas indústrias e dos aventureiros que descobriam novos territórios. O que parece é que ele não era necessariamente contra a burguesia, mas sim contra a burguesia decadente e parasitária *de sua época*. O proletariado, que aparecia como adversário da burguesia que tanto detestava, poderia cumprir o papel revolucionário devido às circunstâncias do momento. Mas Sorel nunca escreveu uma análise aprofundada das condições de trabalho e das lutas dos operários.

Os trabalhadores lutariam contra a degeneração burguesa, violentamente, impulsionados pelos mitos modernos, imbuídos de uma força moral, para libertar a sociedade do estágio selvagem e embrutecido que se encontrava. Para isso, os elementos "intermediários", favoráveis à mediação e conciliação de classes, como os "socialistas parlamentares", deveriam ser eliminados. A divisão de classe, nesse sentido, ficaria mais nítida. Então, a luta revolucionária se acirraria, com a utilização do mito, que, de acordo com ele, não poderia ser refutado em termos intelectuais, já que estaria identificado com as convicções das pessoas. Na opinião de Gramsci, em relação aos problemas metodológicos colocados por Sorel, o teórico francês "não chegou a compreender o fenômeno do partido político e se deteve na concepção do sindicato profissional".[23] Na prática, Sorel acreditava que os sindicatos autônomos ou independentes, atuando à margem dos partidos ou do Parlamento, representariam a verdadeira vontade e ideologia dos proletários. Ou seja, seria necessário combater os partidos socialistas parlamentares, que teriam desvirtuado o movimento operário ao não mais representá-lo efetivamente, já que, ao participar de eleições gerais -algo que também desprezava-, teriam de se comprometer com outros estratos dentro da nação, com intuito de ganhar mais votos, e elaborariam programas políticos "flexíveis", com o objetivo de agradar e satisfazer os interesses de distintas "clientelas", ou seja, diferentes camadas sociais. Por outro lado, a intenção da greve geral operária não seria a reforma do Estado "burguês", mas sim, sua destruição completa. Por isso, os sindicalistas revolucionários consideravam a greve geral como a *única* estratégia política viável para que se pudesse chegar efetivamente ao socialismo.

As teorias sorelianas certamente impressionaram o jornalista peruano. Nas palavras do próprio Mariátegui, "como o anunciava Sorel, a experiência histórica dos últimos lustros comprovou que os atuais mitos revolucionários ou sociais podem ocupar a consciência profunda dos homens com a mesma plenitude que os mitos religiosos".[24] Para ele, portanto, o mito da revolução social seria uma força religiosa, mística, espiritual, que substituiria os velhos mitos da burguesia. Como Sorel, Mariátegui se considerava um marxista heterodoxo. E como o teórico francês, também elaborou uma obra fragmentada, inorgânica e pouco sistemática. É sabido que Mariátegui já lera algo de Sorel em 1918, portanto antes de ir para a Europa, mas foi certamente no Velho Continente que se aprofundou

---

[23] Antonio Gramsci, "Notas sobre Maquiavelo, sobre la política y sobre el Estado moderno", in Antonio Gramsci, *Obras de Antonio Gramsci*, México, Juan Pablo Editor, 1975, pág. 27.

[24] José Carlos Mariátegui, *Siete ensayos de interpretación de la realidad peruana*, Lima, Biblioteca Amauta, 1959, pág. 167.

em sua obra, talvez por influência de outros autores, como Croce e Labriola. Em sua biblioteca particular, podia-se encontrar três livros do engenheiro parisiense, *De l'utilité du pragmatisme* e duas edições, a terceira e a quinta, em francês, de *Réflexions sur la violence*. Mariátegui chegou a considerar Sorel -que de acordo com JCM havia sido injustamente acusado de heresia-, como "o maior ideólogo da revolução" e "o mais vigoroso continuador de Marx", já que ele havia "ousado enriquecer e desenvolver as conseqüências das idéias marxistas".[25] E também afirmava, categoricamente, que "Georges Sorel, em estudos que separam e distinguem o que em Marx é essencial e substantivo, do que é formal e contingente, representou nos dois primeiros decênios do século atual... o retorno à concepção dinâmica e revolucionária de Marx e sua inserção na nova realidade intelectual e orgânica. Através de Sorel, o marxismo assimila os elementos e aquisições substanciais das correntes filosóficas posteriores a Marx".[26] O mito revolucionário certamente exerceu enorme influência no teórico peruano. Como ele dizia, "a força dos revolucionários não está em sua ciência; está em sua fé, em sua paixão, sua vontade. É uma força religiosa, mística, espiritual. É a força do mito".[27] E em outro texto importante, ele insistia que "uma revolução é sempre religiosa. A palavra religião tem um novo valor, um novo sentido. Serve para algo mais que para designar um rito ou uma igreja. Pouco importa que os sovietes escrevam em seus *affiches* de propaganda que 'a religião é o ópio dos povos'. O comunismo é essencialmente religioso".[28] Assim, para Mariátegui o caminho ao

[25] José Carlos Mariátegui, *Signos y obras*, Lima, Biblioteca Amauta, 1982, págs. 118 e 119.

[26] José Carlos Mariátegui, *Defensa del marxismo*, Lima, Biblioteca Amauta, 1988, págs. 16 e 17.

[27] José Carlos Mariátegui, *El alma matinal y otras estaciones del hombre de hoy*, págs. 22 e 23.

[28] Mariátegui, *Siete ensayos de interpretación de la realidad peruana*, pág. 208.

socialismo seria diferente em cada país. Inspirado de um lado por Gobetti em sua análise do processo histórico, ele seguirá os ensinamentos de Sorel no campo da atuação política na prática. Na luta política do proletariado e campesinato indígena peruanos, o mito revolucionário exerceria um papel fundamental e necessário.[29]

As primeiras impressões de Mariátegui em relação ao fascismo indicam que ele aparentemente não percebia *ainda* toda a importância que o fenômeno iria tomar no cenário político italiano, algo que aconteceria já antes mesmo de ele retornar a seu país. Mesmo assim, tentou explicar o que significava aquele movimento para o público peruano, por considerá-lo como algo ainda muito "novo" e portanto, pouco conhecido da audiência estrangeira. Indistintamente, citará o fascismo com ou sem aspas, sentindo certo estranhamento com o termo, ainda um tanto inusitado para ele.

Mariátegui dirá que o fascismo teria sido "fundado" por Mussolini em 1919, para preconizar um programa expansionista e nacionalista. Seria um fenômeno contra o "nittismo" pacifista e também contra o "giolittismo" neutralista. Assim, JCM começa sua interpretação acreditando que o fascismo seria uma "seqüela espiritual" do d'annunzianismo. Mais adiante, ele considerará a Mussolini não como o "criador" do movimento, mas seu principal "animador", "agitador" e "organizador". Teria extraído de um estado de ânimo um movimento político, mas não o modelou ao seu perfil, à sua imagem e à sua semelhança. O fascismo, sim, é que

---

[29] Para mais informações sobre o pensamento e as fontes intelectuais de Mariátegui, ver Narciso Bassols Batalla, *Marx y Mariátegui*, México, Ediciones El Caballito, 1985; Eugenio Chang-Rodriguez, *Poetica e ideologia en José Carlos Mariátegui*, Trujillo, Editorial Normas Legales, 1986; Roland Forgues (org.), *Mariátegui, una verdad actual siempre renovada*, Lima, Editora Amauta, 1994; Eugenio Chang-Rodriguez, *La literatura política de González Prada, Mariátegui y Haya de la Torre*, México, Ediciones de Andrea, 1957; Antonio Melis, Adalbert Dessau e Manfred Kossok, *Mariátegui, tres estudios*, Lima, Biblioteca Amauta, 1971; Diego Messeguer Illan, *José Carlos Mariátegui y su pensamiento revolucionario*, Lima, Instituto de Estudios Peruanos, 1974; e Aníbal Quijano, *Introducción a Mariátegui*, México, Ediciones Era, 1982.

teria dado o seu "espírito" a Mussolini, consequentemente obrigando-o a assimilar e absorver seu anti-socialismo e seu chauvinismo de classe média. De acordo com jornalista peruano, o *duce* seria "um escritor de brilhante talento polêmico e um partidário eloquente de D'Annunzio 'condottiere' e de D'Annunzio político".

Naquele momento, JCM irá se interessar mais por D'Annunzio do que por Mussolini. Também irá lhe dar *inicialmente* mais importância *política* do que ao *duce* do fascismo. Em realidade, durante algum tempo D'Annunzio foi visto por muitos como exemplo tanto do nacionalismo italiano como também de uma alternativa social factível para a época. Sua proposta política em Fiume era interpretada como socialmente "avançada". D'Annunzio propunha um sistema de valores distinto, possivelmente mais "poético" e "utópico", mas de qualquer maneira, estruturado de uma forma diferente da tradicional política italiana. Chegava ao ponto até mesmo de propor a "ajuda aos povos oprimidos". A Constituição do Carnaro, considerada por Mariátegui como tendo tons épicos e como um dos mais curiosos documentos de sua época, inclusive com toques de comunismo utópico, certamente agradou a muitos sindicalistas revolucionários, que podiam encontrar no poeta claros traços esquerdistas. D'Annunzio conseguiu, na ocasião, muito mais apoio dos veteranos de guerra do que o próprio Mussolini. Ele até mesmo escreveu uma carta pedindo apoio a Lênin, que aparentemente se interessou pela proposta, mas que foi dissuadido em seguida pelos socialistas italianos.

Mariátegui irá afirmar que D'Annunzio não era fascista, mas o fascismo era d'annunziano. Teria tomado emprestado toda a sua retórica e todas as suas técnicas. Ou seja, na prática D'Annunzio teria sido um dos criadores e artífices do estado de ânimo que deu origem ao fascismo. O fiumanismo e o fascismo seriam fenômenos análogos, mas enquanto a experiência d'annunziana acabara em Fiume, talvez por excesso de utopia e de isolamento por ideais poéticos e pouco práticos, o fascismo tomou posição na luta de classes. A aparência do fascismo era d'annunziana, mas seu conteúdo tinha um componente social e um objetivo político mais realistas.

Mariátegui achava que a personalidade arbitrária e versátil do conquistador de Fiume não caberia dentro de um partido. D'Annunzio seria um indivíduo sem filiação nem disciplina ideológica, demasiadamente preocupado com a estética, e com traços excessivamente elitistas e aristocráticos, mesmo que em momentos tivesse características socialistas e revolucionárias. Numa época normal, de paz, a figura de D'Annunzio não teria espaço na política, já que a política seria um negócio administrativo e burocrático. Mas numa época como aquela, em que se exaltavam heróis e mitos, a política mudaria suas características e o poeta teria uma posição de destaque. Mas por causa de seu individualismo e distanciamento da realidade, sua influência entre os fascistas se deu principalmente por causa do exemplo, do gesto e da pose. De qualquer forma, para Mariátegui:

> No princípio, o 'fascismo' operou principalmente sobre uma plataforma de política externa. Agitou a bandeira das máximas aspirações territoriais. Preconizou a anexação de Fiume e da Dalmácia. Glorificou o gesto de D'Annunzio. Procurou despertar vigorosamente na Itália esse mesmo sentimento da vitória que na França produziu o Parlamento atual.
>
> Mais tarde, quando esse programa nacionalista aglutinou ao redor dos 'fascios' uma multidão batalhadora e acalorada, o 'fascismo' iniciou seu ataque armado ao socialismo. Situou sempre sua ação num terreno claramente nacionalista. Qualificou de agressiva sua atividade, como uma afirmação do patriotismo italiano contra a doutrina internacionalista do socialismo e do anarquismo.
>
> O fenômeno 'fascista' adquiriu, a partir de então, uma importância muito maior. Hoje o 'fascismo' é uma milícia civil anti-revolucionária. Já não representa somente o sentimento da vitória. Já não é exclusivamente uma prolongação do ardor bélico da guerra. Agora significa uma ofensiva das classes burguesas contra a ascensão das classes proletárias. As classes

burguesas aproveitam o fenômeno 'fascista' para sair de encontro à revolução. Cansadas da nervosa espera da ofensiva revolucionária, abandonam sua atitude defensiva. Antecipam a reação ao fato revolucionário. As forças conservadoras estão seguras de frustrar definitivamente a revolução, atacando-a antes que se ponha em marcha à conquista do poder político.[30]

Ou seja, Mariátegui percebe que o fascismo é um movimento das classes que querem conservar o Estado, tentando evitar, preventivamente, sua destruição pelo proletariado. O fascismo seria, portanto, a "ação ilegal" das classes conservadoras, que, se dando conta de uma suposta ineficiência estatal, decidem tomar as medidas "necessárias" em suas próprias mãos contra os revolucionários. O confusionismo fascista também é demonstrado, quase inconscientemente, por JCM, quando descrevia o novo Parlamento italiano. De acordo com ele:

> A orientação 'fascista' é de uma importância secundária. Entre outras razões, porque os deputados 'fascistas' não são senão trinta e cinco. Mas uma declaração de seu líder, Benito Mussolini, suscitou o debate público a respeito dela. Mussolini disse que os 'fascistas' são tendencialmente republicanos. E, naturalmente, os partidos monárquicos se sobressaltaram. Chamaram à ordem ao 'fascismo' e a seu caudilho. O que significa isso de marcar posição sobre a forma de governo?
>
> Parte dos deputados 'fascistas', mais ou menos monárquicos, se apressaram em observar que, como Mussolini o definiu, o republicanismo 'fascista' é unicamente 'tendencial'. Mas nem mesmo este esclarecimento tranqüilizou completamente os partidos monárquicos. O republicanismo 'fascista' os descontenta, ainda que se qualifique de teórico e circunstancial.[31]

---

[30] José Carlos Mariátegui, "Escenas de guerra civil", in José Carlos Mariátegui, *Cartas de Italia*, págs. 116 e 117.

[31] José Carlos Mariátegui, "Tendéncias de la nueva cámara", in Ibid, pág. 143.

Mariátegui interpreta, nesta ocasião, que a relação dos partidos com o fascismo teria se tornado distante depois das eleições. Ou seja, outros parlamentares "sorririam ceticamente" ao republicanismo do *duce*, considerando-o bastante platônico e inócuo. Mas recorda que, mesmo assim, a desconfiança em relação a ele ainda continuava. Está claro que o jornalista peruano já tinha, nesta ocasião, uma idéia bem definida do que era o fascismo, mesmo que este ainda estivesse em processo de formação. O fascismo podia vencer na guerra, mas não num período de paz. Assim, para Mariátegui, "o 'fascismo' não é um partido; é um exército. É um exército contrarevolucionário, mobilizado contra a revolução proletária, num instante de febre e de belicosidade, pelos diversos grupos e classes conservadoras. O 'fascismo' é, por conseguinte, um instrumento de guerra. Sua ação não pode ser senão violenta. A paz significa para ele a inação, a desocupação".[32]

Mariátegui demonstra que os fascistas, em realidade, não constituiriam um conglomerado homogêneo, mas sim, um grupo heterogêneo de indivíduos, partidos e setores da burguesia, com caráter claramente reacionário e conservador. Estes grupos distintos, em tempos de conflitos, permaneceriam juntos por afinidade ideológica e manteriam certa coesão, através da luta violenta contra a possibilidade de uma revolução socialista. Em tempo de paz, se desmobilizariam e retornariam a seus grupos e interesses de origem. Por isso, a necessidade de permanente estado de tensão e guerra interna. A partir de ideais nacionalistas e conservadores, se manteriam unidos contra o Estado liberal e o proletariado. Por isso, os fascistas se atribuiriam a representação exclusiva da italianidade e o monopólio do patriotismo.

O fascismo, portanto, seria um "movimento", uma "corrente" e um "proselitismo", com a intenção de acentuar a crise contemporânea e manter a inquietação social, usando desde armas e o Par-

---

[32] José Carlos Mariátegui, "La paz interna y el fascismo", in Ibid, págs. 160 e 161.

lamento, até a *intelligentsia* e a cultura para permanecer no poder. Seria um exemplo de misticismo reacionário para atacar o misticismo revolucionário, levando o culto da violência ao seu ponto mais alto. Como não conseguiu elaborar uma ideologia própria, teria absorvido a ideologia liberal. Os defensores do fascismo acreditariam que este estaria imbuído de uma nova concepção política, assim como também de uma nova concepção *filosófica*.

Para Mariátegui, o fascismo queria ser uma religião. Essa concepção veio a se confirmar mais tarde, com a publicação da *Doutrina do fascismo*, de 1932, escrita por Giovanni Gentile e pelo próprio Mussolini, incluída na *Enciclopedia italiana*, na qual o fascismo era definido como uma "concepção religiosa da vida", ou seja, espiritualista. O Estado, transcendendo o limite das vidas individuais, representaria "a consciência imanente da nação". Assim, o fascismo se apresentaria como uma "religião política" e uma fé na construção de uma nova e grande nação.

O fato é que naquela ocasião a mentalidade fascista, que estava em conflito com a liberal, se manifestou, com a intenção de construir um Estado fascista, que não era bem definido por seus "teóricos", que lhe davam um caráter sindical. A suposta "teoria" fascista não preocupava tanto quanto sua "ação" e "prática", extremamente agressivas. Por isso o liberalismo começou a sentir a necessidade cada vez maior de combater o fascismo. Ou seja, para a burguesia seria melhor manter a ordem democrática. Mas a batalha contra os fascistas não havia conseguido unir, por outro lado, as forças socialistas daquele país. Os socialistas reformistas, os centristas, os maximalistas e os comunistas, muitas vezes em conflito, deixaram o fascismo crescer e aumentar o seu poder. Já os "populares" de Luigi Sturzo perdiam o apoio da Igreja e deixavam lentamente de ser uma força política forte de oposição. O Papa Pio XI, preocupado com o comunismo, optou por se aliar a Mussolini, abandonando os "populares". Antes mesmo da "Marcha a Roma", ele deu ordens para que todos os sacerdotes se retirassem da política. Um ano mais tarde, exigiria a demissão de Sturzo como secretário-geral do partido. E em 1924, depois do assassinato do deputado socialista Giacomo Matteotti, que havia denunciado na Câmara os crimes e fraudes eleitorais, a "Santa Sé" condenou os *popolari* e mandou que todos os religiosos vinculados ao PPI saíssem da agremiação. Ou seja, o Papa destruiu, na prática, a possibilidade de resistência das massas católicas ao fascismo. Mas o teórico marxista peruano parece ter se precipitado ao avaliar o possível resultado de um governo fascista. Ou seja:

> A ditadura fascista, consequentemente, terá uma fisionomia menos caracteristicamente fascista a cada dia. (...) A ditadura de Mussolini, estrondosa, retórica, olímpica e d'annunziana em suas origens, como convém nesta época tempestuosa, acabará por contentar-se com as modestas proporções de uma ditadura burocrática. Perderá pouco a pouco sua ênfase heróica e seu sotaque épico. Empregará para conservar o poder os recursos e expedientes oportunistas da velha democracia.[33]

Como se sabe, o fascismo, na prática, aprofundou suas características para permanecer no poder. Mariátegui certamente não teve tempo suficiente para presenciar a continuidade desse fenômeno, mesmo notando os caminhos que o fascismo começava a seguir. Em relação ao caso Matteotti, por exemplo, ele dizia:

> O fascismo não quer que o processo dos assassinos de Matteotti se converta no processo de toda a gesta fascista. Contra o espontâneo desenvolvimento desse processo, o fascismo mobiliza suas brigadas de 'camisas negras' e seu poder governamental. O fato judicial –diz- não deve transformar-se num fato político. E baixou, com o propósito principal de impedir

[33] José Carlos Mariátegui, "Las elecciones italianas y la decadencia del liberalismo", in José Carlos Mariátegui, *Figuras y aspectos de la vida mundial, Vol. I*, Lima, Biblioteca Amauta, 1988, pág. 82.

"indiscrições" sobre o crime e seus atores, um decreto-lei que regulamenta marcialmente a liberdade da imprensa.

Mas não se governa a História. O próprio fascismo –movimento romântico, anti-histórico, voluntarista-, tem suas raízes vitais na História e não na ideologia nem na ação de seus criadores e animadores. É um produto dessa História que pretende negar ou distorcer a golpes de porrete. O assassinato de Matteotti foi a culminação de uma política de terror. É por isso que, ao reagir contra tal crime, a opinião italiana reagiu contra todo o sistema que o engendrou. O desenlace judicial nada importa. A questão moral e política não era da competência dos magistrados. Teve, consequentemente, um foro especial, um foro superior. E de seu juízo sumário saíram condenados o fascismo, seu método e suas armas.[34]

Ao mesmo tempo que acredita numa "adaptação" do fascismo aos moldes de uma "ditadura parlamentar", sem os grandes arroubos e excentricidades de antes, Mariátegui consegue perceber, paradoxalmente, que o fenômeno mantém suas características de sempre e que continuará usando os mesmos métodos *squadristas* se necessário, passando por cima da democracia, do Parlamento, da liberdade de expressão, da opinião pública, da "governabilidade" e da imprensa, para ficar no poder. Era uma sugestão do que o fascismo continuaria a ser nos anos subseqüentes. Mariátegui, em algumas ocasiões, conseguia notar essas sutilezas e lhes dar uma interpretação coerente. Por outro lado, ele acreditava que estava presenciando a grande "crise" do fascismo, já que Mussolini, percebendo críticas e ataques do Parlamento, imprensa, antigos veteranos de guerra e parte da população, assim como o abandono de alguns membros das fileiras fascistas, teria mudado seu discurso, deixando de lado sua arrogância e tentando um acerto político com a Câmara de maneira mais cordial. Para ele:

[34] José Carlos Mariátegui, "Proyecciones del proceso Matteotti", in Ibid, págs. 95 e 96.

> Nessas condições o fascismo chega à encruzilhada de sua história. Mussolini joga com a convocatória às eleições sua última carta. Teria de apelar às eleições mais cedo ou mais tarde. Mussolini, jogador de rápidas decisões, prefere que seja cedo e não tarde. Oportunista orgânico, ataca os partidos da 'variegada' oposição antes que tenham tempo de poder concertar-se e articular-se ainda mais. Mas a oposição já lhe ganhou a principal batalha, obrigando-o a aceitar implicitamente a tese da normalização. O fascismo sustentava anteriormente que sua permanência no poder era uma questão de força. Agora a questão de força desaparece e se converte numa questão de maioria eleitoral e maioria parlamentar.[35]

Fica claro, portanto, que Mariátegui discute o fenômeno ao mesmo tempo como jornalista e teórico, e que suas análises, consequentemente, serão influenciadas pelos eventos do momento. Mas é possível perceber que ele sabia com detalhes o que acontecia na Itália de sua época.

Algumas conclusões

O fascismo é, *independentemente das circunstâncias e características específicas*, um produto do capitalismo monopolista contemporâneo. É uma reação das classes médias conservadoras à uma situação de crise econômica estrutural, assim como uma "crise de identidade" em momentos de transição. A pequena burguesia, nacionalista, ansiosa por maior mobilidade e ascensão social, e temerosa de soluções mais radicais -como uma revolução socialista-, decide liderar uma luta interna agressiva pela tomada e manutenção do poder. Ao mesmo tempo que tenta negar o capitalismo monopolista, o fascismo cumpre o papel de seu principal realizador. Em países em transformação e relativo desenvolvimento econômico, o Estado de-

---

35 José Carlos Mariátegui, "La crisis del regimen fascista", in Ibid, pág. 128.

fine as metas a alcançar, tomando o lugar ou se associando à grande burguesia industrial, para ser o principal impulsionador e investidor das indústrias estratégicas, mas agindo, basicamente, com interesses similares e em certo ponto em nome dela. O fascismo tenta destruir de todas as formas qualquer tipo de oposição, principalmente do movimento operário, e agregar para dentro de suas instituições outros setores da população, absorvendo sindicatos e controlando o Parlamento e o governo. O Estado coloca-se acima da nação, mas, ao mesmo tempo, identifica-se com ela. Este Estado centralizador, totalitário e imperialista, define os rumos nacionais e controla ideologicamente os cidadãos através da imprensa e da propaganda política. Isso significa que há uma crescente autonomia do Estado, para transformar as condições de produção em favor das classes capitalistas.

Mussolini conseguiu evitar uma revolução socialista na Itália, mas o país não avançou muito economicamente durante seu governo. A área agrícola cultivada de aproximadamente 28 milhões de hectares, entre 1925 e 1938, permaneceu basicamente a mesma. A produção de trigo, de 65 milhões de quintais, foi para 61 milhões em 1936. Já a principal indústria italiana, a têxtil, entre 1926 e 1938, teve um aumento irrisório, indo de cinco milhões de fusos para cinco milhões e meio, ou seja, um acréscimo de apenas 10% em doze anos. As ferrovias, no mesmo período, que eram de 22 mil quilômetros de extensão aumentaram para 23 mil quilômetros, ou seja, uma cifra igualmente pouco significativa. O exército italiano era relativamente grande, mas com equipamentos de má qualidade e com sérios problemas em seu abastecimento.[36]

Este foi o resultado de vários anos do fascismo no poder. Desde que assumira o governo italiano, Mussolini e seus asseclas não foram capazes de tornar o país a grande nação que preconizavam antes. É possível dizer, em grande medida, após algumas mudanças formais e a retirada de certas

---

36 Ver J. Pires do Rio, *Realidades econômicas do Brasil* , pág. 320.

figuras da cena política institucional, que boa parte da burguesia e dos liberais se manteve no poder. Seria mais um aspecto do velho *transformismo* tradicional italiano. Como não tinha um programa definido, o *duce* recebe de bom grado todos os elementos que possam apóia-lo de alguma maneira. O caminho estava aberto para o controle total da nação e para a corrupção massiva. Assim, o aparelho da burocracia estatal incha, e milhares de cargos são criados para favorecer a pequena burguesia. Nem os socialistas nem os comunistas puderam alterar a situação. E a violência típica do movimento agora se institucionalizava. Como diria Giovanni Gentile, a liberdade identificava-se com a lei, e a lei tinha de ser fascista. Gradualmente, o fascismo ia se tornando a única força do país, controlando o Parlamento e desprezando toda a oposição, como no caso das acusações em relação ao dramático assassinato do deputado socialista Matteotti. A partir de 1925, o golpe se oficializava e a Itália ficaria nas mãos dos fascistas. Diversos decretos draconianos aumentavam a autoridade do Estado e leis antidemocráticas se seguiram. Após a tentativa frustrada de assassinato de Mussolini, os fascistas instauram a ditadura, tentando utilizar o evento como desculpa para "defender" a Itália daqueles que colocavam em perigo a liberdade. A censura aumenta, os partidos são abolidos e a máquina policial cresce. E então, em 1929, o fascismo se consolida de vez, com a "conciliação" com a Igreja e com o plebiscito, que dará ao regime a aprovação oficial da maioria da população. Ainda que tivesse ocorrido a ascensão de novas forças ao poder e uma tentativa de reestruturar a máquina estatal, na prática houve um compromisso dos fascistas com elementos políticos tradicionais do país.[36] O que

---

37 Para diferentes interpretações e análises das idéias e práticas fascistas, ver Francisco José Calazans Falcon, "Origens históricas dos movimentos fascistas", in Vários, *Fascismo*, Rio de Janeiro, Livraria Eldorado Tijuca, 1974, págs. 17 a 36; S. J. Woolf, "Uma introdução", in Ibid, págs. 37 a 50; H. R. Trevor-Roper, "O fenômeno do fascismo", in Ibid, págs. 51 a 66; Otto Bauer, "O fascismo", in Ibid, págs. 67 a 87; Talcott Parsons, "Alguns aspectos sociológicos dos movimentos fascistas", in Ibid, págs. 89 a 104; Martin Kitchen, *Fascismo*, México, Editorial Mundo Moderno, 1979; Ernest Mandel, *Sobre o fascismo*, Lisboa, Edições Antídoto, 1976; León Trótsky, *O que é o fascismo*, in Ibid, págs. 85 a 136; Mario Fiorani, *Breve história do fascismo*,

se pode dizer é que Mariátegui certamente conseguiu perceber as características das "origens" do fascismo e teve condições de interpretar de maneira sofisticada o fenômeno. Mesmo que suas análises sejam apenas do início do movimento, ainda assim são importantes contribuições para uma real compreensão do fascismo e de suas profundas conseqüências políticas.

Rio de Janeiro, Editora Civilização Brasileira, 1963; Tom Bottomore, "Fascism", in Tom Bottomore (org.), *A Dictionary of Marxist Thought*, Cambridge, Harvard University Press, 1983, pág. 162 e 163; e Edda Saccomani, "Fascismo", in *Dicionário de política, vol 1*, Brasília e São Paulo, Editora Universidade de Brasília/ Imprensa oficial do estado, 2000, pág. 466 a 475.

1.

AS FORÇAS SOCIALISTAS ITALIANAS[1]

[1] Publicado originalmente em *El Tiempo*, Lima, Peru, 28 de julho de 1920.

Nesta hora em que tanto se fala da importância das forças socialistas italianas e de sua influência na política interna e externa da Itália, é oportuno informar ao público peruano, de forma global e sumária, sobre a história, a organização e as orientações dessas forças socialistas.

O Partido Socialista oficial representa, como se sabe, a grande massa do socialismo italiano; a outra agrupação socialista, chamada de União Socialista Italiana, é secundária. Seus fundadores foram socialistas reformistas que, devido a sua orientação colaboracionista, não puderam permanecer no Socialismo oficial. E, tanto durante a guerra quanto depois dela, a União Socialista Italiana se diferenciou do Partido Socialista oficial em suas posições dentro do socialismo internacional: durante a guerra, por exemplo, a União Socialista Italiana foi favorável à intervenção. Algumas de suas principais figuras, como Leónidas Bissolati[2] e Ivanoe Bonomi[3], participaram no governo. Depois do conflito, este grupo manteve sua adesão à Segunda Internacional, enquanto o Partido Socialista oficial

2 Leonidas Bissolati (1857-1929), um dos fundadores do Partido Socialista Italiano, líder de sua ala reformista, fundou em 1889 *L'Eco del Popolo*. Em 1896 tornou-se diretor do *Avanti* e em 1897 foi eleito para o Parlamento. Foi expulso do PSI em 1921 e fundou o Partido Socialista Reformista Italiano. Apoiou a participação da Itália na guerra, do lado da Entente. Entre 1916 e 1918, foi ministro sem pasta. Saiu da cena política em 1918.

3 Ivanoe Bonomi (1873-1951) nasceu em Mantua, Itália. Foi eleito em 1919 para a Câmara dos Deputados. Foi expulso do Partido Socialista italiano, do qual era membro, em 1912, ao ser acusado de ser um reformista e um moderado. Apoiou a participação da Itália na Primeira Guerra Mundial. Foi ministro de Obras Públicas entre 1919 e 1917, e ministro da Guerra em 1920. Ajudou a negociar o Tratado de Rapallo com a Iugoslávia. Foi também ministro do Tesouro em 1920 e primeiro-ministro em 1921, sendo substituído por Facta uma ano mais tarde. Fundou o Partido Democrático Trabalhista em 1943, e tornou-se novamente primeiro-ministro entre 1944 e 1945. Ao longo da vida, publicou artigos no *Avanti!* e no *Critica Sociale*. Em 1947, irá atuar dentro do Partido Socialista Democrático italiano.

se filiava à Internacional de Moscou. Ultimamente, entretanto, a União Socialista não pôde escapar dos efeitos do fenômeno de polarização que se apresenta em todos os campos políticos europeus e, gradualmente, voltou a orientar-se para a extrema esquerda, o que motivou que os socialistas autônomos da Câmara –com exceção de Arturo Labriola e algum outro-, se afastassem dela. Ditos "socialistas autônomos" colaboraram e colaboram com o governo de Nitti contra os acordos da União Socialista. O "socialismo autônomo" está, portanto, dividido numa forma que reflete tipicamente o caráter da polarização: de um lado, os deputados (os políticos profissionais); do outro, a organização operária, ou seja, os elementos de classe.

É o Partido Socialista oficial, por conseguinte, aquele que deve ser considerado a verdadeira expressão do socialismo italiano. É o partido que ganhou cento e cinqüenta e seis deputados nas últimas eleições gerais, e é o que, consequentemente, pesa decisivamente na política italiana.

O partido "popular" tem muitos pontos de contato com o socialismo no terreno das realizações políticas. Pertence ao matiz socialista cristão. Nasceu recentemente agitando a bandeira de audaciosas reformas econômicas e sociais. Mas não pode ser considerado efetivamente uma força socialista, não tanto por sua mentalidade espiritualista, adversa à mentalidade materialista do marxismo, mas precisamente pela autoridade que o Vaticano exerce sobre sua direção. Além do mais, o Partido Socialista direciona mais seus ataques contra esta agrupação do que qualquer outra, por ser a única que disputa com ele a influência sobre as classes trabalhadoras; por ser a que opõe, sobretudo no campo, os sindicatos brancos aos sindicatos vermelhos.

A propósito, é necessário salientar que o progresso do Partido Socialista e a autoridade que adquiriu se devem ao respaldo das organizações operárias. Os socialistas italianos trataram sempre de estar próximos do proletariado. Enquanto outros partidos socialistas da Europa viveram afastados e algumas vezes separados dos sindicatos operários, o Partido

Socialista Italiano fez desses sindicatos sua base e sua plataforma. A Confederação Geral do Trabalho é o órgão econômico das classes trabalhadoras; o Partido Socialista, o órgão político.

A existência do partido data de 1890; neste ano foi fundado com o nome de Partido dos Trabalhadores Italianos. Dois anos mais tarde, realizou em Gênova seu primeiro Congresso. No Congresso de Gênova adotou o nome de Partido Socialista dos Trabalhadores Italianos, junto com o programa que conservou intacto até o Congresso de Bolonha, celebrado em outubro do ano passado, sob a influência ideológica da revolução russa. No mesmo Congresso de Gênova, os discípulos de Bakunin,[4] que até então haviam contribuído para sua organização, se afastaram do partido, por discordar de seu programa marxista, e voltaram a constituir grupos libertários autônomos.

A partir do Congresso de Gênova o partido começou a desenvolver-se rapidamente. Muitos intelectuais aderiram a ele entusiasticamente, entre eles, Enrico Ferri,[5] deputado radical e orador renomado, que ocupou em seguida posição eminente no socialismo italiano. O governo perseguiu a propaganda socialista tanto ou mais que outros gover-

---

4 Mikhail Bakunin (1814-1876), ideólogo do anarquismo e opositor do marxismo, nascido em Premukhino, filho de um dono de terras aristocrático russo. Desde 1840 viveu fora da Rússia. Foi influenciado pelas idéias de Wilhelm Weitling e Proudhon. Participou da revolução de 1848-1849 na Alemanha. Também participou da I Internacional, sendo combatido por Marx e Engels. Foi o responsável por tornar anarquismo um movimento revolucionário internacional. Foi expulso da Internacional em 1872.

5 Enrico Ferri (1856-1929), sociólogo criminal, jurista e político italiano. Principal representante da escola positivista de Direito Penal e criador da sociologia criminal. Formado em Direito pela Universidade de Bolonha em 1877, um ano mais tarde foi eleito deputado. Entrou no Partido Socialista Italiano em 1893. Foi reeleito deputado várias vezes. Dirigiu o jornal *Avanti!* entre 1900 e 1905, assim como dirigiu também o Instituto Penal da Universidade de Roma, que ele denominou *Scuola di Applicazione Giurídico-Criminale.* Foi amigo de Cesare Lombroso e Rafael Garófalo. Autor de *Sociologia Criminale* (1881) e *Progetto di Codice Penale Italiano* (1921), entre outros. Defendeu a neutralidade da Itália na Primeira Guerra Mundial. Mais tarde, apoiou Mussolini e os fascistas.

nos da Europa. O terceiro Congresso, que devia ocorrer em Ímola, em 1895, foi proibido. Teve de ser realizado secretamente em Parma. Nele se adotou, finalmente, o nome de Partido Socialista Italiano.

Em 1896, no Congresso de Florença, o partido resolveu fundar o *Avanti*, que apareceu no mês de dezembro do mesmo ano e que até hoje é seu órgão oficial. Dono de um jornal e de representação parlamentar, o partido continuou crescendo e ganhando força.

Durante os anos seguintes, manifestaram-se em seu seio as mesmas diferenças de opinião que nas demais agrupações socialistas européias. Alguns elementos preconizavam a atuação preferencial do programa mínimo; outros, a fidelidade absoluta a um programa único, o programa máximo. Os matizes em que se dividia o partido eram quatro: um reformista, representado por Turati;[6] outro integralista, representado por Morgari; outro revolucionário, representado por Ferri; e outro sindicalista, representado por Labriola e Enrique Leone,[7] escritor sindicalista universalmente conhecido.

No Congresso de 1908, em Florença, que ocorreu apesar destas diferenças, prevaleceu também a corrente reformista. Os sindicalistas se separaram nessa ocasião do partido, sempre com Labriola e Leone à cabeça. No Congresso de Milão de 1910, os reformistas se impuseram novamente. Mas a tendência revolucionária já havia adquirido corpo, e no Congresso posterior, reunido em Modena, voltaram a manifestar-se quatro correntes; nenhuma delas conseguiu predominar. Em 1912, no Congresso de Regio Emilia, o partido se mostrou francamente anti-

6 Fillippo Turati (1857-1932), importante personalidade do movimento operário italiano, um dos organizadores do Partido Socialista Italiano, em 1892. Líder da ala direita do PSI, foi hostil à Revolução de Outubro. Em 1922, ao cindir-se o PSI, encabeçou o Partido Socialista Unitário. Em 1936, emigrou para a França.

7 Enrico Leone, foi um dos fundadores, em 1905, juntamente com Paolo Mantica, do *Divenire Sociale*, principal publicação do sindicalismo revolucionário italiano. Tornou-se seu diretor. Discípulo de Sorel, ajudou a construir o movimento sindicalista revolucionário naquele país.

colaboracionista. Quatro deputados foram expulsos de seu seio: Bissolati, Bonomi e Cabrini, culpados de haver visitado o rei depois do atentado de 4 de maio; e Podrecca, culpado de haver apoiado a expedição a Trípoli. Imediatamente depois de sua expulsão, esses quatro deputados criaram o "partido socialista autônomo".

Quando começou a guerra, o partido acabava de obter grandes êxitos: cinqüenta socialistas haviam entrado na Câmara; as seções do partido haviam chegado a 1800; e nas eleições municipais, os socialistas haviam vencido em quatrocentas comunas, as de Milão e Bolonha entre elas. Em meio a esses êxitos, a guerra provocou a cisão. Vários socialistas se pronunciaram a favor da intervenção italiana. Mussolini, diretor do *Avanti*, renunciou a seu cargo e fundou *Il Giornale del Popolo*, jornal intervencionista. Na direção do partido prevaleceu a opinião neutralista *a outrance*. Depois da intervenção, o partido fixou sua atitude: não aderiria à guerra; mas tampouco a *sabotaria*. (Os derivados da palavra *sabotagem* não são muito espanhóis, por assim dizer; mas acabarão por parecer. O léxico nos familiarizará com eles).

Mais tarde, uma ala do Partido iniciou uma propaganda pacifista. A revolução russa deu a essa propaganda muitos estímulos. E o governo, como se sabe, a reprimiu duramente. Constantino Lazzari[8] (membro da direção), Nicolás Bombacci[9] (um dos líderes de hoje) e Serrati (diretor do *Avanti*) foram condenados a prisão por derrotismo.

---

8 Constantino Lazzari (1857-1927), fundador do Partido Socialista italiano e seu secretário-geral no período entre 1912 e 1919.

9 Nicola Bombacci (1879-1945), conhecido como "*il comunista in camicia nera*". Membro do PSI desde 1903, em setembro de 1918, em Roma, foi eleito secretário do partido. Um dos principais líderes do socialismo na época, ajudou a fundar o Partido Comunista da Itália. Participou da primeira delegação parlamentar a ir a URSS, em 1920. Ainda assim, sempre viu com interesse o "fascismo de esquerda". Gradualmente aproximou-se de Mussolini. Foi expulso do partido. Publicou *La Verità*, que imitava o título do *Pravda*. No final da Segunda Guerra Mundial, foi capturado pelos *partisans* e executado. Seu corpo foi exposto na Piazzale Loreto, junto com os de Mussolini, de Claretta Petalli e de outros fascistas.

Depois do armistício, o progresso do Partido Socialista, turvado pelas divergências suscitadas pela guerra, recuperou sua intensidade. A corrente maximalista se estendeu, simultaneamente, em suas fileiras. Reunida em março do ano passado, a direção concordou em romper com o Birô Internacional -acusado de haver traído a causa proletária- e aderir à Terceira Internacional, ou seja, a fundada em Moscou sob a sombra da bandeira bolchevique. Dentro desse ambiente se preparou o Congresso de Bolonha do mês de outubro, realizado às vésperas das eleições em que o Partido iria triunfar tão ruidosa e inesperadamente.

No Congresso de Bolonha houve três tendências: uma maximalista abstencionista, encabeçada por Bordiga, contrária à participação do Partido nas eleições; a segunda maximalista, encabeçada por Serrati; e a terceira, evolucionista, liderada por Treves[10] e Turati.

A segunda tendência venceu. Em virtude de uma ordem do dia de Serrati, o partido declarou sua adesão à Internacional de Moscou e, considerando o programa de Gênova superado pelos acontecimentos e pelas condições internacionais criadas pela guerra, introduziu nele várias reformas. Segundo essas reformas, o partido considera que os instrumentos de dominação do Estado burguês não podem de forma alguma transformar-se em órgãos de libertação do proletariado; que a eles se devem opor novos órgãos proletários –conselhos de operários, de camponeses, etc. -, que, funcionando por agora sob a dominação burguesa como instrumentos de luta, serão amanhã os órgãos de transformação social e econômica da ordem de coisas comunista; que o regime transitório da ditadura do proletariado deve marcar a passagem do poder da burguesia para os trabalhadores; e que, graças a esse regime, o período histórico de transformação social poderá ser abreviado.

---

[10] Claudio Treves (1868-1933), líder reformista do Partido Socialista Italiano, centrista durante a Primeira Guerra Mundial. Na cisão do PSI, tornou-se um dos dirigentes do Partido Socialista Unitário.

A moção que reformou assim o programa de Gênova foi aprovada por 48. 411 votos, contra 14. 880, alcançados pela moção centrista de Lazzari à qual aderiram Treves e Turati, e contra 3. 417, alcançados pela moção comunista que pretendia a conversão do partido em partido comunista.

As decisões aprovadas pelo Congresso de Bolonha foram ratificadas pelo Conselho Nacional do Partido que acaba de se reunir em Milão; mas foram interpretadas com moderação e sagacidade. Em obediência ao programa de Gênova, resolveu-se dar prosseguimento à constituição de sovietes, destinados a servir ao mesmo tempo como elementos de luta e de preparação do proletariado para o exercício do poder; mas esses sovietes serão limitados às grandes cidades, aos grandes núcleos de trabalhadores.

O grupo parlamentar socialista atua compacto e disciplinado. Mas, se percebem nele, mais definidas ainda que em Bolonha, as três tendências do Congresso. A tendência liderada por Turati e Treves –que são duas conspícuas figuras intelectuais do partido- foi chamada, repentinamente, tendência colaboracionista. Mas, em verdade, o colaboracionismo não é tão colaboracionista assim. Turati e Treves não desejam que o partido ascenda ao governo sob a monarquia. Sabem que um gabinete socialista não teria a aprovação das massas e que estas, sem dar-lhe seu apoio, lhe exigirão "a lua no poço", como diz Turati. Eles não são, por conseguinte, colaboracionistas. Mas discordam do critério dominante no partido sobre o papel do grupo parlamentar. Pensam que o grupo parlamentar socialista deve arrancar do regime atual todas as reformas possíveis. Não concorda com a maioria maximalista em que o papel dos socialistas no Parlamento deve ser negativo, e não positivo.

No fundo, os termos da discrepância são os seguintes: uma ala do Partido Socialista não crê na possibilidade da revolução imediata. Mais ainda: não crê na capacidade atual do proletariado para assumir o poder. E julga que deve-se criar esta capacidade. E que deve-se utilizar a força parlamentar do socialismo. Os cento e cinqüenta e seis votos socialistas podem servir para muitas reformas urgentes, às quais outros grupos da esquerda parlamentar não negariam seu voto. No entanto, a ala extremista do Partido Socialista crê na possibilidade da revolução. Julga necessário que a ação do Partido se reduza a organizá-la, a precipitá-la. Considera que o Partido deve reservar seu trabalho construtivo para quando o poder estiver integralmente nas mãos do proletariado. Que não agir assim representaria retardar a revolução e colaborar com a burguesia.

As duas alas são conseqüentes com suas respectivas apreciações do momento histórico. A diferença dessas apreciações é o que as separa. É lógico que aqueles que consideram que é o momento da revolução se oponham a que o socialismo se ocupe de outra coisa que não de acelerá-la. E é lógico que aqueles que consideram o contrário queiram que o socialismo cruze os braços negativamente ante os problemas presentes, que não afetam a uma classe, mas a todas, principalmente, às classes trabalhadoras.

2.
O PARTIDO POPULAR ITALIANO[1]

[1] Publicado originalmente em *El Tiempo*, Lima, Peru, em 15 de setembro de 1920.

Tem um papel decisivo na política italiana o Partido Popular, que para uns representa o sentimento socialista-cristão e para outros, simplesmente o sentimento católico. O Partido Popular é o mais jovem dos partidos italianos. Sua fundação data apenas do ano passado. E é, não obstante, o mais vigoroso e influente depois do Partido Socialista. Seus cento e um votos seguem aos cento e cinqüenta e seis votos socialistas na composição da Câmara dos Deputados.

Os elementos católicos intervinham desde havia muito tempo na política da Itália; mas não sob o nome de elementos "católicos". Geralmente eram vistos ao lado dos liberais moderados, neutralizando o anti-clericalismo dos extremistas e evitando um predomínio agressivo da maçonaria. Nos últimos tempos sua influência cresceu muito. Mas sua situação como partido autônomo e de franca etiqueta católica não começou senão com a constituição do Partido Popular.

O Partido Popular é obra de um padre: Dom Sturzo.[2] (Na Itália se diz "Dom" aos padres). Dom Sturzo não é somente um coordenador de elementos católicos. É muito mais. É o construtor do Partido Popular desde suas fundações. A fundação do Partido Popular foi preparada por ele pouco a pouco, com tal acerto, que pode se dizer que a ele, essencialmente a ele, deve o Partido Popular sua posição e

---

2 Luigi Sturzo (1871-1959), filho de uma aristocrática família agrária siciliana, nasceu em Caltagirone, onde foi seminarista. Formado em teologia pela Universidade Gregoriana de Roma, criou uma associação de assistência e uma cooperativa em sua cidade natal. Em 1897, funda o jornal *La Croce di Constantino*. Em 1915, é nomeado secretário da Ação Católica. Participa da fundação do Partido Popular italiano em 1918, assumindo sua secretaria nacional. Publicou *Italy and Fascism* (1926), *La Comunità Internazionale e il Diritto di Guerra* (1929), *La Società: Sua Natura e Leggi* (1936), *Politica e Morale* (1938), *Chiesa e Stato* (1939), *Nazionalismo e Internazionalismo* (1946), *La Mia Battaglia da New York* (1949), *La Regione della Nazione* (1949) e *Del Metodo Sociologico* (1950). Durante seis anos no exílio, mora na Inglaterra e nos Estados Unidos. Retorna para a Itália em 1946.

sua autoridade atuais. Antes de se dirigir à burguesia católica, Dom Sturzo se dirigiu ao povo. Passou longos anos organizando sindicatos e federações de trabalhadores católicos sobre a base de um programa socialista-cristão. E só quando dispôs de uma sólida massa popular, acreditou oportuno constituir o partido católico. E não quis denominá-lo partido católico mas Partido Popular, partido do povo.

Dom Sturzo é um admirável tipo de organizador, inteligente e moderno. Depois de haver sido criador, continua sendo tudo para o Partido Popular: o líder, o apóstolo, o caudilho. Não aceitou entrar na Câmara. Mas a partir de sua posição de Secretário Político, dirige a marcha da agrupação em seus menores detalhes. Este padrezinho miúdo, nervoso, ativo e meridional, tão prático e idealista, tão flexível e firme ao mesmo tempo, é uma figura original. Trata-se, ao que parece, de um homem de extraordinária capacidade de compreensão e de adaptação mais extraordinária todavia.

Naturalmente ninguém discute que em todo instante trabalhou de acordo com o Vaticano; mas tampouco ninguém discute que sua obra foi também, sempre, muito pessoal na forma, nas modalidades, nos meios. A meta talvez tenha sido assinalada pelo Vaticano; o caminho foi assinalado sempre por Dom Sturzo.

Um partido católico de espírito claramente burguês, de programa substancialmente conservador, teria fracassado irremediavelmente. E teria fracassado, sobretudo, se, rigidamente católico em sua ação, tivesse se declarado paladino das reivindicações vaticanas. Mostrou um sentido profundamente oportunista e se colocou dentro da realidade e de sua época. Nenhuma aspiração confessional anacrônica impôs ao programa do partido uma série de aspirações econômicas; foi congruente com as orientações e interesses do proletariado, particularmente o do campo. Dom Sturzo percebeu com igual clareza a realidade política da Itália e a realidade social do mundo.

É verdade que quanto à primeira realidade, o critério da Santa Sé, antes fechado e intransigente em demasia, se modificou muito. A última encíclica do Papa, que, pondo fim a uma das tradicionais formas de protesto da Santa Sé, autoriza a visita oficial dos príncipes e presidentes dos Estados católicos ao Vaticano, representa o sintoma de uma evolução. Nesta encíclica, como nas anteriores, a Santa Sé falou de sua "situação anormal" e ainda agregou sua confiança de que seja prontamente "regularizada". Mas nem as palavras nem a entonação foram as mesmas de outra encíclica de alguns anos atrás em que se mencionava assim o rei: "Aquele que detém"... A imprensa romana insistiu muito nesse ponto.

Mas se é verdade que na atitude do Vaticano frente ao Quirinale ocorreu uma evolução, é certo também que essa atitude não chegou nem pode chegar ao ponto de significar uma renúncia das pretensões do Pontificado; na realidade, a Santa Sé considera que o dever do Quirinale é ser estritamente fiel ao Papa e fazer do restabelecimento de seu poder temporal a finalidade substantiva e manifesta de sua ação política. Dom Sturzo teve, portanto, que conciliar com essa situação a necessidade de dar ao Partido Popular uma orientação afirmativa e colaboracionista e não uma orientação negativa e abstencionista.

O partido católico, do ponto de vista religioso, sustenta o seguinte programa mínimo: a política do governo não deve ser confessional e maçônica; deve ser permitida, sem demora, a liberdade de ensino.

Somente em troca da aceitação desse programa mínimo é que se pode obrigar o Partido Popular a apoiar o governo. A liberdade de ensino significa, naturalmente, a autorização do ensino religioso. Os católicos acreditam que é na escola que se deve livrar a batalhar definitiva. E que é na escola onde se deve tentar a conquista política da Itália.

As facções monarquistas concordam plenamente com os populares em relação à neutralidade religiosa do Estado, mas não com a liberdade de ensino. Não é admissível, a seu juízo, que os populares tratem de arrancar uma claudicação do liberalismo, valendo-se de sua transitória posição de árbitros do Parlamento. Seu dever é ajudar os partidos constitucionais a tirar a Itália de suas dificuldades presentes e a sair vitoriosos dos ataques socialistas. Os populares estão diante deste dilema: ou colaboram com os liberais ou colaboram com os socialistas. Os primeiros representam a salvação do Estado atual; os segundos, seu fracasso e a instituição do Estado socialista.

Mas os populares, não obstante, mantêm seu programa mínimo. Não se limitam a isso, enquanto não se inscreverem no programa do governo as reformas econômicas e sociais destinadas, segundo sua opinião, a conservar-lhes a adesão de seu proselitismo popular. Reclamam também a inclusão da reforma do ensino. Exigem, finalmente, que a neutralidade religiosa do liberalismo implique sua neutralidade ante várias iniciativas socialistas, como a do divórcio, por exemplo.

As facções extremistas do liberalismo rechaçam frontalmente essa limitação de sua liberdade. Mais ainda: no que diz respeito ao ensino estão decididos a deixar os católicos sozinhos e a unir seus votos aos dos socialistas. Os socialistas, como os liberais, são contra o ensino religioso. Patrocinam o ensino laico de inspiração absolutamente científica. Além do mais, os socialistas, por estratégia política, têm interesse especial em acirrar a batalha parlamentar sobre o ensino e o divórcio para gerar uma crise nas relações dos partidos do governo com seus eventuais aliados, os populares.

A solidariedade do partido católico com os outros partidos constitucionais se encontra, portanto, constante e seriamente ameaçada. Não obstante, essa solidariedade é indispensável para a subsistência de uma gabinete. Sem os votos católicos, a sorte de qualquer gabinete ficaria à mercê dos votos socialistas. E como os socialistas não atenuam seu anti-colaboracionismo, não haveria forma de constituir uma gabinete estável. A Itália não poderia ser governada.

Eis aí porque o Partido Popular tem hoje um papel decisivo na política da Itália. Um papel que é decisivo, ao mesmo tempo, para o próprio Partido Popular. Porque, como já vimos, o Partido Popular extrai suas forças do proletariado, daquela parte do proletariado atraída pela bandeira do socialismo cristão. Se o Partido Popular não conseguir que o governo desenvolva uma política de acordo com seus princípios programáticos; se, pelo contrário, se solidarizar com uma política de repressão, perderá a confiança de suas massas proletárias. Os socialistas não desperdiçam, por isso, a oportunidade de colocar os populares entre os interesses da burguesia e os interesses do proletariado para empurrá-los a um voto de confiança. Sabem perfeitamente qual seria o efeito de dois ou três votos de confiança na multidão eleitora.

Dom Sturzo conseguiu formar um partido de aristocratas, burgueses, padres e operários, reunidos pelo laço de um espiritualismo cristão enfrentando o materialismo maximalista. Um partido que, de acordo com uma frase de Claudio Treves, o ilustre deputado socialista, pode ser comparado a uma árvore cuja copa é a aristocracia e cujas raízes se alimentam do húmus proletário. Este partido viverá, enquanto o húmus proletário não lhe falte; caso contrário, murchará e secará.

E nestes tempos de luta de classes, nada mais difícil que conservar mancomunados e solidários, os católicos de cima com os católicos de baixo. Ainda que esteja envolvido alguém como Sturzo, eclético, sagaz e persuasivo.

3.

BENEDETTO CROCE E DANTE[1]

[1] Publicado originalmente em *El Tiempo*, Lima, Peru, 9 de dezembro de 1920.

Próximo do centenário de Dante,[2] ocorreu um incidente em torno do qual se está fazendo muita política literária e também muita literatura política. Benedetto Croce,[3] o ministro da Educação, se negou a dar os dois milhões de liras solicitados para a celebração desse centenário. E tal recusa provocou a renúncia do comitê organizador das festas de Florença.

A maioria da imprensa vitupera buliçosamente a conduta governamental com jornalística teatralidade, declarando-a irreverente e descomedida com o autor da Divina Comédia. Descreve a Benedetto Croce como um malicioso inimigo da glória do Dante – ou seja, de uma das mais altíssimas glórias nacionais –, e quer que o país inteiro brade aos céus.

Naturalmente, nesta campanha, há muita política jornalística envolvida. Benedetto Croce – cuja fama de filósofo e literato é enorme, mundial e legítima – é um dos homens que inocularam vitalidade e que trouxeram prestígio ao gabinete Giolitti. Debilitar Benedetto Croce como ministro é, portanto, uma maneira de debilitar ao gabinete. A necessidade exige que se diga que Benedetto Croce é um Ministro da Educação fracassado, que deve voltar sem demora à sua cátedra e a

2 Dante Alighieri (1265-1321), um dos maiores poetas italianos, autor da *Divina Comédia*. Proveniente de uma família nobre, nasceu e cresceu em Florença. Casou-se com Gemma Donati, ainda que seu ideal romântico e grande inspiração para seus poemas fosse outra mulher, Beatrice Portinari. Partiu de Florença em 1301, viveu por algum tempo em Paris e terminou seus dias em Ravena. Publicou *La vita nuova, Il convivio, De vulgari eloquentia* e *De monarchia*, até lançar *La divina commedia*, sua obra mais importante.

3 Benedetto Croce (1866-1952), filósofo idealista italiano, foi dirigente do Partido Liberal italiano e autor de *Filosofia dello spirito, Problemi do estetica, Saggi sulla letteratura italiana del Seicento, Conversazioni critiche, Goethe, La poesia do Dante, Storia d'Italia dal 1871 al 1915* e *Contributo alla critica di me stesso.*

seus livros e que ele não passa de um didático, um diletante, um erudito. E exige, também, na opinião de alguns, que se aproveite a ocasião para arremeter, também, contra sua personalidade literária.

Benedetto Croce, entrevistado por um jornal, defendeu sua atitude com grande franqueza e sinceridade. Demonstrou, em primeiro lugar, que não é correto que ele negue arbitrariamente dois milhões de liras para festejar o centenário de Dante. Esses dois milhões não foram votados até agora pelo Parlamento. É claro que isto poderia ser remediado facilmente. Bastaria que o governo apresentasse ao Parlamento o respectivo projeto de lei. Mas acontece que Benedetto Croce não considera conveniente que o governo apresente o projeto, porque não lhe parece que a Itália, nesta hora de aperto, deva gastar dois milhões de liras para comemorar a Dante farandulescamente. Para ele, deve-se render a Dante, sobretudo, uma homenagem espiritual, e não uma homenagem de discursos, fanfarras e filmes. A melhor homenagem seria, sem dúvida, aprender a ser austero como Dante. Mostrar que se lhe admira, inspirando-se em seu exemplo.

Benedetto Croce disse que uma das atrações do programa do centenário seria utilizar o cinematógrafo como um meio de popularizar Dante. E perguntou como seria possível associar, irmanar e juntar Dante com o projetor de cinema. Disse, em seguida, que outra das atrações do programa seria convidar os mais célebres homens de letras contemporâneos, Rudyard Kipling,[4] Anatole

[4] Joseph Rudyard Kipling (1865-1936), romancista, contista e poeta inglês, ganhou o Prêmio Nobel de Literatura em 1907. Nascido em Bombaim, Índia, foi para a Inglaterra aos seis anos de idade, retornando à sua terra natal em 1882, onde trabalhou por sete anos como jornalista. Voltou ao Reino Unido em 1889, e casou-se com Caroline Balestier em 1892. Mudaram-se por pouco tempo para os Estados Unidos, para em seguida retornarem à Inglaterra. Em 1902, foi morar em Sussex e mais tarde, passou algumas temporadas na África do Sul. Passou o final da vida em Londres. É autor de *Just So Stories*, *Stalky & Co.*, *Departmental Ditties*, *Plain Tales from the Hills*, *The Light That Failed*, *The Jungle Book*, *Captains Courageous* e *Kim*, entre outros trabalhos menos conhecidos.

France,[5] Henri Barbusse,[6] a vir à Itália participar da comemoração de Dante. E expressou sua dúvida de que esses homens de letras sequer conheçam, efetivamente, a Divina Comédia. Não seria correto que o Estado patrocinasse farsas, agregou Benedetto Croce. E muito menos na celebração do centenário de Dante. Que a iniciativa privada, em boa hora, a patrocine, a pague e a organize. O Estado deve honrar Dante de outra maneira.

Obviamente, a declaração de Benedetto Croce não acalmou nem convenceu a imprensa oposicionista. Pelo contrário, a incitou ainda mais. Esta imprensa sustenta que Benedetto Croce não apenas não diminuiu nem atenuou seu desacerto contra Dante, senão que o agravou ousadamente. E usa a mais dramática de suas entonações para convencer à opinião pública.

Mas a opinião pública não se comove absolutamente. O fato é que não é hora de comovê-la em nome de Dante, nem da Divina Comédia. São muito menos imateriais as coisas que atualmente podem apaixoná-la. Está demasiadamente preocupada com a carestia da vida para se preocupar também com o centenário de um poeta, ainda que este poeta seja um grande poeta e ainda que este grande poeta seja Dante.

E não importa às multidões que se comemore ou não Dante. Importar-lhes-ia, talvez, no caso de que a comemoração de Dante resultasse numa grande e bonita festa, capaz de diverti-las de verdade. O

---

5 Jacques Anatole François Thibauld (1844-1924), escritor francês, foi eleito para a Académie Française em 1896 e ganhou o Prêmio Nobel de Literatura em 1921. Escreveu *Le crime de Sylvestre Bonnard, La rôtisserie de la Reine Pédauque, Les opinions de M. Jérôme Coignard, Le lys rouge, Les dieux ont soif* e *L'Île des Pingouins, La révolte des anges* e *Le petit Pierre*, entre outros.

6 Henri Barbusse (1873-1935), começou sua carreira literária como neo-simbolista, com seu *Pleureuses* (1895), e seguiu um estilo neonaturalista em *L'enfer* (1908). Lutou como soldado de infantaria na Primeira Guerra Mundial e em 1917, foi liberado do exército por causa de ferimentos em combate. Seu livro *Le feu, journal d'une escouade* (1916), ganhou o Prêmio Goncourt. Depois da guerra, tornou-se pacifista e militante comunista.

que prova que Benedetto Croce tem razão em se opor a que se celebre a Dante na forma que queriam os comitês e os jornais.

Escritores de mentalidade burguesa poderiam encontrar em tão tristes constatações copioso motivo para queixar-se sofridamente de que as multidões careçam cada dia mais de idealismo e de espiritualismo; de que sejam tão materialistas em suas preocupações; de que não amem a Dante nem pensem em Beatriz. Haveria que recordar-lhes então que quando se tem fome não é possível se ocupar da Divina Comédia. E haveria que recordar-lhes, em particular, que as multidões não leram a Divina Comédia, entre outras coisas, porque tiveram de trabalhar muito, de forma crua e pesada, para que uma pequena parte da humanidade pudesse se dar ao luxo de lê-la.

4.
ASPECTOS DO PROBLEMA ADRIÁTICO[1]

[1] Publicado originalmente em *El Tiempo*, Lima, Peru, 11 de dezembro de 1920.

A face diplomática do problema de Fiume se modificou. Fiume acaba de declarar-se Estado livre e independente. Por conseguinte, foi eliminado um dos pontos de discórdia: a anexação de Fiume a Itália. A Itália já não necessita reclamar a incorporação de Fiume a seu território. Não lhe resta senão defender seu direito à autodeterminação.

A decisão de Fiume veio sem a intervenção nem a sanção do governo italiano. O governo da Itália não quis dizer ao Governo de Fiume se a aprovava ou não. Deixou-o agir livremente. Uma comissão do Conselho Governamental de Fiume, vinda a Roma para ouvir a opinião de Giolitti,[2] teve de partir sem ser recebida por este. Só pôde comunicar-se com o Ministro de Relações Exteriores, que expressou que o governo não podia comprometer a liberdade de sua ação diplomática aconselhando ou desaconselhando a constituição de Fiume em Estado autônomo.

Mas isto não tem senão um valor de obrigação oficial e formulista, e de aparência externa. A realidade é que, como não pode deixar de ser, o governo italiano respalda a atitude de Fiume e a considera conveniente para a solução do problema do Adriático.

Assim é, na prática. Dada a intransigência iugoslava -a cuja manutenção não são estranhas as influências e sugestões estrangeiras-,

---

[2] Giovanni Giolitti (1842-1928), foi primeiro-ministro da Itália por cinco vezes. Eleito para a Câmara dos Deputados em 1882, foi nomeado ministro do Tesouro por Crispi em 9 de março de 1889. Foi também ministro do Interior na administração Zanardelli. Foi primeiro-ministro entre 1892 e 1893, entre 1903 e 1905, entre 1906 e 1909, entre 1911 e 1914, e entre 1920 e 1921. Foi contra a entrada da Itália na Primeira Guerra Mundial. Depois do conflito, recebeu o apoio dos *squadristi* fascistas. Durante a Marcha a Roma, Giolitti estava de férias na França. Já não era mais primeiro-ministro. Apoiou inicialmente os fascistas, e deixou de apoiá-los em 1924. Ficou no Parlamento até 1928.

o governo da Itália se vê sem outra via de solução que a aplicação do Tratado de Londres, que é o que lhe pedem os grupos nacionalistas. Mas a aplicação do Tratado de Londres tem suas desvantagens. Nesse tratado se concede à Itália a Ístria, a Dalmácia e diversas ilhas de importância estratégica; mas não se lhe concede Fiume. Os grupos nacionalistas crêem que a Itália pode aplicar o Tratado de Londres, sem prejuízo de anexar Fiume. E nisso se enganam. Uma solução dessa natureza não só não seria reconhecida pelos Estados Unidos -que não aceitam sequer a aplicação do Tratado de Londres, do qual não são signatários-, mas tampouco seria reconhecida pela Inglaterra e França, que resistem a ir além do cumprimento da palavra empenhada.

Para conseguir a anexação de Fiume, o gabinete anterior estava de acordo em que a Itália renunciasse a uma parte dos direitos que lhe concede o pacto de Londres. O ideal de Nitti[3] era um acordo direto com os iugoslavos. Essa política lhe valia o mote de *Renunciatário* nos apaixonados comentários da imprensa oposicionista. Não, certamente, da imprensa oposicionista da esquerda, mas da imprensa oposicionista da direita. A extrema esquerda olhava, antes, com simpatia tal tendência política de Nitti.

O gabinete atual segue uma política externa análoga à do gabinete Nitti. Ainda que em sua composição tenham intervindo muitos dos elementos *belicistas* que há poucos anos anatematizaram Giolitti, as orientações internacionais do novo governo não podem tender a uma política de nacionalismo e expansionismo, senão, pelo contrário, a uma política de pacifismo e desarmamento.

---

3 Francesco Saverio Nitti (1868-1953), presidente do Conselho de Ministros entre 23 de junho de 1919 e 15 de maio de 1920. Foi também ministro do Tesouro durante o governo Orlando. Autor de *La Democrazia, Nord e Sud, La Decadenza Dell'Europa, Le Vie Della Ricostruzione, Bolscevismo, Fascismo e Democrazia, Meditazioni Dall'Esilio* e *Meditazioni e Ricordi*, suas obras principais.

Ante essa situação, D'Annunzio[4] se viu obrigado a buscar uma saída imediata que salve seu amor próprio de poeta e de *condottiere* e que salve, ao mesmo tempo, os objetivos de sua aventura. E a proclamação de Fiume como Estado independente foi essa saída.

Mediante ela, a vida de Fiume, que havia começado a ser insustentável, poderá se regularizar pouco a pouco. Fiume poderá recuperar sua atividade, seu trabalho, sua indústria. Poderá se aprovisionar normalmente. Não será mais necessário que os legionários se apoderem, como piratas, em alto mar, dos carregamentos de comestíveis indispensáveis para alimentar a cidade por alguns dias.

D'Annunzio considera cumprido o objetivo de sua empresa; cumprido pela metade, pelo menos. Não obtém a anexação de Fiume à Itália porque ao governo italiano falta, segundo ele, a energia de efetuá-la. Mas assegura a italianidade da bela cidade adriática. Conforme suas declarações, a independência de Fiume é um meio para conseguir, tão logo seja possível, sua incorporação definitiva ao território nacional.

A juízo de alguns conhecedores da vida de Fiume, as coisas não são como o poeta as vê. Para a italianidade de Fiume, a independência não é o mesmo que a anexação. A anexação teria garantido o predomínio absoluto do sentimento italiano. A independência, não. Ainda que se achem em minoria, os elementos eslavos poderão, dentro do Estado autônomo, exercer muita influência para distanciar Fiume da mãe pátria, para obstaculizar sua agregação a ela. A minoria conquistará na administração política e municipal da cidade alguns postos, a partir dos

---

4 Gabriele D'Annunzio (1863-1938), nascido em Pescara, foi poeta, romancista, contista, jornalista e líder político. Publicou seu primeiro poema "Primo vere", em 1879. Entre seus livros, destacam-se *L'innocente* (1892), *Le vergine delle rocce* (1896) e *Il piacere* (1898). Escreveu também peças de teatro importantes, como *La Gioconda* (1899), *Il fuoco* (1900) e *La figlia di brio* (1904). Combateu na Primeira Guerra Mundial e em 1919, juntamente com centenas de homens, ocupou o porto de Fiume, o qual acreditava pertencer à Itália. Governou-o como ditador até dezembro de 1920, quando foi forçado a renunciar a seu mandato. A partir daí, tornou-se defensor do fascismo, mas não exerceu nenhuma grande influência na política de seu país.

quais não poderá dirigir seus destinos, mas a partir dos quais será um elemento de resistência à italianidade fiumana.

O poeta de "La Gioconda" não se inquieta com estas perspectivas. Contempla sua obra com grande otimismo e fé. Fala a mesma linguagem épica de suas passadas arengas. O que quer dizer que está seguro de si. Porque ao menos aos poetas lhes toca ser, em todos os tempos –inclusive nos atuais-, um pouco quixotescos e um pouco líricos.

Uma das satisfações que mostra D'Annunzio é a de que sua política defenda a italianidade da Dalmácia. Para alcançar a anexação de Fiume, já não terá que renunciar seus direitos àquele território. Poderá aplicar integralmente o Tratado de Londres, sem embaraço, sem dificuldade, sem tropeço algum.

E é esta a imprecisão que parece dominar, em geral, na Itália, a opinião sobre a nova situação diplomática do problema Adriático. Que sacrificando sua aspiração sobre Fiume, a Itália não tem por que sacrificar nenhum de seus títulos sobre este território dálmata que o Tratado de Londres lhe atribui.

Mas, lentamente, esse otimismo se desvanecerá um pouco. Sabe-se que os aliados não crêem compatível a execução do Tratado de Londres sem a autodeterminação de Fiume. Crêem que, se se reconhece aos habitantes de Fiume o direito de autodeterminação, este deve ser reconhecido também aos habitantes da Dalmácia. Consideram que o problema deve ser resolvido com uma só regra. E que esta regra deve ser, ou a execução do Tratado de Londres, ou a autodeterminação invocada por Fiume.

E, além do mais, os aliados incentivam a Itália à execução do Tratado de Londres. Sua concepção é que esse tratado representa um direito para a Itália; mas que não convém que a Itália faça uso dele sem esgotar os meios para chegar a um entendimento cordial com os iugoslavos.

Esses são os atuais termos do problema.

5.

O ESTATUTO DO ESTADO LIVRE DE FIUME[1]

[1] Publicado originalmente em *El Tiempo*, Lima, 6 de fevereiro de 1921.

De D'Annunzio poeta a D'Annunzio soldado e D'Annunzio caudilho, passamos a D'Annunzio legislador. O que naturalmente não significa que D'Annunzio tenha deixado de fazer literatura; muito pelo contrário. D'Annunzio faz mais literatura que nunca. Mas, em vez de fazer literatura lírica, épica ou patriótica, faz literatura política e constitucional.

Acaba de ser publicada a Constituição do Estado livre de Fiume, escrita por D'Annunzio. Benito Mussolini a chama no *Popolo d'Italia* uma obra-prima da sabedoria política, animada de um potente sopro de arte. Os demais jornalistas quase não a comentam. Limitam-se a sublinhar seus maiores arroubos líricos, provavelmente com a intenção de desacreditá-la.

Um documento desse tipo certamente não pode ser de pouco interesse. Trata-se do tipo de organização política e social concebida por um grande poeta contemporâneo para nossos tempos. E não há razão para não levá-lo a sério. As legislações que nos deram os políticos são tão ruins, que é possível esperar que os poetas estejam destinados a dar-nos legislações melhores. As leis de um poeta estarão, pelo menos, artisticamente escritas. E, por conseguinte, se com elas não ganharmos muito do ponto de vista prático, ganharemos bastante do ponto de vista rítmico.

Qual é o modelo em que se inspirou D'Annunzio? É por acaso *A República*, de Platão?[2] Ou, talvez, a cidade de San Miguel de John

---

[2] Platão nasceu em Atenas, cerca de 428 a. C. , e viveu até cerca de 347 a. C. Filho de uma proeminente família ateniense, após a execução de Sócrates refugiou-se em Megara. Passou alguns anos viajando pela Grécia, Egito e península itálica. Em torno de 387 a. C. , fundou a Academia de Atenas, com o intuito de construir um instituto que pudesse desenvolver um trabalho sistemático de estudos filosóficos e científicos. Mais tarde, foi tutor de Dionísio II, voltando em seguida para a Academia. Escreveu textos clássicos, como *Euthynphro, Apologia, Crito, Phaedo, Cratylus, Theaethetus, Sofista, Simpósio* e *A república*, entre outros.

Ruskin?[3] Parece que D'Annunzio não pôde dar rédea solta a seu ideal. Teve de conciliá-lo com algumas exigências da atualidade fiumana. Uma Constituição essencialmente revolucionária teria chocado com as resistências dos elementos conservadores da cidade. Precisamente com os elementos nos quais se apóia o governo de D'Annunzio. D'Annunzio, portanto, se viu obrigado a redigir uma Constituição contra a qual não se rebele nenhum fiumano. O Estatuto não é, consequentemente, um estatuto transformador da sociedade, como haveria sido a seu gosto. (Sabe-se dele que, não faz muito, quis entrar em contato com Lênin e que prometeu aos sindicatos operários de Fiume, em troca de sua adesão absoluta, um estatuto socialista. Os sindicatos operários não puderam fazer nenhum compromisso com o poeta por depender politicamente da Confederação Geral do Trabalho e do Partido Socialista Italiano).

Por isso, a Constituição d'annunziana é totalmente eclética. É uma mescla de arcaísmo e modernismo, de jacobinismo e coletivismo, de conservadorismo e revolucionarismo. Combinam-se nela o espírito prático do governador da Insula Barataria com o espírito das leis mosaicas, com o espírito das leis gregas, com o espírito das leis romanas e até com um pouco de espírito bolchevique. É uma Constituição baseada na Bíblia, na cidade ruskiana, na República de Platão, no direito romano, na revolução francesa e nos sovietes russos. Algo que poderia definir-se como uma Constituição-coquetel se não fosse mais respeitoso e justo defini-la como uma Constituição-poema.

---

3 John Ruskin (1819-1900), escritor e crítico inglês, defensor do renascimento do movimento gótico na arquitetura e nas artes decorativas na Inglaterra. Estudou em Christ Church, Oxford, onde se formou em 1842. Ganhador do Prêmio Newdigate de poesia em 1839. O primeiro volume do livro *The stones of Venice* foi publicado em 1851. Deu aulas na Universidade de Oxford, a partir de 1869, até se demitir em 1879. É autor da autobiografia *Praeterita*, entre outras obras. Fundou o *Guild of St. George*, uma comunidade utopista, com objetivos filantrópicos, em 1871.

D'Annunzio dá ao Estado livre de Fiume o nome de Regência Italiana do Carnaro. Constituem esta Regência do Carnaro, a terra de Fiume e as ilhas de antiga tradição vêneta que por voto declarem sua adesão a ela. "*Fiume* –diz o prefácio da Constituição-, *é l'estrema custode italica delle Guilie, é l'estrema rocca de la coltora latina, é l'ultima portatrice de segno dantesco, di vicenda in vicenda, di passione in passione, si serbó italiano il Carnaro d'Dante*".

Garante a Constituição aos cidadãos de ambos sexos: a instrução primária em escolas salubres; a educação física em aulas ao ar livre; o trabalho remunerado com um salário mínimo suficiente para viver bem; a assistência na doença, na invalidez, no desemprego. O direito à pensão de repouso na velhice; o uso dos bens legitimamente adquiridos; a inviolabilidade do domicílio; o *habeas corpus*; o ressarcimento dos danos em caso de erro judicial ou de abuso do poder.

Declara a Constituição que o Estado não reconhece a propriedade como o domínio absoluto da pessoa sobre a coisa, senão que a considera como a mais útil das funções sociais. Não admite que um proprietário deixe sem uso sua propriedade ou disponha dela irresponsavelmente. O único título de domínio sobre qualquer meio de produção e de troca –agrega- é o trabalho. Só o trabalho é o responsável pelos bens criados, produtivos ao máximo e ao máximo proveitosos à economia geral. Todos os capítulos do estatuto enaltecem e elevam o trabalho. Uma das três crenças religiosas proclamadas pelo Estado, diz: "O trabalho, mesmo o mais humilde e o mais obscuro, se for bem executado, tende à beleza e ao benefício do povo".

Os cidadãos são divididos em dez corporações que desenvolvem livremente suas energias e que livremente determinam suas obrigações e providências mútuas. À primeira corporação pertencem todos os trabalhadores da indústria, da agricultura, do comércio e dos transportes e os pequenos proprietários de terras que lavrem pessoalmente sua parcela. À segunda corporação, os empregados técnicos e administrativos de toda empresa industrial e rural. À terceira, os empregados das empresas comerciais. À quarta, os empregadores, desde que não sejam somente proprietários ou co-proprietários, mas "condutores sagazes e incentivadores assíduos de suas empresas". À quinta corporação, os empregados do Estado e dos Municípios. À sexta corporação, "a flor intelectual do povo", a juventude estudiosa e seus professores, os escultores, os pintores, os arquitetos, os músicos. À sétima corporação, os que exercem profissões liberais. À oitava corporação os representantes das cooperativas de produção e consumo. À nona, a gente do mar. E à décima, o estatuto diz que não possui arte nem vocábulo; que sua plenitude é esperada como aquela da décima musa; que está reservada às forças misteriosas do povo em ascensão; que é quase uma figura votiva consagrada ao gênio desconhecido; que é representada, no santuário cívico, por uma lâmpada acesa que leva inscrita uma antiga frase toscana da época dos comuns, estupenda alusão a uma forma espiritualizada do trabalho humano: "*Datica senza datica*". Cada corporação elege seus cônsules, regula sua economia, provê a suas necessidades, impondo a seus associados um imposto em relação a seu estipêndio e lucro profissional, procurando o aperfeiçoamento da técnica das artes e ofícios, inventando suas insígnias, sua música, seus cantos e suas orações, instituindo suas cerimônias e seus ritos, venerando seus mortos, honrando seus decanos e celebrando seus heróis.

Exercem o poder legislativo, o *Consiglio degli Ottimi* e o *Consiglio dei Provisori*. O *Consiglio degli Ottimi* é eleito por sufrágio universal de três em três anos. O *Consiglio dei Provisori* é renovado de dois em dois anos. Formam-no sessenta cidadãos, dos quais dez são designados pelos operários e camponeses, dez pela gente do mar, dez pelos empregadores, cinco pelos técnicos agrários e industriais, cinco pelos empregados administrativos das empresas privadas, cinco pelos professores e universitários, cinco pelos profissionais liberais, cinco pelos empregados público e cinco pelas cooperativas. O *Consiglio degli Ottimi* e o *Consiglio dei Provisori* se reúnem uma vez ao ano, em Assembléia Nacional, sob o título de "Arengo del Carnaro".

O governo é colegiado. É exercido por sete reitores,[4] cujo mandato dura um ano. Três deles, o de Relações Exteriores, o de Finanças e o de Educação, são nomeados pelo "Arengo". Dois, o do Interior e Justiça e o de Defesa Nacional, são nomeados pelo *Consiglio degli Ottimi.* E os outros dois, o de Economia Pública e o de Trabalho, são nomeados pelo *Consiglio dei Provisori.* O reitor de Relações Exteriores assume o título de primeiro reitor. Em caso que a regência seja declarada em perigo, o "Arengo" pode encarregar o poder ao Comandante, determinando o período de duração da ditadura. Durante esse período, o Comandante tem todos os poderes políticos, militares, legislativos e executivos.

Estas são as linhas principais da Constituição fiumana. Em quase todas se sente a alma de um poeta metido a libertador e governador de uma ilha. E, ainda que não seja senão por isso, a Constituição d'annunziana vale mais que as Constituições emanadas de assembléias dantonianas. Tem pelo menos o mérito de ser uma bela obra poética.

Mas é preciso declarar honestamente uma coisa: que, como obra poética de D'Annunzio, vale menos que "La Gioconda".

---

4 Ou seja, ministros.

6.
O GABINETE GIOLITTI E A CÂMARA: O ACORDO ÍTALO-IUGOSLAVO[1]

[1] Publicado originalmente em *El Tiempo*, Lima, Peru, 9 de março de 1921.

Não faz senão seis meses que Giolitti está no governo. E, não obstante, já se começa a falar insistentemente na possibilidade de que caia de um momento a outro. Ainda não existe verdadeira iminência de uma crise governamental. Mas começam a soar vozes agoureiras que, no mínimo, são um sintoma de que a vitalidade do gabinete Giolitti se acha bastante desgastada.

Em outras circunstâncias, isto não teria nada de especial. Nestes países de regime parlamentar a vida dos gabinetes costuma ser muito curta. Mas, dentro da atual situação italiana, o anúncio de que o governo balança é preocupante. Não se pode esquecer que Giolitti foi chamado ao governo por ser considerado o único homem capaz de solucionar os problemas atuais da Itália; que se esperou dele uma obra quase messiânica; e que os socialistas achavam que ele era a última carta na manga da burguesia.

Portanto, é a vida de um gabinete taumatúrgico que está em perigo desta vez.

O que está acontecendo, contudo, é algo que tinha de acontecer. Giolitti não deveu sua volta ao poder a suas próprias forças políticas, mas sim a grupos que até ontem lhe eram hostis: os grupos responsáveis pela guerra e que governaram durante o período do conflito. Desses grupos tirou os homens que colaboraram com ele no governo. A permanência de Giolitti no poder depende, portanto, dos volúveis interesses de grupos que não estão vinculados a ele, senão por uma solidariedade precária e circunstancial.

Giolitti faz uma política que, necessariamente, não pode contentar a toda a burguesia. E que, obviamente, tampouco pode contentar aos socialistas. A solução dada, por exemplo, ao conflito metalúrgico, fez com que perdesse muitas simpatias no campo capitalista; mas não ganhou o apoio do campo proletário. O proletariado sabe perfeitamente que essa foi uma vitória devida a sua própria força e não ao espírito de justiça do gabinete, o qual, ao dia seguinte de conceder aos operários o controle sindical, pegou um de seus chefes, o anarquista Malatesta,[2] para entregá-lo à justiça de um juiz tendencioso como o são todos os juízes.

A política de Giolitti não pode ser substancialmente distinta da política de Nitti. Não pode sê-la porque a política de Nitti era a mais inteligente que um estadista da monarquia podia desenvolver. Coisa que Giolitti -que além de ser um político de talento é um político de grande experiência- compreende muito bem.

Como Nitti, Giolitti está impossibilitado de desenvolver uma política reacionária. Em primeiro lugar, porque é um estadista de convicções liberais. E em segundo, porque a situação política da Itália não o permite. Seu governo tem, portanto, de deixar descontente a uma boa parte das classes conservadoras, principalmente aquela que, *verbi gratia*, considera terrivelmente injusto que o Estado taxe demasiadamente a fortuna das pessoas ricas. E que exige uma política pretoriana contra os socialistas.

As concessões ao socialismo são inevitáveis tanto dentro de um governo de Giolitti como dentro de um governo de Nitti. E, naturalmente, essas concessões, que bastam para escandalizar aos elementos reacionários, não conseguem atenuar a oposição dos socialistas, nem muito menos captar para o governo sua simpatia e sua colaboração.

O mesmo que ocorre na ordem política e econômica, ocorre na ordem internacional. Giolitti não pode contentar aos elementos na-

---

2 Errico Malatesta (1853-1932), filho de Luigi Fabbri, um rico dono de terras, nasceu em Santa Maria Capua Vetere, província de Caserta. Foi um dos mais proeminentes líderes anarquista de sua época. Foi preso em 1868, depois de enviar uma carta ameaçadora ao rei Vittorio Emmanuele II, sendo libertado em seguida. Dois anos mais tarde, foi novamente encarcerado, desta vez em Nápoles, sendo proibido de assistir às aulas na Univesidade de Nápoles, onde cursava medicina. Em 1871, aderiu à seção napolitana da AIT e um ano mais tarde, conhece Bakunin no Congresso de Saint-Imier. Foi preso várias vezes ao longo da vida. Usou o dinheiro de sua herança para fazer propaganda anarquista. Viajou para diversas localidades, como o Egito, Beirute, Esmirna, Marselha, Genebra, Romênia, Bélgica, Inglaterra e Espanha. Aos 69 anos de idade, irá trabalhar como eletricista, sendo vigiado, como era de costume, pela polícia. Termina seus dias pobre e enfermo. Ao longo de sua vida, colaborou com diversas publicações.

cionalistas. Pensa, sensatamente, que a Itália deve ser na Europa um elemento de pacificação e de cordialidade. E inspira sua política internacional neste conceito. E, mais que neste conceito, na necessidade de a Itália reduzir seu orçamento de guerra. Os elementos nacionalistas agrupados na direita liberal de um lado, e no grupo "rinnovamento" de outro, acreditam, consequentemente, que Giolitti é um governante empenhado, como Nitti, em desvalorizar a vitória.

O gabinete Giolitti, em suma, não se debilitou nem mais nem menos do que era lógico prever que se debilitasse. É um gabinete que durante seis meses defendeu do melhor modo possível a subsistência do atual regime. Mas que não pôde fazer nenhum milagre. Nenhum dos milagres que dele se esperava.

No momento não atravessa, na verdade, nenhum grave perigo. Mas, como deixou definitivamente de ser um gabinete de atributos providenciais, pode cair a qualquer momento. Tal como se fosse o mais vulgar e humano dos gabinetes.

Se não existem probabilidades sérias de crise é, somente, porque os grupos parlamentares da maioria ainda não têm interesse nem urgência de prevalecer. Nenhum desses grupos conta com um homem que possa servir de base a um gabinete que fosse mais forte que o gabinete Giolitti. O Partido Popular, que é o partido constitucional que dispõe de maior número de votos na Câmara, sabe que não poderia conseguir a constituição de um gabinete submetido a sua orientação política. Por conseguinte, ainda que a gestão de Giolitti não lhe satisfaça e ainda que Giolitti não leve em conta mais que Nitti aos sindicatos operários de Dom Sturzo, não é fácil que retire seu apoio ao gabinete. O estadista com mais expectativas de assumir o governo, entre os atuais líderes parlamentares, continua sendo Nitti. E Nitti não tem pressa alguma de assumir de novo o poder. Mais ainda: a Nitti não lhe convém, por nenhum motivo, substituir a Giolitti antes de que este tenha resolvido o problema do preço do pão e tenha concluído a sistematização dos assuntos adriáticos. A Itália tem hoje um problema menos: o problema adriático. Um problema que criava sérios entraves para a solução de seus outros problemas. Porque enquanto a Itália não chegasse a um acordo com a Iugoslávia, necessitava continuar quase em pé de guerra. E, por conseguinte, não podia reduzir uma das mais onerosas rubricas de seu orçamento, precisamente a que merecia maiores críticas da esquerda socialista. Além do mais, aumentava os motivos de desconfiança e de temor que lhe impediam conseguir nos mercados estrangeiros o crédito necessário para aliviar sua situação econômica.

Tanto o governo de Nitti como o governo de Giolitti compreenderam muito bem, em todo instante, que era urgente para a Itália entender-se com a Iugoslávia. Mas encontraram nos setores da direita uma resistência sistemática a tal acordo. Uma parte da opinião conservadora sustentou sempre que a Itália não deveria tratar amistosamente à Iugoslávia. Pretendeu que a Itália falasse com a Iugoslávia da mesma forma dura e arrogante que a França fala com a Alemanha. E que não devia buscar uma conciliação de seus interesses com os interesses iugoslavos, e sim uma submissão dos interesses iugoslavos aos interesses italianos.

As pessoas que preconizavam essa política diziam que o governo não tinha por que ter pressa em solucionar o problema adriático. A Itália, em sua opinião, devia deixar as coisas como estavam. Deveria esperar que dois acontecimentos viessem em sua ajuda e lhe permitissem impor sua vontade: a eliminação definitiva de Wilson[3] -protetor dos iugoslavos-, da política universal e um possível agravamento da crise interna iugoslava.

---

[3] Thomas Woodrow Wilson (1856-1924) foi o 28º presidente dos Estados Unidos, entre 1913 e 1921. Criado no estado da Georgia, estudou no Davidson College, no Tennessee, completando seus estudos em Princeton. Trabalhou como advogado e conseguiu seu PhD em Ciência Política pela Johns Hopkins. Lecionou nas universidades Bryn Mawr, Johns Hopkins e Princeton. Em 1902, tornou-se reitor de Princeton. Em 1910, ganhou as eleições para governador de Nova Jersey. Foi eleito presidente em 1912 e ficou no poder de 1913 a 1921. Criou a Comissão de Relações Industriais, o *Federal Reserve System* e a Comissão Federal de Comércio. Também apoiou a intervenção de tropas de seu país no México, durante o período revolucionário. Ficou famoso inicialmente por sua posição isolacionista na Primeira Guerra Mundial e, depois, por seus Quatorze Pontos, elaborados para criar as condições de uma paz "justa" depois da guerra.

Mas o governo se negava rotundamente a levar em conta esses conselhos. Sustentava que a Itália tinha o dever de se comportar honrada e lealmente. Não era digno postergar a solução do conflito à espera de que Wilson deixasse de influir na política européia. Era indispensável, em contrapartida, que a Itália desse uma prova de seu desejo de contribuir, a custo de qualquer sacrifício, à pacificação da Europa.

Os nacionalistas, os fascistas e pessoas afins, consideravam cândida e estúpida essa honesta linguagem do governo. Não se davam conta sequer de que a Itália necessitava diminuir seus gastos militares para reduzir seu déficit fiscal. Parecia-lhes que a única coisa importante era que a Itália obtivesse o máximo de anexações territoriais para que não sentisse sua vitória militar diminuída nem desvalorizada.

Mas, felizmente, a opinião belicosa desses grupos não era a opinião da maioria do país. A maioria ansiava uma solução do problema. Opunha-se a que a política internacional da Itália tivesse o menor arroubo de imperialismo. Na Câmara, os nacionalistas eram uma insignificante minoria. Os liberais de esquerda, os populares, os socialistas reformistas e os socialistas oficiais estavam de acordo entre si e totalmente adversos a seu chauvinismo. A política conciliadora do governo contava, portanto, com o apoio de quase toda a Câmara.

Foi assim que Giolitti pôde, finalmente, chegar a um acordo com a Iugoslávia. Um acordo que mostra a Itália como a nação mais sinceramente pacifista e democrática da Europa. Como a que mais prontamente soube liberar-se da intoxicação espiritual da guerra.

A Iugoslávia é uma nação surgida das ruínas do Império austro-húngaro. A Itália pode ver nela o país vencido. Não obstante, não quis tratá-la com tom de vencedor. Discutiu com ela cordialmente. Demonstrou-lhe sua intenção honrada de manter com ela boas relações. Ouviu suas razões.

Esta política italiana é conseqüente com as declarações formuladas em reiteradas ocasiões por Nitti e por Giolitti sobre a necessidade de que os aliados ajudem a Alemanha a restabelecer-se e a recuperar seu papel na atividade européia. A Itália demonstrou com fatos que, por sua parte, está resolvida a sacrificar toda aspiração expansionista e dominadora. Nitti, num recente artigo para a *United Press* de Nova Iorque, disse, respondendo a um artigo de Poincaré,[4] que sua concepção sobre o Tratado de Versalhes é a mesma que sobre o Tratado de Saint Germain. E que, consequentemente, Poincaré se engana quando o crê capaz de mostrar em defesa do Tratado de Saint Germain o zelo que não mostra em defesa do Tratado de Versalhes. A palavra de Nitti não é a do chefe de governo italiano. Mas traduz um pensamento seguramente de acordo com o governo que dirige atualmente a política de Giolitti.

Nesta liberalidade, discrição e amplitude da política internacional da Itália, deve-se notar, sobretudo, a influência de sua organização democrática. A Itália é hoje um país verdadeiramente pacifista, porque é um país onde os governantes não podem dirigir a vida da paz ignorando o sentimento popular. O controle do proletariado serve para que os exageros nacionalistas e fascistas não tenham eco na ação da chancelaria.

---

[4] Raymond Poincaré (1860-1934), presidente da França durante a Primeira Guerra Mundial.

7.
O PREÇO POLÍTICO DO PÃO[1]

[1] Publicado originalmente em *El Tiempo*, Lima, Peru, 29 de março de 1921.

A manutenção do preço político do pão começa a afligir demasiadamente a Fazenda Pública italiana. O pão é vendido a uma lira o quilo. E o valor real de um quilo de pão é, mais ou menos, de três liras e meia. O Estado perde as duas liras e meia de diferença entre o valor real do pão e seu preço político. Essa perda representa mais de seis bilhões ao ano, que, se a lira baixar ainda mais, se converterão com o tempo em sete ou oito bilhões.

O governo considera, naturalmente, indispensável reduzir ao mínimo possível esse gasto fiscal. O déficit ordinário ascende a três bilhões e quinhentos milhões de liras. Se a esse déficit ordinário se junta um déficit extraordinário de mais de seis bilhões, o Estado se achará frente a um déficit total de cerca de dez bilhões ao ano. Por conseguinte, a alta do preço do pão é, para o governo, o primeiro passo para o nivelamento gradual do orçamento.

Certamente, não se pretende ainda que o consumidor pague pelo quilo de pão seu valor efetivo. O governo sabe que o preço do pão tem de continuar sendo um preço político. Pelo momento não se trata, portanto, senão de conseguir que a Câmara concorde em elevar o preço político do quilo do pão em cinqüenta centavos aproximadamente. Espera-se que, obtida da Câmara essa alta, possam obter-se outras altas sucessivas.

Mas nem sequer essa elevação pode ser facilmente concedida pela maioria da Câmara, não obstante o apoio dessa maioria aos conceitos econômicos do governo. Existe um voto da Câmara –proposto pelo grupo socialista, mas aprovado quase unanimemente-, contrário a que o preço político do pão seja alterado. E os socialistas exigem que a Câmara mantenha esse voto, sustentando que, para saldar o déficit do pão, o governo deve recorrer ao aumento dos impostos que pesam sobre as classes ricas. Para sancionar o projeto governamental, a maioria da Câmara tem, portanto, de vencer um intransigente obstrucionismo das esquerdas.

O governo trata a todo custo de estimular o aumento da produção de trigo do país para restringir, na medida do possível, sua aquisição no exterior. Nesse sentido, tomou uma série de providências que se espera que levem a um considerável crescimento dos cultivos de trigo. Mas alguns economistas dizem que essa política é muito equivocada. A juízo deles, o que convém à Itália não é dedicar suas terras aos cultivos de cereais, mas aos cultivos que rendam mais comercialmente. É preferível ao aumento da produção de trigo a produção de qualquer outro produto que tenha um preço maior nos mercados. O importante não é que a Itália produza trigo, mas que ganhe dinheiro com que comprá-lo.

Mas o trigo produzido na Itália fixa anualmente o preço que, examinados os gastos de produção, se considera justo. Esse preço, compreensivelmente, é sempre muito inferior ao que a Itália, por causa da depreciação da lira, é obrigada a pagar pelo trigo estrangeiro. Eis aqui a razão pela qual o governo deseja que a Itália reduza sua importação de trigo.

Os camponeses, conforme a lei, têm a obrigação de vender integralmente sua colheita, não se reservando senão a quantidade indispensável para seu consumo e não podendo este superar os limites fixados para o consumo das populações urbanas pelo racionamento. É impossível evitar, não obstante, que guardem parte maior da que devem. E que, consequentemente, no campo se coma um pão melhor que na cidade.

O aumento do preço político que atualmente se discute terminará, sem dúvida, por ser aprovado pela Câmara. A maioria da Câmara é favorável a ele. O Partido Popular -que reuniu os partidos liberais- assegura ao governo o número de votos necessários para derrotar o Partido Socialista no Parlamento e está decidido a votar com ele, ainda que com o risco de desencantar os elementos proletários a quem deve sua força.

Mas, de toda forma, o esforço para que se arranque à Câmara esse aumento será tão grande, que resultará muito difícil tentar, em seguida, os novos aumentos necessários para reduzir os impostos e tirar do Estado, quase completamente, o peso do preço político do pão. E o problema do pão, que é a síntese dos problemas financeiros da Itália, ficará, em grande parte, sem ser resolvido.

Que a busca de uma solução cause a queda do gabinete, não seria, por outro lado, estranho. O preço do pão já provocou uma crise governamental. Nitti perdeu o poder em conseqüência de sua tentativa de iniciar a alta. Mas esse não foi o motivo fundamental de sua queda. O motivo fundamental foi o descontentamento que sua política suscitava nas fileiras da própria maioria encarregada de sustentá-lo. O aumento do preço do pão deu a oportunidade de manifestação explícita e irreparável a esse descontentamento.

E o mesmo pode ocorrer com Giolitti. Hoje os grupos da maioria lhe darão o aumento que lhes pede. Mas se um dia lhes pedir um segundo aumento –e se algum deles tiver interesse que Giolitti deixe o governo-, não o dará. Pouco importa que a maioria parlamentar apóie integralmente a visão do governo sobre a maneira como a Itália deve resolver seus problemas econômicos. As crises governamentais têm geralmente sua origem em razões partidárias. As razões programáticas são sempre as que menos ameaçam a vida dos gabinetes.

8.
O CISMA DO SOCIALISMO[1]

[1] Publicado originalmente em *El Tiempo*, Lima, Peru, 12 de junho de 1921.

A cisão dos socialistas tem na Itália a mesma índole que nos outros países, mas não a mesma fisionomia. As modalidades da cisão italiana são singulares. Não há aqui um partido que siga a Terceira Internacional e outro que siga a Segunda. Não há tampouco um partido que se pronuncie pelos organizadores de uma nova Internacional. Isto é, pelos "reconstrutores" que acabam de celebrar seu primeiro Congresso em Viena. Aqui há um partido que segue a Terceira Internacional e outros que, segundo suas declarações, querem também segui-la. Os partidários da Segunda Internacional estão, há muito tempo, fora do socialismo oficial italiano. Intitulam-se socialistas reformistas, socialistas nacionais. Chamam-se Ivanoe Bonomi e Arturo Labriola,[2] ministros do Rei. São colaboradores de Nitti ou Giolitti.

Aparentemente, portanto, a divisão produzida no Congresso de Livorno não é uma divisão lógica. É, antes, uma divisão inexplicável. Porque é uma divisão de socialistas de igual fé programática e de igual orientação tática.

Mas essa não é senão a aparência. Em verdade, não existe senão um partido efetivamente maximalista: o partido de Bombacci,

---

2 Arturo Labriola (1873-1959), político e economista italiano, irmão de Antonio Labriola, ingressou no PSI em 1895. Formado em direito, foi um expoente da corrente sindicalista revolucionária. Fundou o jornal *Avanguardia Socialista*. Foi favorável à intervenção da Itália na Primeira Guerra Mundial. Em 1920, tornou-se ministro do Trabalho no governo Giolitti. Exilado na França durante o fascismo. Retornou à Itália em 1945 e mais tarde, tornou-se senador. É autor de *Contro el referendum* (1897), *La teoria del valore di C. Marx, studio sul il libro III del Capitale* (1899), *Riforme e rivoluzione sociale* (1906) e *Storia di dieci anni* (1910).

de Bordiga,[3] de Graziadei,[4] que se separou do socialismo oficial no Congresso de Livorno porque a maioria do socialismo oficial queria subscrever o programa de Moscou com várias reservas escritas e demasiadamente intelectuais.

O outro partido, o partido majoritário, não segue à Internacional de Moscou, ainda que tampouco siga à Internacional de Berna ou à de Viena. É um partido que, não obstante seus protestos de fidelidade à Internacional de Moscou, está fora de todas as Internacionais. Sua posição dentro do socialismo: a tendência direitista, representada por Turati; a tendência centrista, representada por Serrati; a tendência esquerdista, representada por Bombacci. Só que a tendência centrista até a véspera do Congresso de Livorno quase não se havia mostrado. Havia preferido confundir-se com a tendência esquerdista na luta contra a tendência de Turati. Somente na véspera do Congresso de Livorno se afastou da tendência comunista, agitando a bandeira da unidade do

3 Amadeo Bordiga (1889-1970), membro do PSI, fundou o Círculo Karl Marx em 1912. Depois da revolução de Outubro, formou a facção comunista abstencionista dentro do Partido Socialista Italiano, que se opunha à participação dos socialistas no processo eleitoral. Esta facção ajudou a formar o núcleo central do Partido Comunista da Itália. Bordiga foi um dos líderes do PC d'I. Foi preso em 1921, mas conseguiu se defender do êxito em seu julgamento. Não quis retornar ao Comitê Executivo do partido. Em 1930, foi expulso do PC d'I, por defender posições "trotskistas". Publicou artigos em *Battaglia Comunista, Il Programa Comunista* e *Prometeo*. Em 1949, uniu-se ao Partido Comunista Internacionalista. Foi um crítico da URSS. Em 1952, abandona o partido e funda o Partido Comunista Internacional.

4 Antonio Graziadei (1873-1953), economista nascido em Ímola de uma família aristocrática. Estudou direito na Universidade de Bolonha, formando-se em 1895. Foi professor de Economia Política na Universidade de Cagliare e Parma. Membro da Câmara dos Deputados entre 1910 e 1926. Em 1928, se exilou na França. Foi colaborador do *Critica Sociale*. Em 1945, tornou-se membro da Consulta Nazionale. Em 1946, voltou a dar aulas, desta vez na Universidade de Roma. É autor de *Il capitalismo tecnico e la teoria classico socialista del valore* (1895), *La produzione capitalistica* (1899), *Quantità e prezzi di equilibrio fra domanda ed offerta* (1918), *Prezzo e sovrapprezzo nell'economia capitalistica: critica alla teoria del valore di Carlo Marx* (1926), *Capitale e salari* (1928) e *Il salario e l'interesse nell'equilibrio economico* (1949).

partido. Bandeira puramente formal, já que conduziu a seus defensores a romper com sessenta mil comunistas para não romper com vinte mil social-democratas.

A ala direitista, diferenciando-se das demais alas direitistas européias, não estava com a Segunda Internacional. Verbalmente, assim como a ala esquerda, estava com a Internacional de Moscou. Mas a adesão de ambas ao maximalismo, realmente, não era senão retórica. Talvez, mais do que se sentissem com a Terceira Internacional, não se sentiam com a Segunda.

Zinoviev,[5] em suas polêmicas com os centristas, explicou estas particularidades da crise do socialismo italiano. Disse que os socialistas direitistas e centristas italianos parecem mais à esquerda que os direitistas e centristas de outros partidos socialistas europeus, porque a Itália se acha num período revolucionário mais avançado. Mas que a Terceira Internacional não pode considerá-los menos direitistas, nem menos centristas que os direitistas e os centristas franceses, ingleses ou alemães.

A divisão foi, por isso, inevitável e necessária. A Terceira Internacional se manteve intransigente com as alas de maioria. Fez seus os pontos de vista da ala minoritária de Bombacci. E, em conseqüência, não tendo aceitado a maioria dos pontos de vista, a ala minoritária teve de constituir um partido independente.

A divisão se produziu em condições vantajosas para a maioria, pela sugestão sentimental da bandeira da unidade, tremulada pela ala de Serrati, que se denominava comunista sanitária, que declarava sua fidelidade ao maximalismo e que arrastava consigo, por estes motivos, a muitos elementos comunistas vinculados a Serrati e seduzidos pelo *Avanti*.

---

5 Grigori Ieseievich Zinoviev (1883-1936), entrou para o movimento da socialdemocracia russa em 1901 e depois do II Congresso do POSDR se tornou bolchevique. Importante líder da Revolução de Outubro. Em 1925, ajudou a organizar a "nova oposição". Em 1934 foi expulso do partido e, em 1936, foi assassinado por ordens de Stálin, assim como muitos outros líderes da revolução.

Esses elementos são os que agora fazem o contrapeso à influência da ala direita no partido comunista. Mas sua ação não pode evitar que o partido, depois do Congresso de Livorno, vire à direita cada dia mais. Nem que o pensamento de Turati vá readquirindo nele sua antiga influência. Coisa natural, por outra parte, já que Serrati, o líder unitário, carece das condições necessárias para dar ao partido uma direção e um programa. Não é mais que um bom exemplar de propagandista, de agitador, de orador de comício, a quem na última crise a direção do *Avanti* e uma longa e honesta folha de serviços, conferiram uma autoridade superior a sua estatura intelectual.

O Partido Comunista, entretanto, adotou o programa maximalista aprovado pela maioria socialista há dois anos no Congresso de Bolonha e abandonado ontem no Congresso de Livorno. Obediente a esse programa, o Partido Comunista trabalha exclusivamente pela revolução e para a revolução. Essa preparação para a revolução não é, como se costuma acreditar, uma preparação material. É uma preparação espiritual. Seus dirigentes são, por isto, intelectuais. São o advogado Terraccini[6] do *L'Ordine Nuovo*, de Turim, o professor Graziadei e o engenheiro Bordiga. A figura do Bombacci –barba evangélica, olhos iluminados, chapéu romântico- passa de vez em quando a segundo plano. Como também a figura do diretor do *Avanti*, na ala majoritária.

---

6 Umberto Terracini (1895-1983), fundador do *L'Ordine Nuovo*, membro do Partido Socialista Italiano, secretário da seção socialista de Turim em 1919, e membro da direção nacional do partido em 1920, entre 1921 e 1924, foi membro da presidência do Comintern e também membro da direção do Partido Comunista Italiano desde sua fundação. Foi eleito deputado em 1922 e 1924. Em 1926, preso pelos fascistas, foi condenado por um tribunal especial, junto com Antonio Gramsci e Giovanni Roveda, a 22 anos e 9 meses de prisão. Foi libertado pelos *partisans* em 1943. Eleito deputado, tornou-se vice-presidente da Assembléia Constituinte em 1946, vindo a ser seu presidente, após a demissão de Giuseppe Saragat. Em 1962, foi candidato a presidente da República, mas não ganhou. Ocupou vários cargos públicos. Foi senador em 1948, 1958, 1963, 1968 e 1972, assim como também membro do *Consiglio Mondiale dei Partigiani della Pace*, presidente da *Associazione Nazionale Perseguitati Politici e Antifascisti* e membro do Comitê Executivo da Sociedade Européia de Cultura.

9. VÉSPERAS DE ELEIÇÕES[1]

---

1 Publicado originalmente em *El Tiempo*, Lima, Peru, 15 de junho de 1921.

Os partidos se preparam para as eleições. Mais os partidos constitucionais que os da extrema esquerda revolucionária. A extrema esquerda sabe que, pela via do Parlamento, não pode conquistar o poder político. Vê no Parlamento uma tribuna de acusação e de ataque. O número de votos parlamentares não possui para ela nenhuma importância substancial.

Mas para os partidos constitucionais possui. O número de votos no Parlamento determina as proporções de sua representação e sua influência no governo.

Neste caso, ademais, os partidos constitucionais estão igualmente interessados em tirar dos partidos revolucionários uma parte de seus votos, não só por solidário sentimento de classe, mas também por particular conveniência de grupo. Enquanto haja na Câmara cento e quarenta e seis socialistas, nenhum grupo constitucional pode predominar de forma absoluta sobre os demais. Um governo não pode sustentar-se sem a fusão de todos eles. Dos mais numerosos, pelo menos.

A possibilidade de conseguir a colaboração de uma ala socialista –esperança alternativa de Nitti e Giolitti- foi se debilitando progressivamente. Deixou de ser, mesmo para os políticos mais otimistas, uma possibilidade do presente. Os socialistas oficiais, nem mesmo depois de sua separação dos comunistas, mostraram a menor repugnância à idéia de participar do governo dentro de um regime monárquico.

A Câmara dissolvida teve, como é notório, uma vida tumultuosa e breve. Provinha das emocionantes eleições de novembro de 1919. Eleições que esvaziaram a direita e engrossaram o centro e as esquerdas. Tanto que produziram, em boa medida, um Parlamento das esquerdas. O gabinete Nitti e o governo Giolitti governaram com as esquerdas monárquicas contra as esquerdas revolucionárias. Para ter maioria se apoiaram no centro católico. A minúscula direita liberal quase não pesou na vida parlamentar deste ano e meio.

Com uma Câmara assim composta, mesmo contando com a fidelidade dos votos católicos, nenhum governo podia estar seguro de sua inexpugnabilidade. Bastava uma defecção, um vacilo qualquer dentro das fileiras constitucionais, para que os votos dissidentes, reunindo-se aos votos socialistas, aos votos republicanos, aos votos "rinnovamento" e a outros votos isolados de oposição, lhe pusessem em perigo de uma votação adversa. Nitti obteve a confiança da Câmara por apenas vinte e oito a cinqüenta e seis votos da maioria. E se Giolitti dispôs de alguns votos mais foi porque os liberais de direita votaram sempre em seu favor, não sem explícitas reservas sobre seu programa político.

A dissolução da Câmara se deve parcialmente a que os riscos parlamentares eram cada dia maiores para o gabinete Giolitti. A maioria governista estava seriamente minada. Numa das últimas sessões, o grupo "nittiano", robustecido por trinta votos, havia tratado de derrubar o governo, somando-se ao grupo socialista, ao grupo comunista e ao grupo "rinnovamento". Nitti havia iniciado sua ofensiva anti-governamental.

Giolitti quis continuar governando com uma maioria escassa e insegura. E achou o momento oportuno para uma revanche eleitoral dos partidos monárquicos, não só contra os socialistas mas também, provavelmente, contra os católicos, cuja colaboração lhes resulta cara e embaraçosa.

O momento, de fato, parece propício para que as forças constitucionais recuperem na Câmara uma parte das posições que perderam em novembro de 1919. As eleições surpreendem os socialistas divididos: o Partido Comunista organizado de forma incompleta; e as organizações proletárias, quase de forma geral, batendo em retirada, agredidas pelo fascismo. Além do mais, a tendência antieleitoral e a aversão à ação parlamentar aumentaram na extrema esquerda, para a qual, por outro lado, não é fundamental a aquisição nem a perda de vinte ou trinta votos parlamentares.

Os partidos constitucionais, entretanto, necessitam coligar-se para lutar com os socialistas. Em algumas províncias, as rivalidades de cúpula ou a incompatibilidade de candidaturas giolittianas e nittianas não permitem a formação da "frente única" constitucional. Mas nas regiões mais importantes, a constituição deste bloco está assegurada.

O partido católico ou "popular" irá sozinho às eleições. Apresentará listas próprias de candidatos. Mas isto não exclui que em algumas circunscrições, exigências de política local o obriguem a incorporar-se ao bloco.

Os grandes bandos contendores são, portanto, quatro: o bloco dos partidos liberais e democráticos, do Partido Católico, do Partido Socialista e do Partido Comunista.

Ou seja, do bloco formam em parte os liberais da direita, os liberais democráticos, os radicais, os combatentes, os "fascio" e os socialistas reformistas.

O enfraquecido partido republicano participará independentemente; mas sua força numérica não lhe confere influência nos resultados das eleições. Ganhará uma Câmara legislativa em uma ou outra província onde, por razões particulares, conserva algum proselitismo.

Esta é, em síntese, a posição dos partidos para a próxima batalha eleitoral. Prevê-se que dela sairá aumentada a representação parlamentar da direita nacionalista e reacionária, a custo da esquerda democrática. Assim como sairá aumentada a representação parlamentar dos comunistas, a custo dos socialistas oficiais. O que quer dizer que se fortalecerão os extremos. E que dificilmente resolverá o problema de conseguir uma maioria unificada.

10.

O PROGRAMA ELEITORAL DE NITTI[1]

[1] Publicado originalmente em *El Tiempo*, Lima, Peru, 19 de junho de 1921.

Nitti formulou seu programa político numa carta dirigida a seus eleitores da província de Basilicata, onde seu nome encabeça a lista de candidatos anti-governamentais. Este programa era aguardado com expectativa não só por ser a palavra do líder da oposição constitucional, mas também por ele ser o homem de Estado mais moderno, inteligente e substantivo da burguesia italiana.

Em linha geral, o programa não se destaca tanto quanto se desejava, estando nessa zona política intermediária entre a esquerda monárquica e a direita socialista. Nele, Nitti se mostra menos avançado, menos radical e menos próximo do sentimento das massas do que se gostaria. Conveniências táticas de político que, para voltar ao governo, necessita não suscitar desconfianças nem apreensões nos grandes bancos e na grande indústria e o fazem baixar o tom reformista e eclético de sua política social, induzindo-o, por exemplo, a declarar inoportuno o momento para estabelecer o controle operário nas fábricas. Certamente que essa posição não se baseia numa aversão de princípio ao controle operário, mas na avaliação de que não existe, no momento, dentro do movimento operário, vontade, algo indispensável para que o controle beneficie a produção e favoreça a indústria. E é verdade, também, que a oposição ao controle operário vem atenuada pela adesão à participação nos lucros. Mas, de todo modo, constitui uma concessão aos interesses industriais e bancários que desgosta às massas proletárias, as quais vêem, precisamente, na resistência ao projeto de controle operário, uma face da ofensiva conservadora contra as conquistas sindicais.

Também na política internacional o programa de Nitti parece pouco decidido, completo e orgânico. Repete suas conhecidas opiniões sobre a necessidade de que a Itália faça uma política de pacificação e moderação, não se solidarizando com nenhum imperialismo. Avalia que os danos da guerra devem ser ressarcidos por quem tem mais responsabilidade nela; mas que é impossível ressarcimento algum, se os países vencidos não puderem desenvolver sua economia em plena independência e se a demanda pelos danos supera a sua capacidade de produção. Recorda sua tese de que a Liga das Nações, por ser um agente executor da vontade dos vencedores, tem um defeito original e insanável de nulidade.

Mas o programa não passa dessas críticas à política da Entente. Não assinala para a Itália uma orientação clara e precisa. Não resolve o problema de saber se a Itália deve ou não manter-se ao lado da Entente como aliada ou como simples amiga.

O resto do programa é um documento sólido, agudo, que examina integralmente a situação econômica e política da Itália. Não proclama com suficiente resolução o dever do governo de reprimir a degeneração do movimento "fascista". Mas diz à burguesia que há que evitar que as massas olhem o Estado com desconfiança. E que todos os sonhos de reação devem cair.

Nitti não considera –como a imprensa governista- que as condições da Itália tenham melhorado. Pelo contrário, considera que se agravaram singularmente. A situação política –diz- certamente não é serena e se núcleos de resistência se formarem, o país ameaça ver-se em conflito como jamais se viu. A situação econômica –continua- piorou muito. As indústrias que há um ano eram todas cheias de vitalidade e afrontavam com energia o período de transformação e de crise, estão, em grande parte, em perigo, sobretudo por causa das medidas tributárias adotadas. Algumas delas pararam. Todos os índices econômicos indicam uma piora. O curso dos títulos públicos e das empresas comerciais, o comportamento dos câmbios, o estado da circulação, o tenaz aumento dos preços mostram uma situação que vem se agravando muito.

Confrontando esse estado de coisas com o que deixou seu governo, Nitti agrega que "se hoje não há greves é porque falta espírito de confrontação entre os operários e patrões; a partir do momento que algumas indústrias se paralisaram em seu desenvolvimento, outras tiveram que estabelecer turnos de trabalho e outras, enfim, se acham ameaçadas em sua existência. Os operários, preocupados pela ameaça de demissão, não pensam em greve".

Frente a esses problemas, Nitti concretiza numa palavra o dever da nova legislatura: reconstruir. E pede, "mais que vastos programas de reformas legislativas, que não são possíveis ou são prejudiciais, uma obra contínua e metódica de reconstrução da vida nacional. Uma política exterior de moderação e de paz; uma política interna de ordem; uma política financeira de reduções e renúncias; uma política social de cooperação. Contra todos os extremismos, contra todas as ilusões, contra todas as violências, os partidos constitucionais devem impor seu programa, que é ainda o programa da vida nacional".

Essas declarações confirmam que entre Giolitti e Nitti não há divergências essenciais de doutrina. Nitti sustenta justamente que, aos problemas fundamentais, Giolitti deu a solução indicada. Suas críticas ao governo de Giolitti são substancialmente críticas de procedimento. Programaticamente, nenhuma distância apreciável separa ambos políticos.

A diferença que há entre um e outro reside em que Nitti tem uma visão mais moderna das situações e um espírito mais ágil para adaptar-se a elas.

A plataforma eleitoral de Nitti não compreende, por tudo isto, senão duas retificações da política giolittiana. Nitti oferece às classes capitalistas não sobrecarregá-las com maiores tributos, não afligi-las com novas taxas. E oferece às classes trabalhadoras defender suas conquistas políticas e sindicais do assalto das facções reacionárias. A eficácia desses dois pontos de seu programa -que representam um compromisso com a direita e outro com a esquerda-, depende da volta em breve de Nitti ao governo.

11.

A IMPRENSA ITALIANA[1]

[1] Publicado originalmente em *El Tiempo*, Lima, Peru, 10 de julho de 1921.

Na Itália, como em toda a Europa, a imprensa está dividida em dois únicos grupos: a imprensa burguesa e a imprensa revolucionária. Não existe na atualidade uma imprensa política. Todo jornal pertence necessariamente a um ou outro grupo. Os grandes jornais informativos são os principais órgãos da imprensa anti-revolucionária. Parecem destinados exclusivamente à informação; mas sua informação não é, nem pode ser, objetiva. É eminentemente anti-revolucionária, essencialmente conservadora. E tem de ser assim. Um grande jornal informativo é uma empresa industrial. É um forte investimento capitalista. Seus interesses são, por conseguinte, os das classes conservadoras.

Dentro da luta de classes não cabem jornais independentes, neutros. Todos os jornais têm filiação. Todos os jornais são sectários. Todos os jornais são políticos.

Naturalmente este sectarismo tem suas gradações. Em ambos grupos da imprensa há diversos matizes, distintas denominações. De um lado há a imprensa reacionária, imprensa radical, imprensa reformista. De outro lado, há imprensa socialista, imprensa comunista, imprensa anarquista. Mas são classificadas, despectivamente, num só grupo.

Os jornais da imprensa anti-revolucionária são, antes de tudo, de dois tipos: jornais informativos e jornais polêmicos. Os primeiros refletem os interesses gerais das classes dominantes; os segundos, os interesses particulares de suas alas, de seus diferentes setores. Politicamente os jornais polêmicos são, por isto, mais interessantes, não só porque abundam em comentários e crítica, mas porque, enquanto os jornais informativos representam uma simples opinião de classe, os jornais polêmicos representam uma opinião pessoal ou de grupo. Traduzem as idéias de um escritor ou de uma facção determinada. O jornal informativo vive relativamente indiferente às mudanças de governo e de política. É quase sempre governista. Quando não é, tampouco passa a ser oposicionista. O jornal político, por outro lado, sente fervorosamente as mudanças de governo. É ardorosamente governista ou anti-governista.

A imprensa italiana não se diferencia, sob estes pontos de vista, do resto da imprensa européia. Suas particularidades são outras. A principal, talvez, é que a capital não a monopoliza nem a absorve. A imprensa francesa se concentra em Paris; a imprensa inglesa se concentra em Londres; a imprensa italiana não se concentra em Roma. O maior rotativo italiano –*Il Corriere della Sera*- é publicado em Milão. Os jornais romanos recolhem hoje uma notícia do *La Stampa* de Turim, amanhã um comentário do *Popolo d'Italia*, de Milão. O leitor da capital lê a Treves e a Nitti em *Il Resto del Carlins*, de Bolonha. E em Turim se edita o órgão do Partido Comunista.

É que a Itália tem estrutura, território e psicologia de Estado federal. Seu estatuto centralizou seu governo; mas não centralizou sua atividade nem sua vida. A velha Itália das pequenas repúblicas, das regiões autônomas, das comunas independentes, não desapareceu. Existe unidade nacional. Mas essa unidade nacional não é romana; é italiana. Milão, Turim, Gênova, Nápoles, Florença, conservam uma vigorosa personalidade própria. A unidade nacional é o nexo que as une a Roma. Mas sem convertê-las em dependências espirituais da Cidade Eterna.

O mais poderoso e difundido jornal da Itália é, como já dissemos, *Il Corriere della Sera*. Em todas as grandes cidades italianas é vendido cotidianamente. É dirigido pelo senador Albertini. Está vinculado à grande indústria e aos grandes bancos. Mas é muito discreto, cauteloso e sagaz ao servi-los. Lênin, ou alguém de sua *entourage*, o chamou de "o órgão mais inteligente da burguesia italiana". Demonstrou sempre inclinação por Nitti; mas, dados os interesses a que está ligado, não pode seguir hoje uma dura política de oposição. Foi partidário da intervenção na guerra. Não compartilha, contudo, as idéias expansionistas e guerreiras do nacionalismo. Antes, as desaprova e impugna.

Os principais jornais romanos são: *Il Messagero*, *Il Giornale d'Italia*, *Il Tempo*, *La Tribuna*, *La Epoca*, *Il Corriere d'Italia* e *Il Paese*. Também são interessantes, pelo setor político que representam, *La Voce Republicana*, órgão do Partido Republicano, *Il Giornalle dell Popolo*, órgão dos socialistas e *L'Osservatore Romano*, órgão do Vaticano.

Il Messagero é um dos jornais de maior circulação no país. São lhe atribuídos, como ao *Corriere della Sera*, vínculos com a grande indústria. E tem também o estilo, a psicologia e a política do grande jornal informativo. Foi ligado a Nitti. Mas há pouco ocorreu uma mudança em sua redação. Um escritor muito versado em política internacional, Virginio Gayda, que atuava como correspondente em Londres, assumiu sua direção. Desde então *Il Messagero* se tornou um jornal governista.

Il Giornale d'Italia é um dos mais buliciosos e lidos jornais da tarde. Publica também uma edição meridiana intitulada *Il Piccolo*. Sua política é fervorosamente nacionalista. É considerado um jornal de Sonnino, ainda que este se encontre, pelo momento, afastado da atividade política. É um dos mais veementes adversários de Nitti. Mas sua colaboração com Giolitti é só contingente e ocasional. *Il Giornale d'Italia* preferiria no poder Bonomi ou De Nicola.[2] Transige com Giolitti, de quem foi amigo durante a guerra, porque as candidaturas de Bonomi e De Nicola à presidência do Conselho não estão suficientemente maduras.

L'Idea Nazionale é a barricada do nacionalismo. É prestigiado pela pluma do líder nacionalista Luis Federzoni, atual deputado por Roma

---

2 Enrico De Nicola (1877-1959), advogado e jornalista italiano. Foi o primeiro presidente (provisório) da República italiana. Eleito deputado pela primeira vez em 1909, foi presidente da Câmara dos Deputados entre 1920 e 1924, e senador vitalício. Presidente do Senado entre 28 de abril de 1951 e 24 de junho de 1952.

e robusta figura de polemista. Como órgão da extrema direita, *L'Idea Nazionale* é, igualmente, adversário de Nitti.

Mais moderados em seu conservadorismo são *Il Tempo*, jornal político da manhã; *La Tribuna*, que por sua antiga tradição giolittiana tem hoje na imprensa romana o papel de órgão do governo; e *L'Epoca*, jornal da tarde, dirigido por Julio Giordana, escritor de filiação radical e de respeitável posição jornalística.

Il Paese, um jornal novo, representa a esquerda monárquica. É dirigido por Alberto Giannini que pertenceu ao *Il Messagero* até a mudança do pessoal anteriormente mencionado. Colaboram nele alguns escritores da zona moderada do socialismo como Francisco Ciccotti[3] e Angelo Cabrini. *Il Paese* acusa em sua orientação uma mentalidade sagaz, uma sensibilidade moderna e uma filiação democrática avançada. É acerbamente anti-governista e reconditamente nittiano. Sua campanha oposicionista o converteu rapidamente em um dos mais lidos jornais romanos. Porque aqui, como em todas as partes, a imprensa de oposição agrada ao público.

Entre os jornais de outras cidades italianas que têm importância e circulação nacionais, deve ser citada em primeira linha *La Stampa*, de Turim. É o maior jornal de Piemonte. E Giolitti, político piemontês, tem nele seu órgão mais próximo. Seu diretor, o senador Frassati, atualmente embaixador na Alemanha, era, até poucos meses atrás, um conspícuo amigo e partidário de Giolitti.

Devem ser mencionados também *Il Resto del Carlins*, de Bolonha; *Il Secolo XX*, de Milão; *La Nazione*, de Florença; *Il Mattino*, de Nápoles; e *La Gazzéta del Popolo*, de Turim, que personifica a tendência regional piemontesa adversa à representada por *La Stampa*.

---

3 Francesco Ciccotti Scozzese, jornalista anti-fascista italiano, amigo de Nitti, foi correspondente do *Avanti!* e diretor do *La Polemica Socialista*. Também trabalhou no *Il Paese*. Por causa de suas posições políticas, foi exilado do país pelos fascistas.

O órgão do "fascismo" é *Il Popolo d'Italia*, de Milão, o jornal de Benito Mussolini.[4] Mais que um jornal de grupo é um jornal pessoal de Mussolini, que o fundou como continuação de sua dissidência do socialismo, para pregar a guerra. É, por isto, um jornal polêmico, que conservou a entonação guerreira e o espírito marcial de sua primeira campanha. Sua prosa é cálida, belicosa e hiperbólica.

Passemos agora à imprensa revolucionária, à imprensa da extrema esquerda. Seus órgãos substantivos são: *Avanti* e *L'Ordine Nuovo*.

Avanti é o diário do Partido Socialista oficial. É publicado em Milão e em Roma. Era publicado, também, em Turim, mas esta terceira edição desapareceu porque, como os comunistas predominavam na antiga seção socialista de Turim, passou a eles a propriedade da imprensa respectiva, na qual se edita agora *L'Ordine Nuovo*. *Avanti* está dirigido por Serrati, o líder da tendência que prevaleceu no Congresso da cisão, no Congresso de Livorno. Sua circulação é imensa.

L'Ordine Nuovo é o jornal do Partido Comunista. É dirigido por dois dos mais notáveis intelectuais do partido: Terracini e Gramsci.

Existem na imprensa de extrema esquerda outros jornais representativos: *Critica Sociale*, a revista de Felipe Tivati, órgão da Confederação Geral do Trabalho, ou seja, do movimento sindicalista. E *L'Umanitá Nuova*, diário do líder anarquista Errico Malatesta, cuja publicação acaba de ser interrompida por causa da destruição de seus escritórios pelos "fascistas" de Milão.

---

4 Benito Mussolini (1883-1945), político italiano, divulgador e líder do fascismo na Itália, nascido em Predappio, perto de Forli, na Romagna. Emigrou para a Suíça em 1902, mas, sem emprego, foi preso por vagabundagem e depois expulso do país, retornando à Itália para fazer o serviço militar. Tornou-se, alguns anos mais tarde, editor do jornal *La Lotta di Classe*, influenciado pelas idéias marxistas, assim como por pensadores como Nietzsche, Auguste Blanqui e Georges Sorel. Em 1910, ocupou o cargo de secretário local do Partido Socialista em Forli. Inicialmente defensor de idéias pacifistas, foi preso por fazer propaganda quando a Itália declarou guerra à Turquia. Foi contra a participação da Itália na Primeira Guerra Mundial. Em novembro de 1914, fundou um novo jornal, *Il Popolo d'Itália*, o grupo *Fasci d'Azione Rivoluzionaria*, e em março de 1919, os *Fasci de Combattimento*. Subiu ao poder em 1922, reorganizando o painel político do país. Aliou-se à Alemanha nazista durante a Segunda Guerra Mundial. Foi executado em abril de 1945.

Com *L'Umanitá Nuova* se chega então, material e ideologicamente, ao confim da imprensa italiana, que é, como a nação, apaixonada, eloqüente, sugestiva e galharda.

12.
O CONDE KAROLYI, EXPULSO POR SER CONSIDERADO BOLCHEVIQUE[1]

1 Publicado originalmente em *El Tiempo*, Lima, Peru, 21 de junho de 1921.

O governo italiano achou conveniente expulsar do país o Conde Mihály Karolyi,[2] ex-presidente da Hungria, que desde há algum tempo residia em Florença, segundo ele, saboreando, além dos "spaghetti a la toscana", o "amargo pão do ostracismo". E, segundo a polícia, conspirando, conchavado com os comunistas italianos, contra a segurança do Estado.

A expulsão do Conde Karolyi seguiu a cruenta reação dos comunistas contra os "fascistas" em Florença. E ao anunciado e conseqüente descobrimento de um vasto complô comunista na Toscana, no qual o Conde Karolyi, conforme a sumária informação do governo, aparece envolvido.

O Conde Karolyi fez grandes protestos de inocência e uma boa parte da opinião pública achou exageradas as opiniões e suspeitas

---

2 Mihály Adam Georg Nikolaus Károlyi von Nagykárolyi (1875-1955), proveniente de uma família aristocrática católica, foi eleito membro do Parlamento pelo Partido da Independência. Em 1914, casou-se com a condessa Katalin Andrássy de Csik-Szent-Király et Kraszna-Horka, com quem teve três filhos. Fundou o Partido Unido da Independência e de 1848, em 1916, conhecido como Partido de Karolyi, uma agremiação política pequena e desorganizada, com apenas vinte membros no Parlamento. Karolyi era um seguidor dos Quatorze Pontos do presidente Woodrow Wilson. Em 16 de novembro de 1918, ele proclamou a República Popular da Hungria. Foi primeiro-ministro da Hungria de 10 de novembro a 16 de novembro de 1918, e presidente do país entre 16 de novembro de 1918 e 21 de março de 1919. Sua intenção era transferir toda a terra para os camponeses, e para isso, doou suas propriedades rurais para aqueles que nelas trabalhavam. Mas não conseguiu levar adiante seu proposta de reforma agrária. Pacifista, aboliu as Forças Armadas em 1918, sendo obrigado a reconstituí-las uma ano mais tarde. Durante seu governo, a Hungria sofreu com a falta de alimentos, fome, entrada de refugiados de outros países, falta de carvão alemão, paralisação de ferrovias e das indústrias, desemprego em massa, inflação e aumento da pobreza. Em 1919, ele se exilou na França. Retornou a Hungria em 1946. Foi embaixador da Hungria na França entre 1947 e 1949.

da polícia a respeito dele. Mas o governo manteve sua decisão. E depois de haver deixado o ilustre hóspede na fronteira, se negou a reconsiderar sua resolução.

Como bem se recorda, esse Conde Karolyi foi, há dois anos, um personagem da atualidade na miscelânea universal. À dissolução do Império austro-húngaro, tornou-se presidente da República da Hungria. Não era um republicano adventício e desconhecido, mas pelo contrário, um cidadão com longa história de revolucionário. Um desses nobres do tipo do Conde Carlos Calfiero, o amigo e mecenas de Bakunin, com românticas inclinações ao espartaquismo.

Não conseguiu permanecer no governo húngaro. Entre outros motivos, por sua psicologia bizarramente revolucionária, que lhe provocava a resistência da vitoriosa e todo-poderosa "Entente". E então cedeu o poder a Bela Kun,[3] o famoso líder comunista.

Desde essa época não figurava mais na crônica européia. Até hoje, quando a polícia italiana exumou seu nome rodeando-o de atributos folhetinescos, quase ninguém havia voltado a se preocupar com ele.

---

[3] Bela Kun (1886-1938), lutou durante a Primeira Guerra Mundial pelo Império Austro-Húngaro. Foi capturado pelos russos e enviado para um campo de prisioneiros nos Urais, onde se tornou comunista. Era fluente em alemão e russo. Junto com Zinoviev e Radek, era chamado por Lênin de kunerista, ou seja, um bolchevique radical que defendia uma revolução socialista levada a cabo por qualquer meio que fosse necessário. Fundou o Partido Comunista húngaro em 1918. Proclamou a República Soviética da Hungria em 1919. Seu governo durou apenas 133 dias. Ele começou como Comissário de Relações Exteriores e depois encabeçou o governo. Nacionalizou a propriedade privada, mas não distribuiu terra para os camponeses, transformado as terras em fazendas coletivas. Também aboliu impostos nas áreas rurais. Sua gestão se caracterizou por inflação alta e pelo "terror vermelho", através de sua polícia secreta e tribunais revolucionários. Houve muita oposição interna ao seu mandato. Foi exilado em Viena, onde foi preso e, depois de libertado, seguiu para Moscou, onde se uniu ao PCUS, tornando-se uma figura proeminente nas fileiras do Comintern. Ainda que fosse um stalinista, foi acusado por Stálin de trotskista. Foi executado por ordens de Stálin em 1938.

Vivia em Florença –a crenada cidade de Maquiavel,[4] Dante e do Frei Jerônimo Savonarola-,[5] com uma velha inglesa protestante, puritana e pintora de aquarelas, leitora de John Ruskin, de Baedecker, da Bíblia, da Divina Comédia e de *La Domenica del Corriere.*

Há três meses tive a oportunidade de conhecê-lo ali. Os jornais haviam revelado sua presença incógnita através de várias reportagens sobre a situação política húngara, especialmente a condenação à morte de quatro comissários do povo do regime de Bela Kun.

Ao Conde Karolyi convergia, por isso, a curiosidade florentina e convergiu também a minha, peregrina e forasteira.

O conde habitava uma pensão de ambiente cosmopolita e turístico. Sua vida tinha as aprazíveis aparências da vida de um pequeno burguês estrangeiro que gosta do céu toscano, das pinacotecas e do vinho Chianti.

Magro, comprido, feio e com mechas grisalhas, exibia uma aparência quixotesca muito de acordo com sua personalidade de gentil homem, que renegou a aristocracia e que desceu de sua alteza patrícia e de sua posição heráldica para associar-se à cruzada dos despossuídos, dos miseráveis, dos plebeus. Falava mal o francês e pior ainda o italiano. Não estava, portanto, ao alcance de todos entendê-lo e interpretá-lo.

Comigo conversou principalmente de política húngara. Ilustrou-me sobre a personalidade dos quatro comissários do povo sentenciados a morte, cuja sorte suscitava a ansiedade piedosa da Europa.

---

4 Niccolo di Bernardo dei Macchiavelli (1469-1527), pensador político florentino. Autor de *Arte da guerra, História de Florença* e *O príncipe.*

5 Girolamo Savonarola (1452-1498), monge dominicano e pregador eloquente. Seus sermões em Florença representaram a reação religiosa contra aspectos das expressões artísticas da época, assim como contra a corrupção social durante a Renascença. Foi o líder do partido democrático em Florença após a expulsão dos Médici. O papa Alexandre VI era hostil a Savonarola por sua atitude política em favor de Charles VIII da França. Foi julgado, condenado e executado como um herege.

Disse-me que a reação na Hungria era a mais brutal, a mais cruenta, a mais criminosa das reações possíveis nestes casos. Definiu-me ao almirante Horthy,[6] regente húngaro, como um governante de consciência bárbara e medieval.

Passamos em seguida a tópicos gerais de política européia. Preocupava ao Conde o perigo da restauração da monarquia austro-húngara. Pressentia a acentuação de uma tendência reacionária nos governos da Entente. Temia que a política aliada na Europa central e balcânica gerasse uma guerra de Estados mendigos, dessangrados e famélicos.

Declarou-me, depois, sua firme filiação socialista. Mas não quis determinar sua posição no socialismo. Não quis precisar se era bolchevique ou menchevique. Se era partidário da nova Segunda Internacional. Eu o interrompi insistentemente a respeito. Ele evitou dar uma resposta.

Compreendi, por conseguinte, que simpatizava com o maximalismo. Se houvesse sido minimalista teria se apressado a manifestá-lo a todos. Porque uma declaração anti-bolchevique teria sido útil à tranqüilidade de sua estada na Itália. E lhe teria servido para evitar-lhe suspeitas da polícia.

Não estou convencido de que o Conde Karolyi tenha conspirado na Itália. Pode ser que a polícia se equivoque; pode ser que não. Do que sim estou convencido, por outro lado, é de sua inclinação maximalista. O Conde é, indubitavelmente, bolchevique. E, se não o é, parece sê-lo. Tem história, psicologia, continente, mentalidade, aptidão, nacionalidade, lenda e ares de tal.

---

6 Miklós Horthy de Nagybánya (1868-1957), proveniente de uma família nobre calvinista, foi almirante da frota imperial austro-húngara, diplomata e regente da Hungria no entre-guerras e durante a maior parte da Segunda Guerra Mundial. Ficou no poder de 1920 a 1944. Casou-se com Magdolna Purgly de Jószáshely, com quem teve dois filhos e duas filhas. Escreveu suas memórias, *Ein Leben für Ungarn*, em Portugal, onde morou.

13.
CENAS DE GUERRA CIVIL[1]

[1] Publicado originalmente em *El Tiempo*, Lima, Peru, 29 de junho de 1921.

Parece que de tempos em tempos revivem fugazmente a época de Guelfos e Gibelinos. Como então, há na atualidade na Itália dois bandos que se combatem raivosa e truculentamente. E que, ainda que não se chamem Guelfos e Gibelinos, mas, "fascista" e socialista, renovam intermitentemente, neste sugestivo e interessante país, os dias da Idade Média. Encontram-se empenhados numa luta de ciladas, de emboscada, de represália e de "vendetta".

Diante desta luta, o Estado se declara imparcial. Mas ocorre que uma das partes beligerantes se intitula defensora da autoridade do Estado. E, consequentemente, a outra parte renega o Estado, que acusa de parcial.

As duas facções não são igualmente conhecidas fora da Itália: uma delas, o "fascismo" é demasiado nova para os públicos distantes. Convém, portanto, ilustrar seus antecedentes.

O "fascismo" foi fundado em 1919 por Benito Mussolini e outros elementos de entusiasta figuração intervencionista, para preconizar um programa expansionista e nacionalista contra aqueles que, a seu juízo, desvalorizavam, dentro do governo, a vitória italiana. E, também, contra aqueles que haviam se oposto à intervenção. Ou seja, tanto contra o nittismo pacifista como contra o giolittismo neutralista. Constituiu o fascismo uma seqüela espiritual da aventura de D'Annunzio.

A denominação de "fascismo" vem da palavra "fascio", com a qual foi designado na Itália, durante a guerra, o bloco de forças políticas nacionais que na França se chamou "*union sacré*". No Parlamento italiano não houve "*union sacré*" de partidos, senão "fascio" de partidos. Isto é, expressado em espanhol, "*haz*", "feixe" de partidos. A palavra "fascismo" tem, portanto, por esta origem, um conteúdo nacionalista e guerreiro.

Benito Mussolini, o animador do "fascismo", provém das fileiras do partido socialista. Foi diretor do *Avanti*. É um dissidente do socialismo desde a guerra, por causa de suas idéias intervencionistas que o levaram a associar-se à campanha pela participação da Itália no conflito. Para contribuir com essa campanha, criou em Milão o jornal *Il Popolo d'Italia*, que é hoje o órgão oficial do "fascismo". Mussolini é um escritor de brilhante talento polêmico e um partidário eloqüente de D'Annunzio "condottiere" e de D'Annunzio político.

No princípio, o "fascismo" operou principalmente sobre uma plataforma de política externa. Agitou a bandeira das máximas aspirações territoriais. Preconizou a anexação de Fiume e da Dalmácia. Glorificou o gesto de D'Annunzio. Procurou despertar vigorosamente na Itália esse mesmo sentimento da vitória que na França produziu o Parlamento atual.

Mais tarde, quando esse programa nacionalista aglutinou ao redor dos "fascios" uma multidão batalhadora e acalorada, o "fascismo" iniciou seu ataque armado ao socialismo. Situou sempre sua ação num terreno claramente nacionalista. Qualificou de agressiva sua atividade, como uma afirmação do patriotismo italiano contra a doutrina internacionalista do socialismo e do anarquismo.

O fenômeno "fascista" adquiriu, a partir de então, uma importância muito maior. Hoje o "fascismo" é uma milícia civil anti-revolucionária. Já não representa somente o sentimento da vitória. Já não é exclusivamente um prolongamento do ardor bélico da guerra. Agora significa uma ofensiva das classes burguesas contra a ascensão das classes proletárias. As classes burguesas aproveitam o fenômeno "fascista" para sair de encontro à revolução. Cansadas da nervosa espera da ofensiva revolucionária, abandonam sua atitude defensiva. Antecipam a reação ao fato revolucionário. As forças conservadoras estão seguras de frustrar definitivamente a revolução, atacando-a antes de que se ponha em marcha à conquista do poder político.

As forças socialistas não participam integralmente da contenda. Os socialistas em armas contra o "fascismo" não são todos os militantes nas organizações proletárias senão, unicamente, sua parte mais exaltada e marcial. Ou seja, a vanguarda do socialismo.

A maioria dos elementos socialistas é contrária a esse gênero de escaramuças que, em seu conceito, dessangram inutilmente o proletariado. Considera essa maioria que a violência armada não deve servir senão para o assalto decisivo ao poder.

O Estado, é claro, não pode ser rigorosamente imparcial. Não pode aprovar nem desculpar os procedimentos terroristas do "fascismo": incêndio das Câmaras de trabalho, empastelamento das gráficas socialistas, agressão aos organizadores e propagandistas adversários, etc. Mas não pode deixar de ver no movimento "fascista" um movimento das classes que querem conservá-lo contra as classes que querem destruí-lo e substituí-lo. O "fascismo" é a ação ilegal das classes conservadoras, temerosas da insuficiência da ação legal do Estado, em defesa da subsistência deste. É a ação ilegal burguesa contra a possível ação ilegal socialista: a revolução.

Essa identidade de interesses primários faz que apareçam reunidos num mesmo campo os "fascistas", isto é, os promotores da intervenção, com os "giolittistas", ou seja, os partidários da neutralidade sem concessões, os que antes da guerra foram acusados por aqueles de traição à pátria e durante a guerra foram tachados de derrotistas.

A atividade "fascista" nas próximas eleições terá em boa conta uma fisionomia governista, porque se dirigirá no setor monárquico, contra Nitti que é, nesse setor, o adversário de Giolitti, o político que prepara desde agora o assalto ao governo, mas cujo programa, tanto na ordem interna quanto externa, não se diferencia fundamentalmente do programa de Giolitti. Ambos estadistas têm, mais ou menos, a mesma apreciação do momento e possuem idêntica habilidade para afrontá-lo.

Mas os "fascistas" não transigem com Nitti. Não podem esquecer que Nitti foi para eles o desvalorizador da vitória. Preferem esquecer que Giolitti foi o inimigo da intervenção.

14.
ALGO SOBRE O FASCISMO: O QUE É, O QUE QUER, O QUE SE PROPÕE FAZER?[1]

[1] Publicado originalmente em *El Tiempo*, Lima, Peru, 29 de junho de 1921.

O que é o "fascismo"? Essa pergunta é feita talvez por milhares de pessoas, adivinhando, pelo resto da indagação e pelo caráter das ações realizadas pelos "*fascisti*", qual o significado da agrupação.

Deixemos a palavra a Cayetano Polvorelli, correspondente político do *Popolo d'Italia* e um dos mais conspícuos membros do "fascismo".

"Nasceu –diz- em Milão, em 1919, por iniciativa de Mussolini. Ao cabo de dois anos conta com mais de mil seções e várias centenas de milhares de adeptos. É uma milícia civil, cujo propósito é salvaguardar o país, especialmente nestes momentos em que a propaganda leninista é mais ardente.

"Há no 'fascismo' –acrescenta- algo de místico e de ideal. Seu lema é a paz social, sem cair nos exageros catastróficos dos agitadores leninistas, pois esse exagero conduziria, inevitavelmente, a refazer a unidade socialista.

"Um dos deveres que primeiro se impôs foi defender os resultados materiais e morais da vitória, num momento em que, retirados Sonnino e Orlando, o governo passava às mãos dos derrotistas e dos socialistas. Os oficiais, até aqueles que ostentavam em seu peito gloriosas condecorações, eram objeto de insultos nas ruas e nas praças públicas.

"Os desertores, postos em liberdade, iam engrossar as fileiras dos exaltados na rua. O governo se dispunha a uma paz denigrante e vergonhosa. Os caporetistas ressurgiam dispostos a novas infâmias e prepotências, chegando, na infausta data do 16 de novembro, a triunfar sobre o resto da população.

"Mas aquele momento passou. Essas horas amargas ficam já relegadas à história. A batalha, não obstante, ainda é áspera. Vieram as revoltas comunistas, com a tirania vermelha, e quem não era bolchevique não tinha direito à vida, negando-se-lhe até a alimentação, a assistência médica, obstétrica, farmacêutica e demais.

"Veio a rebelião de parte dos jovens que haviam temperado seus espíritos na guerra. Os pacifistas a todo custo e os homens de má fé acusam de violência aos 'fascistas', mas não protestavam quando a violência era exercida pelos bolcheviques.

"É errôneo –continua- dizer que o 'fascismo' seja contra o proletariado, contra o povo. É contra os especuladores, contra os parasitas, contra os déspotas do povo, que sempre são burgueses por origem e oligarcas por temperamento.

"Matteotti[2] é um latifundiário que não renuncia a suas terras; Frola é um milionário que ri da idéia de socializar seus milhões; Treves vive de renda. Treves, Lucio, Serrati, Bussi, não desdenham a sua comodidade. São proletários estes apóstolos? Com que direito pretenderiam impor uma ditadura que não seria 'do povo' senão contra o povo?"

Vejamos agora qual é o programa do "fascio".

Seus dirigentes declaram que sua bússola é a nação e que consultarão seus interesses supremos para resolver qualquer problema, considerando-a em sua expressão geral e histórica de coletividade étnica contínua. Acreditam que o interesse nacional é superior aos interesses pessoais, aos grupos e às classes, às próprias contingências de uma geração, pois com freqüência deve sacrificar-se uma geração inteira no interesse das gerações futuras.

O destino nacional –dizem- é histórico, porquanto constitui a profunda essência, a razão e a explicação da história de cada povo. O internacionalismo, em contrapartida, é anti-histórico, porque é negado pela história universal. Para os "*fascisti*", existe um só inter-

---

2 Giacomo Matteoti (1885-1924), formado em direito pela Universidade de Bolonha em 1907, defendeu a neutralidade italiana na Primeira Guerra Mundial. Foi eleito para o Parlamento em 1919 e reeleito em 1921 e 1924. Foi também secretário do Partido Socialista Unitário em 1922.

nacionalismo, o que deriva dos impérios, das religiões, das manifestações geniais do pensamento humano.

Não crêem no pacifismo, consideram que os conflitos se contêm e se transformam, mas não se suprimem. O mistério pacifista bolchevique, Lênin, se viu obrigado a levar a efeito uma guerra de caráter nacionalista contra a Polônia, e uma guerra imperialista na Ásia, a caminho das Índias.

Enquanto se refere aos problemas do momento, o "fascio" acredita em favorecer o desenvolvimento de todas as energias nacionais, opondo, ao critério de classe socialista da repartição, o critério nacionalista do aumento da produção.

Este ano dedicaram suas atividades aos trabalhadores da terra para favorecer a co-participação e aquisição da propriedade, declarando-se inimigos do latifúndio e do sistema salarial. E se propõem dedicar o próximo ano aos trabalhadores marítimos para favorecer a expansão italiana no mar, superando o egoísmo pessoal e a escassa atividade de alguns grupos.

Combaterão –dizem- as finanças demagógicas, com o intuito de demonstrar-lhes que, atacando o famoso estômago de Menenio Agrippa, se destrói o próprio, como ocorre, por exemplo, com o setor automobilístico. A taxa imposta sobre os automóveis reduziu a produção e paralisou várias indústrias que davam trabalho a milhares de mecânicos e de trabalhadores afins da citada indústria, assim como o comércio a ela relacionado.

Para terminar, no que diz respeito à autoridade do Estado, o programa "fascista" se propõe a devolver-lhe o prestígio que tinha anteriormente, "tirando-lhe as funções que não pode ou não sabe cumprir". Crêem que o Estado tem só duas funções políticas e jurídicas e (sic) industriais, e por isso empreenderão uma viva campanha contra a nacionalização de minas e indústrias, que consideram antecipações do socialismo. Não obstante, deixarão ao Estado o monopólio sobre o sal e o tabaco, que já tinha antes da guerra.

Eis aqui de forma sucinta, o que significa o "fascismo" e o que são os "fascistas". Até onde terão êxito seus propósitos, até onde chegarão suas forças, de que forma interpretarão suas teorias, o tempo dirá. É tão grande a convulsão que tomou conta do mundo quando o velho continente começou a sentir os efeitos da horrenda sangria e tão profunda a mudança sofrida pelos homens, pelas idéias e as consciências, por sua causa, que é preferível deixar que os fatos respondam por nós, sem corrermos o risco de pré-julgar ou cair no terreno das presunções. Há momentos na história dos povos em que é impossível saber onde está o termômetro dos sentimentos humanos, onde está o pulso da opinião.

15.
ASPECTOS VELHOS E NOVOS DO FUTURISMO[1]

1 Publicado originalmente em *El Tiempo*, Lima, Peru, 3 de agosto de 1921.

O futurismo voltou a entrar em ebulição. Marinetti,[2] seu sumo sacerdote, retomou sua extravagante e peripatética vida de conferências, andanças, proclamas, exposições e escândalos. Alguns de seus discípulos e sequazes das históricas campanhas se agruparam de novo a sua volta.

A guerra produziu um período de trégua do futurismo. Primeiro, porque seus corifeus se transladaram unanimemente às trincheiras. Segundo, porque a guerra coincidiu com uma crise na facção futurista. Suas mais ilustres figuras –Govoni,[3] Papini,[4] Palazzeschi-[5] haviam se afastado dela, por necessitar de liberdade para afirmar sua personalidade e sua originalidade individuais. E estas e outras dissidências haviam debilitado o futurismo e comprometido sua saúde.

---

2 Filippo Tommaso Marinetti (1876-1944), romancista, poeta e dramaturgo, o fundador do futurismo. Escreveu *Destruction, Mafarka, Le roi bombace, Teatro sintetico futurista, Guerra sola igiene del mundo* e *Futurismo e fascismo.*

3 Corrado Govoni (1884-1965), poeta futurista nascido em Ferrarese. Colaborou com *Poesia, Lacerba, Riviera Ligure, Diana* e *Il Sestante Letterario.* Trabalhou no Ministério da Cultura Popular, onde foi vice-diretor da seção de livros. Foi também secretário do Sindicato Nacional dos Escritores e Autores. Apoiou Mussolini e os fascistas. Publicou *Le fiale, Poesie elettriche, Inaugurazione della primavera* e *Rarefazione e parole in libertà,* entre outros.

4 Giovanni Papini (1881-1956), jornalista, crítico, poeta e romancista italiano. Fundador da revista florentina *Leonardo,* em 1903. Aderiu ao futurismo, mas depois se converteu ao catolicismo. É autor de *Il crepuscolo dei folosofi, Un uomo finito, Storia de Cristo, Gog, Palavra e sangue* e *Pane e vino.*

5 Aldo Giurlani (1885-1974), mais conhecido como Aldo Palazzeschi, autor de poemas e livros de ficção vanguardistas, um dos expoentes do crepuscolarismo e do futurismo. Autor de *I cavalli bianchi, Lanterna, Poemi, L'incendiario, Il codice di Perelà, Sorelle Materassi, I fratelli Cuccoli, Stefanino* e *Due impero… mancati.*

Mas, passada a guerra, Marinetti pôde recrutar novos adeptos na multidão de artistas jovens, ávidos de inovação e ébrios de modernismo. E encontrou, naturalmente, um ambiente mais propício a sua propaganda. O instante histórico é revolucionário em todos os sentidos.

Esta vez o futurismo se apresenta mais ou menos amalgamado e confundido com outras escolas artísticas afins: o expressionismo, o dadaísmo, etc. Delas o separam discrepâncias de programa, de tática, de retórica, de origem ou, simplesmente, de nome. Mas a elas o une a finalidade renovadora, a bandeira revolucionária. Todas essas tendências artísticas se fundiram sob o denominador comum de arte de vanguarda.

Hoje, a arte de vanguarda prospera em todas as latitudes e em todos os climas. Invade as exposições. Absorve as páginas artísticas das revistas. E até começa a entrar, na ponta dos pés, nos museus de arte moderna. As pessoas continuam obstinadas em rir dela. Mas os artistas de vanguarda não desanimam nem ficam indignados. Não lhes importa sequer que as pessoas riam de suas obras. Basta que as comprem. E isto já ocorre. Os quadros futuristas, por exemplo, deixaram de ser um artigo sem cotação nem demanda. O público os compra. Algumas vezes porque quer sair do comum; outras, porque gosta de sua qualidade, mais compreensível e externa: sua novidade decorativa. Não o move o entendimento, mas sim o esnobismo. Mas no fundo esse esnobismo sofre o mesmo processo da arte de vanguarda: o fastio em relação ao acadêmico, ao velho, ao conhecido; o desejo de coisas novas.

O "futurismo" é a manifestação italiana da revolução artística que em outros países se manifestou sob o título de cubismo, expressionismo, dadaísmo. A escola futurista, como essas escolas, trata de se universalizar. Porque as escolas artísticas são imperialistas, conquistadoras e expansivas. O futurismo italiano luta pela conquista da arte européia em concorrência com o cubismo hilariante, o expressionismo alemão e o novíssimo dadaísmo, que, por sua vez, vêm à Itália disputar a hegemonia com o futurismo em seu próprio solo.

A história do futurismo é mais ou menos conhecida. Vale a pena, não obstante, resumi-la brevemente.

Datam de 1906 os sintomas iniciais. O primeiro manifesto foi lançado em Paris três anos mais tarde. O segundo foi o famoso manifesto contra o pobre "*claire de lune*". O terceiro foi o manifesto técnico da pintura futurista. Vieram em seguida o manifesto da mulher futurista, o da escultura, o da literatura, o da música, o da arquitetura, o do teatro. E o programa político do futurismo.

O programa político constituiu um dos desvios do movimento, um dos erros mortais de Marinetti. O futurismo deveria ter se mantido dentro do âmbito artístico. Não porque a arte e a política sejam coisas incompatíveis. Não. O grande artista nunca foi apolítico. Dante não foi apolítico. Não o foi Byron.[6] Não o foi Victor Hugo.[7] Não o é Bernard

---

6 Lord George Gordon Byron (1788-1824), poeta romântico inglês. Em 1805, ingressou no Trinity College, Cambridge, onde ficou conhecido por acumular dívidas e por sua bissexualidade. Seu primeiro livro de poemas foi *Fugitive Pieces*, de 1806, publicado por conta própria. Em seguida, publicou *Hours of Idleness*, de 1807, que recebeu uma crítica sarcástica do *Edinburgh Review*. Byron respondeu de forma ácida o periódico com seu *English Bards and Scotch Reviewers*. Depois de lançar *Childe Harold's Pilgrimage*, tornou-se famoso. Teve um caso amoroso com Augusta Leigh, sua meia-irmã e um flerte com Lady Frances Webster, casando-se mais tarde com Anne Isabella Milbanke em 1815. Um ano mais tarde, após o nascimento da filha do casal, eles se separaram legalmente. Em abril de 1816, partiu da Inglaterra para nunca mais voltar. Morou algum tempo em Genebra, onde escreveu *The Prisoner of Chillon*. Teve ainda mais uma filha, desta vez com Claire Clairmont, em 1817. Em outubro do mesmo ano, partiu para a Itália. Após conhecer a condessa Teresa Gamba Guiccioli, escreveu *The Prophecy of Dante*, os cantos III, IV e V de *Don Juan*, assim como *Marino Faliero*, *Sardanapalus*, *The Two Foscari* e *Cain*. Foi com Teresa para Ravenna e Pisa. Ainda publicou *The Vision of Judgement* no *Liberal*. Em 1823, partiu para a Grécia, para ajudar a luta dos gregos contra os turcos, perdendo a vida um ano mais tarde, após contrair uma febre reumática.

7 Victor-Marie Hugo (1802-1885), poeta e romancista, mais importante expoente do movimento romântico francês. Autor de *Cromwell* (1827), *Le Roi s'amuse* (1832), *Les Misérables* (1862) e *Les Travailleurs de la Mer* (1866), entre vários outros.

Shaw.[8] Não o é Anatole France. Não o é Romain Rolland.[9] Não o é Gabriele D'Annunzio. Não o é Máximo Górki.[10] O artista que não sente as agitações, as inquietações, as ânsias de seu povo e de sua época, é um artista de sensibilidade medíocre, de compreensão anêmica. Que o diabo carregue os artistas beneditinos, enfermos de megalomania aristocrática, que se fecham numa decadente torre de marfim!

---

8 George Bernard Shaw (1856-1950), dramaturgo, crítico literário e propagandista socialista irlandês. Ganhou o Prêmio Nobel da Literatura em 1925. Durante a década de 1880, Shaw tentou, sem sucesso, seguir uma carreira literária em Londres, mas suas obras não tinham êxito. Nesse período, tornou-se um orador público polemista e aderiu ao socialismo. Foi também influente dentro da Sociedade Fabiana. Começou a fazer sucesso principalmente a partir do final dos anos 1890, quando colaborou no *The Saturday Review* como crítico teatral. Escreveu muitas peças, como *Arms and the Man* (1898), *Candida* (1898), *The Man of Destiny* (1898), *You Never Can Tell* (1898), *Three Plays for Puritans* (1901), *The Devil's Disciple* (1901), *Caesar and Cleopatra* (1901), *Captain Brassbound's Conversion* (1901), *Man and Superman* (1903), *John Bull's Other Island* (1907), *Major Barbara* (1907), *The Doctor's Dilemma* (1911), *Pygmalion* (1914), *Androcles and the Lion* (1916), *Heartbreak House* (1919), *Back to Methuselah* (1921) e *Saint Joan* (1924), entre outras.

9 Romain Rolland (1866-1944), romancista, ensaísta e dramaturgo francês. Autor de *Le théâtre de la révolution*, *Les loups*, *Danton*, *Colas Breugnon* e *Mahatma Gandhi*, entre outros.

10 Máximo Górki (1868-1936), pseudônimo de Alexey Maksimovich Peshkov, contista e romancista russo. Nascido em Nizhny Novgorod, teve uma infância sofrida e pobre, sendo espancado constantemente por seus patrões e muitas vezes chegando a passar fome. Por causa de sua vida dura, criou o pseudônimo Górki, ou "amargo". Tentou o suicídio na juventude. Aos 21 anos de idade, tornou-se um vagabundo, viajou por várias cidades da Rússia e realizou diversos trabalhos diferentes. Começou a fazer sucesso após a publicação de *Chelkash* (1895). Seu primeiro romance foi *Foma gordeyev* (1899). Também escreveu várias peças de teatro. Entre 1899 e 1906, viveu em São Petesburgo, onde se tornou marxista. Foi preso em 1901, por causa de seu poema "Pesnya o Burevestnike". Ao ser libertado, foi para a Criméia, onde contraiu tuberculose. Deixou a Rússia em 1906 e passou sete anos no exílio, principalmente na ilha de Capri. Retornou à Rússia em 1913 e se opôs à participação do país na Primeira Guerra Mundial. Também fez crítica aos bolcheviques, quando estes tomaram o poder em 1917, assim como criticou os métodos de Lênin no periódico *Novaya Zhizn*. A partir de 1919, começou a cooperar com o governo revolucionário. Morou na Itália entre 1921 e 1928, e depois novamente retornou ao seu país. Tornou-se o primeiro presidente do Sindicato dos Escritores Soviéticos. Seus trabalhos mais conhecidos no período soviético foram *Lev Tolstoy* (1919) e *O Pisatelyakh* (1928).

Não se deve, portanto, rejeitar Marinetti por haver pensado que o artista deveria ter um ideal político. Mas deve-se, entretanto, rir dele por ter achado que um comitê de artistas podia improvisar, como um apêndice, uma doutrina política. A ideologia política de um artista não pode sair das assembléias de estetas. Tem de ser uma ideologia plena de vida, de emoção, de humanidade e de verdade. Não uma concepção artificial, literária e falsa.

E falso, literário e artificial era o programa político do futurismo. E nem sequer podia chamar-se, legitimamente, futurista, porque estava saturado de sentimento conservador, apesar de sua retórica revolucionária. Além do mais, era um programa local, essencialmente italiano. O que não se ligava intimamente com algo essencial no movimento: seu caráter universal. Não era congruente juntar a uma doutrina artística de horizonte internacional uma doutrina política de horizonte doméstico.

Erros de direção como esse semearam o cisma no futurismo. O público acreditou, por isso, em seu fracasso. E crê nisso até agora. Mas terá de retificar sua opinião.

Alguns iniciadores do futurismo, Papini, Govoni, Palazzeschi, já não são mais futuristas oficiais. Mas continuarão a sê-lo a seu modo. Não renegaram o futurismo; romperam com a escola. Dissentiram da ortodoxia futurista.

O fracasso é, portanto, da ortodoxia, do dogmatismo; não do movimento. Fracassou a desviada tendência de substituir o academicismo clássico por um academicismo novo. Não fracassou o grito de uma revolução artística. A revolução artística está em marcha. São muitos seus exageros, seus destemperos, seus abusos. Mas é que não existe revolução mesurada, equilibrada, branda, serena, plácida. Toda revolução tem seus horrores. É natural que as revoluções artísticas tenham também os seus. A atual revolução está, por exemplo, no período de seus horrores máximos...

16.
A CASA DOS CEGOS DE GUERRA[1]

[1] Publicado originalmente em *El Tiempo*, Lima, Peru, 10 de setembro de 1921.

Da minha janela vejo cotidianamente um velho casarão. Esse casarão branco, misterioso e dramático como um panteão, é um mosteiro. E nesse mosteiro estão os cegos de guerra.

É uma paisagem de écloga, de epopéia e de cartão postal iluminado. Há aqui um céu muito azul, um sol muito italiano, uma campina muito alegre. Nas colinas que alinham militarmente seus pavilhões, estão os vistosos vinhedos latinos. Mais além, acima, limitam a paisagem montes graciosos e decorativos que são, ademais, carregados de lenda e mitologia. No cume de um deles se alçava o Tusculum, a cidade de Cícero e de Catão, o Velho. No cume de outro se encontrava o templo de Júpiter Lacial.

Abaixo, do lado do mar, envolto nas musselinas de sua atmosfera úmida, brilha o panorama dourado de Roma, a Eterna.

Tudo, nesta paisagem, é risonho como o vinho de Frascati ou eloqüente como os discursos de Cícero. E tudo é teatral, espetacular e retórico. Nada é sombrio ou triste.

Respira-se algumas vezes o ambiente festivo desses "recreios" com jogos de bochas e com música de bandolins sob o caramanchão; e se respira, outras vezes, o ambiente arqueológico das ruínas ilustres.

Aqui as pessoas de Roma vêm beber o doce vinho latino nas hospedarias dos Castelli Romani. Aqui todos os casais de apaixonados e de amantes vivem um episódio de seu romance. Aqui vagam, discorrem e exercem sua curiosidade ingleses, americanos, russos, turistas de todas as classes e de todas as nações que peregrinam pela Itália com sua máquina fotográfica, seu vocabulário e seu guia "Baedecker".[2] Aqui,

---

2 Karl Baedecker (1801-1859), editor de Essen, Alemanha. Começou a editar seus famosos "guias" em Coblenz, trabalho que foi continuado por seu filho Fritz, que transferiu o negócio para Leipzig. Seus livros se tornaram muito populares.

enfim, não há lugar para a tragédia. A única tragédia possível é a tragédia do amor, de revólver, de faca ou de sublimação, tão vulgar, animal e monótona, e que, ao lado da tragédia dos cegos de guerra, parece algo cômico e ridículo.

Não obstante, aqui estão os cegos de guerra. O que torna, neste teatro de farsa clássica e de festa dionisíaca, sua tragédia tão terrível e autêntica?

Estes não são os cegos de Maeterlinck; não andam pelos bosques, com seu pastor e seu cão, como uma manada melancólica. Estes cegos são um enfermo regimento de inválidos, que vêm de uma guerra terrível. Estes cegos voltam do campo de batalha. Sua presença transforma o mosteiro num quartel de soldados atormentados e impotentes.

Das tragédias destes cegos, as pessoas não conhecem, geralmente, senão a otimista versão confeccionada para uso e consumo universal pela mania retórica da humanidade. Essa versão diz que os cegos de guerra são uma legião de gloriosos inválidos, orgulhosos de suas medalhas, fitas e condecorações, contentes de seu sacrifício, ufanos de sua vitória, resignados com sua desventura.

No entanto, seguramente, os cegos não recordam sequer que são beneméritos em grau heróico da pátria e da civilização. E assim como não lhes importa o panorama romano, nem a primavera, nem o Tusculum, nem Cícero, tampouco lhes importa sua glória nem seus méritos. Nenhuma literatura é capaz de consolar seu coração. Para eles não existe a visão deste cenário de turistas. A visão que perdura em seus olhos inúteis é a da horrível trincheira.

Nesta paisagem anacreôntica não imagino, portanto, a casa dos cegos de guerra. Poderia imaginá-la em San Gimigniano, a cidade enferma da Divina Comédia. Aqui não. Aqui não há ambiente para compreender nem para perceber a dor encerrada no imenso asilo. Quando se passa e se pergunta, assinalando-o, “que é isso?” , a resposta de que é o asilo dos cegos de guerra parece absurda. Não é possível convencer-se de que aqui se concentre tanta dor. É necessário fechar os olhos, esquecer o lugar, subtrair-se ao ambiente para pensar nessa dor.

Ninguém a sente, ninguém a vê, ninguém a conhece por isso. Nem mesmo as mães de caridade, que vivem em meio a este ambiente. Estou seguro de que essas mães de caridade são infinitamente boas e santas. Mas estou seguro também de que são como a paisagem, o sol, a campina e a tradição querem que sejam todas as pessoas neste lugar. Estou seguro, por exemplo, de que amam apaixonadamente o vinho e os macarrões. E de que preferem intimamente os versos pagãos de Horácio à prosa ascética de Kempis. E de que gostariam, às vezes, de ter, como as demais mulheres da campina, sua casinha, seu marido e seus "bambinos". E de que, todos os dias, depois de haver almoçado romanamente, fazem, despreocupadas, gordas e felizes, uma sesta beatíssima.

17.
O PARTIDO SOCIALISTA ITALIANO E A TERCEIRA INTERNACIONAL[1]

[1] Publicado originalmente em *El Tiempo*, Lima, Peru, 3 de novembro de 1921.

Volta à atualidade jornalística a questão do Partido Socialista Italiano e a Terceira Internacional. Uma questão que se havia considerado concluída no Congresso de Livorno. Porque nele, como se recordará, a maioria do Partido Socialista se pronunciou contra o mais substancial dos vinte e um pontos de Moscou. E a ala minoritária rompeu, então, com as diversas alas majoritárias e fundou o Partido Comunista, seção italiana da Terceira Internacional.

Mas agora ocorre que a Terceira Internacional, em seu terceiro Congresso, recentemente celebrado em Moscou, depois de deliberar longamente sobre a posição dos socialistas italianos, resolveu não lhes fechar para sempre suas portas, mas convidá-los pela última vez à obediência e à disciplina.

A delegação socialista italiana levou a Moscou o encargo de explicar o voto de Livorno, justificando-o como uma necessidade ambiental da luta na Itália. E trouxe de Moscou um ultimato. Nesse ultimato a Terceira Internacional diz aos socialistas italianos que podem ainda ser admitidos em seu seio tendo como condição o afastamento imediato dos elementos direitistas encabeçados por Turati e de fundir-se com o jovem Partido Comunista.

Esse convite será discutido pelos socialistas no próximo Congresso nacional de Milão.

Para esse Congresso se delineiam outra vez três tendências. Uma que é liderada pelos delegados enviados ao Congresso de Moscou –Lazari, Maffi[2] e Riboldi-, e que é favorável à execução do ultimato,

---

[2] Fabrizio Maffi (1868-1955), membro do PSI, deputado socialista maximalista. Delegado nos III, IV e V Congressos do Comintern. Ingressou no Partido Comunista da Itália em 1924.

ou seja, a expulsão do grupo reformista que segue Turati, Treves e Modigliani; outra que mantém o ponto de vista de Livorno, ou seja, a conservação da unidade do partido, declarando-se de acordo, no demais, com os vinte e um pontos da Terceira Internacional, a cujas portas insiste bater; e outra que representa a direita turatiana, e que, em conseqüência, coincide com a tendência unitária na defesa da unidade do partido, mas não na apreciação dos vinte e um pontos do programa maximalista.

Aparecem, portanto, como em Livorno, três alas. A direita, o centro e a esquerda. E, como em Livorno, a esquerda quer a expulsão da direita, enquanto o centro tende à continuação de um ou outro grupo dentro do partido.

Mas esta vez o Congresso não se limitará a discutir se o partido deve ou não obedecer à Terceira Internacional. Tornará a discutir sua orientação e sua tática. Pronunciar-se-á sobre a política que a situação aconselha seguir. Numa palavra, deixará claro se o partido cabe ou não dentro da Terceira Internacional.

Esse debate é um pouco estranho para aqueles que acreditavam que os socialistas italianos tinham fixado definitivamente sua orientação. E constitui realmente a prova de que uma grande parte deles não compartilha absolutamente os princípios da Terceira Internacional e, por conseguinte, não deve ser admitida em suas fileiras.

A questão do colaboracionismo e da intransigência havia ficado, na prática, totalmente resolvida há nove anos no Congresso de Reggio Emilia, no qual se afirmou a índole revolucionária e intransigente do socialismo italiano e se expeliram dele os elementos colaboracionistas. E essa orientação programática havia sido categoricamente ratificada há dois anos pelo Congresso de Bolonha, que concordou com a adesão à Terceira Internacional.

Não devia se falar, portanto, de colaboracionismo no socialismo italiano. Turati e seu grupo, ao pôr novamente em debate a questão, se baseiam em que a situação hoje não é a mesma de nove anos atrás e nem sequer a de dois anos atrás. Há nove anos o partido socialista italiano estava muito longe de alcançar seu máximo grau de organização e desenvolvimento. Estava num período de evangelização e propaganda. A colaboração com o governo, então, havia sido uma colaboração a pura perda, considerando que o partido, carecendo de força para impor seus pontos de vista, não havia podido realizar nenhuma das coisas substantivas de seu programa. E há dois anos o partido, influenciado pela revolução russa, atravessava um instante de entusiasmo e de ilusão maximalistas. Agora, no entanto, enquanto por um lado, o partido, dono de mais de duas mil municipalidades, de centenas de cooperativas e de numerosa representação parlamentar, se encontra no período das realizações, por outro, perdeu a esperança da revolução imediata.

Ademais, Turati e sua ala observam que são duas as concepções socialistas da atualidade, baseadas naturalmente numa apreciação diversa do instante histórico. A primeira é a concepção maximalista de que diante da crise burguesa, a ação socialista deve ser exclusivamente insurrecional e revolucionária. E a segunda é a concepção evolucionista de que a ação socialista deve ser construtiva e não deve despreocupar-se com os problemas da crise mas, pelo contrário, trabalhar para que cheguem a soluções socialistas ou semi-socialistas. Em suma, que o socialismo deve preparar dentro da sociedade atual as bases da sociedade futura.

A primeira concepção –dizem os turatianos- foi desfeita no Congresso de Livorno. Logo a concepção do Partido Socialista tem de ser, forçosamente, a segunda. A facção unitária, ou seja, a facção centrista, diz ser adversa a todo colaboracionismo e fiel ao critério intransigente da Terceira Internacional. Mas não considera inconveniente conviver na mesma agrupação com a facção colaboracionista. E isto é o que a Terceira Internacional e o Partido Comunista reprovam. E o que uma ala do partido terminou por declarar ilógico e insustentável.

Prevê-se que no Congresso de Milão, como no Congresso de Livorno, prevalecerá a ala unitária. As moções que nesse Congresso se aprovem não aceitarão a tese colaboracionista de Turati e de seus partidários, mas tampouco aceitarão a tese da Terceira Internacional de que Turati e seus partidários devem ser expulsos.

Provavelmente, uma parte dos elementos agrupados na ala favorável à tese da Terceira Internacional não irá querer continuar nas fileiras do partido. Mas a cisão será pequena. Em geral, as opiniões dissidentes se submeterão à opinião da maioria. E o Partido Socialista italiano se colocará definitivamente fora da Terceira Internacional. Turati e seus companheiros se encarregarão, mais tarde, de conduzi-lo gradualmente ao colaboracionismo e ao minimalismo. Apesar do maximalismo e do revolucionarismo verbais dos chefes da atual maioria.

18.
A PAZ INTERNA E O "FASCISMO"[1]

[1] Publicado originalmente em *El Tiempo*, Lima, Peru, 12 de novembro de 1921.

A guerra civil teoricamente acabou. O "fascismo" e o socialismo assinaram um tratado de paz que estipula formalmente a suspensão recíproca de toda beligerância. Mas a paz não foi ainda estabelecida. Em várias províncias a luta prossegue, furiosa e trágica.

O "fascismo" resiste ao desarmamento e à desmobilização. As hostes não escutam a voz pacificadora dos chefes. E na Romagna e na Toscana os próprios "condottieri" regionais desconhecem e desobedecem o pacto firmado pelos delegados do Comitê Central. Benito Mussolini, indignado por essas rebeldias e cansado de combatê-las sem êxito, decidiu renunciar a sua investidura de líder. E em seu jornal *Il Popolo d'Itália* declarou que o "fascismo" venceu a guerra, mas perdeu a paz. O Partido Socialista, disciplinado e compacto, respeitou a palavra de seus chefes, enquanto o "fascismo" anarquizado e turbulento, se amotinou contra os seus. Esta é –diz Mussolini- uma vitória do socialismo e uma derrota do "fascismo".

Mas a verdade é outra. A verdade é que, terminado o estado de guerra civil, a débâcle, a dissolução, a liquidação eram inevitáveis para o "fascismo". O "fascismo" podia vencer na guerra; não podia vencer na paz. O "fascismo" não é um partido; é um exército. É um exército contra-revolucionário, mobilizado contra a revolução proletária, num instante de febre e de belicosidade, pelos diversos grupos e classes conservadores. O "fascismo" é, por conseguinte, um instrumento de guerra. Sua ação não pode ser senão violenta. A paz significa para ele a inação, a desocupação.

Os "fascistas" provêm dos diferentes partidos e setores burgueses. O "fascismo" não constitui, portanto, um conglomerado homogêneo. Em suas fileiras há elementos de filiação e origem claramente reacionárias e conservadoras. Nelas está representada toda a vasta gama social em que se recruta o proselitismo liberal, radical, democrático, republicano e nacionalista.

Todos estes elementos, de distintas procedências, podiam reunir-se numa ação violenta contra-revolucionária. Mas, uma vez livrada esta ação, não podem seguir convivendo num mesmo bando. Desmobilizados, voltam a seus respectivos setores. O "fascismo" não é para eles um programa, mas sim uma ação. As coisas escritas no programa geral do "fascismo" estão escritas com mais precisão em outros programas da política italiana.

Em um futuro partido "fascista" não se congregariam, portanto, senão os elementos dispersos, sem filiação e sem vínculos anteriores, atraídos para sua órbita por sua retórica nacionalista, sonora e marcial.

O primeiro sintoma da impossibilidade de coesão e homogeneidade do "fascismo" foi provocado, não obstante sua moderação, pelo primeiro enunciado programático de Mussolini: a de que o "fascismo" era tendencialmente "republicano". Ainda que Mussolini tenha se limitado prudentemente a chamar de tendencial a seu republicanismo, os "fascistas" não puderam colocar-se de acordo a respeito e polemizaram vivamente a favor e contra o vago princípio inscrito por Mussolini em sua bandeira.

Começou então a insurreição do "fascismo" contra seu líder, a qual, mais tarde, por causa do tratado de paz, iria originar a crise atual.

No campo socialista –como Mussolini o assinala e elogia-, o tratado de paz foi obedecido, mas não encontrou aprovação unânime; muito pelo contrário. Muitos socialistas crêem que o partido não pode tratar e muito menos pactuar com o "fascismo". E acusam o seu diretório de timidez e fraqueza. O diretório se defende sustentando que o tratado de paz com os "fascistas", aparte de não comprometer os princípios da luta de classes, era exigido pela necessidade de livrar as organizações, Câmaras de trabalho e cooperativas socialistas, da violência "fascista". Um tratado de trégua. E a trégua é uma necessidade freqüente na luta de classes. A transação que segue a uma greve, por exemplo, não significa a renúncia a suas aspirações máximas. O mesmo valor, o mesmo alcance, tem a transação com o "fascismo". Além do mais, a guerra civil não foi desejada nem iniciada pelos socialistas. Os socialistas se mantiveram na ofensiva; por conseguinte, não podiam obstaculizar uma pacificação destinada a pôr fim a uma contenda não provocada nem desejada por eles. Tais são os argumentos que os chefes socialistas opõem às críticas das massas.

A paz, de outro lado, não podia ser absoluta, nem ainda no caso de que "fascistas" e socialistas respeitassem rigorosamente o pacto. Porque o pacto não foi firmado pelos comunistas. O Partido Comunista não aceitou transação alguma com o "fascismo". Os "fascistas" não se desarmarão, portanto, contra os comunistas. E, se o Partido Comunista não estivesse num período de organização e conquista, se sua preparação lhe permitisse ser uma iminente ameaça revolucionária, o "fascismo" não pensaria sequer na desmobilização e na paz. Passaria a uma segunda grande ofensiva. E, consequentemente, não estaria em crise. Nós o veríamos, pelo contrário, ainda mais aguerrido, mais solidário e mancomunado do que nunca.

19.
NITTI, UMA PERSONALIDADE EUROPÉIA[1]

[1] Publicado originalmente em *El Tiempo*, Lima, Peru, 21 de maio de 1922.

Durante estes vinte e três dias de crise governamental, quase todos os parlamentares representativos da Itália figuraram como possíveis presidentes do Conselho: Giolitti, De Nicola,[2] Orlando,[3] Bonomi, Tittoni.[4] Só os líderes Salandra[5] e Nitti permaneceram na sombra. O primeiro, porque já passou a hora de um governo de direita; e o segundo, porque ainda não chegou a hora de um governo de esquerda.

Mas não foram unicamente razões parlamentares, domésticas, as que eliminaram Nitti da competição. Foram, sobretudo, razões inter-

---

2 Enrico De Nicola (1877-1959), advogado, jornalista e primeiro presidente (provisório) da República italiana, eleito deputado pela primeira vez em 1909, foi presidente da Câmara dos Deputados entre 1920 e 1924. Foi senador vitalício e presidente do Senado entre 28 de abril de 1951 e 24 de junho de 1952.

3 Vittorio Emanuele Orlando (1860-1952), político e jurista italiano. Em 1880, antes mesmo de se formar em direito, ganhou o concurso do Instituto Lombardo de Ciência e Letras, com um estudo sobre a Reforma Eleitoral, publicado mais tarde com o título *Della Riforma Elettorale.* Foi professor de direito constitucional na Universidade de Palermo. Em 1891, assumiu a cátedra da Universidade de Roma. Em 1887, foi eleito deputado e em 1903, tornou-se ministro da Instrução Pública do governo Giolitti. Participou do gabinete Salandra em 1914 e foi ministro do gabinete Boselli. Em 1917, substituiu Boselli. Renunciou em 1919. É autor de *Della Resistenza Politica Individuale e Coletiva* (1885), *Principi di Diritto Costituzionale* (1889) e *Principi di Diritto Amministrativo* (1890), entre outros.

4 Tommaso Tittone (1855-1931), diplomata e político italiano nascido em Roma, estudou direito e foi eleito para a Câmara dos Deputados, onde ficou entre 1886 e 1887. Foi escolhido para ser senador pelo rei, em 1902, tornando-se ministro das Relações Exteriores entre 1903 e 1905. Foi primeiro-ministro por onze dias, de 16 de março a 27 de março de 1905. Embaixador da Itália em Londres, em 1906. Foi novamente ministro das Relações Exteriores do gabinete Giolitti. Embaixador em Paris entre 1910 e 1916. Novamente ministro das Relações Exteriores, desta vez, do governo Nitti. Encabeçou a delegação italiana na Conferência de Paz de Paris. Apoiou Mussolini e foi nomeado o primeiro presidente da *Accademia D'Itália*, a principal instituição cultural do governo fascista.

5 Antonio Salandra (1853-1931), político conservador, presidente do Conselho de Ministros entre 21 de março de 1914 e 18 de junho de 1916. Apoiou a entrada da Itália na Primeira Guerra Mundial. Também apoiou a ascensão de Mussolini ao poder.

nacionais. Enquanto Giolitti, De Nicola, Orlando e Bonomi são essencialmente figuras da política italiana, esta está subordinada à sorte de suas idéias na movediça política européia.

Tanto em uma como na outra, Nitti é um homem de esquerda: preconiza a revisão dos tratados de paz; quer que a Alemanha seja associada na obra da reconstrução européia; sustenta que o isolamento e a perseguição da Rússia dos Sovietes exacerba e fortalece seu extremismo e aumenta a sugestão de sua bandeira nas classes trabalhadoras européias; e que negociar e pactuar com ela, atraí-la à sociedade continental, sem apreensões nem prejuízos doutrinários, é o único meio de torná-la inofensiva e inócua.

Tudo isso explica porque Nitti ainda não pode regressar ao poder. A situação européia e, consequentemente, a situação italiana, não estão plenamente maduras para um governo seu. A conferência de Gênova anuncia uma nova política. Mas a necessidade dessa nova política ainda não é bem compreendida pelas classes dirigentes das nações aliadas. Nitti poderá colaborar com Lloyd George,[6] com quem já colaborou. Mas, em contrapartida, não poderia colaborar com Poincaré. Com este polemizou, jornalisticamente, uma vez, por Poicaré ter se lamentado, na *Revue des Deux Mondes*, de que a paz de Versailles poderia ser vituperada e solapada por um ex-presidente de Conselho de uma das potências a ela mancomunadas.

A presença de Nitti no governo da Itália teria mudado tanto a fisionomia revisionista da Conferência de Gênova que, provavelmente, a

---

6 David Lloyd George (1863-1945), político e advogado britânico, membro do Partido Liberal. Eleito para o Parlamento em 1890, ficou conhecido por seu radicalismo e antiimperialismo. Em 1905, foi nomeado presidente da Junta de Comércio e, em 1908, tornou-se ministro das Finanças, durante o governo de Herbert Asquith. Em 1915, foi nomeado ministro das Munições e, em 1916, ocupou o posto de ministro da Guerra. Em dezembro desse ano, tornou-se primeiro-ministro, liderando a Inglaterra até o final da Primeira Guerra Mundial. Depois do conflito, foi o principal delegado britânico na Conferência de Paris que elaborou o Tratado de Versalhes. Renunciou como primeiro-ministro em 1922. Publicou *War Memoirs*, entre 1933 e 1936, e *The Truth about the Peace Treaties*, em 1938, entre outras obras. Foi convidado por Churchill para fazer parte do Gabinete de Guerra em 1940, mas recusou. Recebeu o título de conde Lloyd George of Dwyfor no final da vida.

França teria se abstido de participar dela e teria se empenhado mais em sabotar e torpedear o programa coordenado em Cannes.

Em seu recente livro *L'Europa senza pace*, Nitti resumiu suas idéias sobre o mal-estar mundial. Esse livro, mais que sua precedente propaganda jornalística, o consagra como um dos pioneiros máximos de uma política revisionista.

O programa europeu de Nitti é o seguinte: na Liga das Nações, que atualmente é apenas uma aliança dos vencedores, devem ser incorporados os vencidos. Assim, modificada e revigorada, a Liga das Nações deve revisar os tratados de paz, extirpando deles aquelas estipulações que mantêm no mundo a atmosfera de violência deixada pela guerra. A comissão de reparações, instrumento de súplica e de tortura, deve ser instantaneamente abolida.

A solução do problema dos créditos interaliados não pode ser outra que sua recíproca condenação. Calculando seu montante em cem bilhões, Nitti sugere que no pior dos casos, não seja perdoado senão oitenta por cento, ficando os vinte por cento restantes a cargo da Alemanha, como parte de sua indenização de guerra.

Nitti diz que deve-se abandonar a ilusão de uma indenização fabulosa. Se os vencedores não podem pagar sequer os juros de suas dívidas, é insensato supor que a Alemanha, perdidas sua frota, suas colônias, seu ferro, e uma parte de seu carvão, e desorganizado seu comércio exterior, possa dar a seus credores vários bilhões anuais. Uma cifra razoável não pode passar de sessenta bilhões, dos quais devem descontar-se vinte bilhões que a Alemanha já pagou com sua frota, suas colônias, etc. À Alemanha se lhe exigirá o pagamento em dinheiro e mercadorias de somente vinte bilhões. Os outros vinte bilhões seriam a parte que se lhe imputasse da dívida interaliada.

Nitti não encontra injustificadas as apreensões e as inquietações francesas sobre o futuro. E, por isso, admite que é necessário dar à França, em troca das cláusulas insustentáveis do Tratado de Versalhes, um tratado de garantia de uma duração não menor que vinte anos.

Seu programa de política européia parte -sublinha Nitti para conquistar a opinião pública de seu país- de um ponto de vista totalmente italiano. Nitti pensa que trabalhar por sua realização é para a Itália não só uma questão de ideal e de sentimento mas, principalmente, uma questão de interesse. Do agravamento da crise continental, a Itália não tem que esperar senão danos e desventuras. O lógico é, portanto, que se esforce por evitá-lo. A Itália não pode conviver senão com uma Europa respeitosa da liberdade e fiel à democracia. À Itália não lhe convêm que floresça na Europa nenhum imperialismo. O papel que deve ter a Itália na Europa e no mundo é, forçosamente, um papel moderador e democrático.

Naturalmente, Nitti não pode ganhar a opinião pública italiana num dia. Mas, pouco a pouco, se percebe nela uma gradual saturação de suas idéias. A reação "fascista" que, na queda de Nitti, aumentou ruidosamente, condenando-o a um período de impopularidade, entra em curva descendente. Até poucos meses atrás a imprensa italiana era quase unanimemente adversa a Nitti. Agora, três grandes jornais romanos, *Il Mondo, L'Epoca* e *Il Paese* apoiaram sua política.

Toda a direita é sua irreconciliável adversária. E na esquerda constitucional prevalece Giolitti. Mas o programa internacional do centro católico se aproxima do de Nitti. Os socialistas oficiais, que dia a dia se afirmam no caminho do colaboracionismo, podem muito bem um dia entender-se com ele. Além de que, no caso de uma renovação da Câmara, enquanto os católicos e socialistas não perderiam sua posição numérica, mudariam a composição e a mentalidade da ala constitucional.

Nitti, por isto, não tem pressa de voltar ao governo. O momento é de transição. E os governos também. A Nitti lhe resta, então, aguardar que a transição se cumpra.

20.

UM LIVRO NOTÁVEL: “IL PERU” DO CONDE PERRONE[1]

[1] Publicado originalmente em *El Tiempo*, Lima, Peru, 23 de abril de 1922.

O Conde José María Perrone de San Martino, da Sociedade de Americanistas do Peru, é um daqueles homens de ciência da Europa romanticamente apaixonados pelo estudo da antiga civilização americana. Há muitos anos que este estudo o apaixona: desde uma viagem que fez em sua mocidade à América do Sul, sem ter sido levado -como a maioria dos europeus- por finalidades utilitárias e mercantis, mas, como a muitos poucos, como a Raymondi e Markham, por exemplo, por uma curiosidade e um interesse exclusivamente científicos.

Durante essa viagem, o Conde Perrone conheceu o Peru. Esteve em Cuzco, em Puno, em Arequipa. Nas ruínas de Sacsayhuaman e do Tiahuanaco. E começou a recolher livros e documentos da história da civilização peruana. De volta à Europa, se dedicou com grande entusiasmo e sumo método, a pesquisas extensas e pessoais. Aos peruanos que visitam Roma e que não passam por ela como os turistas das peregrinações baratas da Cooks Agency, lhes dá grata surpresa de encontrar aqui, tão longe de seu país, uma pessoa de admirável talento que sabe quéchua e que possui uma rica cultura peruana.

Seus longos anos de trabalho inteligente e perseverante lhe forneceram material para um livro: *Il Peru,* cujo primeiro volume, editado pela casa Alfieri Lacroix, acaba de ser lançado. Esse livro está dedicado ao Presidente da República. Já começou a interessar aos estudiosos da Itália. E muito vai se falar e se escrever, seguramente, sobre ele, nos meios científicos da França, Alemanha e Inglaterra, nos quais o Conde Perrone é conhecido.

Il Peru do Conde Perrone é o Peru incaico. O Peru colonial aparece num dos capítulos finais da obra; mas é analisado e tratado de forma muito secundária e acessória.

Os títulos dos capítulos, traduzidos a seguir, permitem que se tenha uma idéia do conteúdo do livro: I. Lendas sobre a origem do homem e de sua civilização na América; II. A Atlântida. Confusas reminiscências de comunicações entre o Velho e o Novo Continente; III. Dom Cristóvão Colombo. O descobrimento da América; IV. Dom Francisco de Pizarro. A conquista do Peru; V. Língua quéchua e aimará. Gramática, *literári, quipus*; VI. Lenda, pré-história e história do Peru. Cronologia de seus imperadores antes da conquista; VII. Religião, dogma, hierarquia, culto; VIII. Instituições civis. Usos e costumes de uma sociedade da época de bronze, sem moeda; IX. Os súditos do império incaico; X. Construções. Templos, fortalezas, casas, sepulcros. Pontes. Caminhos. Canais de Irrigação; XI. Artes e Ofícios; XII. Ciências. Medicina, astronomia, astrologia, zodíaco, divisão do tempo; XIII. As religiões da América Central; XIV. Civilização mexicana; XV. Civilização mueshca; XVI. Os araucanos; XVII. Civilizações americanas sul-orientais. Discussão sobre as religiões asiáticas; XVIII. Dominação espanhola no Peru. A época colonial; XIX. Guerra da Independência.

O Conde Perrone, como se vê, incluiu em sua obra alguns capítulos sobre as outras civilizações americanas. É que seu esforço tende não só a difundir o conhecimento do Peru antigo na Europa mas também a esclarecer a origem do homem americano e de sua civilização.

Sua obra é uma importante contribuição ao estudo desta questão transcendental. Ele descarta a tese da autoctonia do homem americano. Autóctones são as formigas -me dizia certa vez-, não os homens.

Mas tampouco a tese de que o homem americano é proveniente da Ásia lhe parece sólida e persuasiva. Parte-se –observa- do princípio de que o homem americano seja bastante mais recente que o homem asiático, enquanto poderia, muito bem, não sê-lo. Existem muitos indícios de que o homem americano é muito antigo. E, ademais, o homem anda com o sol, do oriente ao ocidente. Por que, então, não poderia ser o homem americano a origem do homem asiático? A tese é revolucionária. Mas o Conde Perrone demonstra que é digna de ser seriamente considerada e analisada pelos homens de ciência. Se a origem da população americana fosse unicamente de remotas migrações, dever-se-ia explicar por que nessas migrações não levaram à América seus animais domésticos. O homem –aponta o Conde Perrone- emigra com seus animais. Como, então, nunca existiram e não existem hoje em dia na América animais domésticos característicos da Ásia? O Conde Perrone expõe muitas outras considerações, não menos sugestivas, em apoio da tese que defende. Uma delas é a das mudanças geológicas que modificaram a terra e que podem ter borrado a marca de remotas comunicações que, se subsistissem, indicariam a proveniência do homem americano. Outra é, repito, a que todas as investigações realizadas convencem ao estudioso de que o homem americano é muito mais antigo do que geralmente se crê.

Mas não cabe dentro de um artigo jornalístico das limitadas proporções do presente, o exame, e muito menos a crítica, dos originais argumentos do Conde Perrone sobre tão importante tema. O objeto destas linhas é muito modesto. Estas linhas são tão somente o anúncio da aparição do primeiro volume de um interessante livro europeu sobre o Peru antigo. Uma breve nota sobre seu autor, e uma nota mais breve ainda sobre seu conteúdo para o público peruano e, principalmente, para os homens de estudo peruanos.

É a estes a quem toca discutir e polemizar sobre *Il Peru* do Conde Perrone de San Martino. Além do mais, é necessário esperar, para que isso ocorra, a aparição do segundo volume da obra, e, até certo ponto também, a sua tradução para o espanhol.

21.
AS ELEIÇÕES ITALIANAS E A DECADÊNCIA DO LIBERALISMO[1]

[1] Publicado originalmente em *Variedades*, Lima, Peru, 12 de abril de 1924.

A hora é de festa para os apoiadores e admiradores de Mussolini e dos "camisas negras". Os filo-fascistas de todos os climas e latitudes recolhem, exultantes, os ecos fragmentádos das eleições italianas, divulgados com igual exaltação pelas transmissões a cabo. Aclamam estrondosa e delirantemente a vitória do fascismo. O júbilo dos reacionários é natural e lícito. Não há interesse em contrastá-lo, e nem sequer em destacá-lo. Mas o fato é que nesse coro filo-fascista se mesclam e se confundem com os sequazes da reação muitos adeptos da democracia. Uma boa parte do centro se associa ao regozijo da direita. E essa atitude, sim, é merecedora de atenção e estudo. Suas raízes e suas origens são muito interessantes.

O liberalismo e a democracia renegaram, ante o fascismo, sua teoria e sua práxis. Sua capitulação foi plena. Sua apostasia foi total. O liberalismo e a democracia permitiram ser expulsos, dominados e absorvidos pelo fascismo, que em seus métodos, em seu programa e em sua função, é essencialmente anti-democrático. Os extremistas do fascismo defendem abertamente o absolutismo e a ditadura. Mussolini se apoderou do poder através da violência e anunciou sua intenção de conservá-lo sem se preocupar com a vontade do Parlamento ou do sufrágio. E os partidos da democracia, por sua vez, não lhe negaram nem regatearam sua adesão. Renderam-se incondicionalmente ao ditador. A maioria da Câmara extinta era liberal-democrática. Mussolini a teve, não obstante isto, a suas ordens. Conseguiu dela os poderes extraordinários que necessitava para governar ditatorialmente, a sanção dos desmandos e excessos de sua política repressora e reacionária, e uma lei eleitoral adequada à formação de um Parlamento fascista. E obteve do liberalismo e da democracia a mesma obediência em todas as partes. A imprensa liberal, seduzida ou assustada pelos fascistas, caiu, pouco a pouco, na mais categórica retratação de seu ideário. Apenas *Il Corriere della Sera* de Milão, *Il Mondo* de Roma e algum outro órgão do liberalismo opuseram alguma resistência ao regime fascista.

A atitude dos liberais e democratas de fora da Itália coincide, portanto, com a dos liberais e democratas de dentro. O liberalismo e a democracia têm o mesmo gesto ante a força e o bastão fascistas, tanto sofrendo quanto não sofrendo a coação de suas ameaças e de seus golpes.

As eleições italianas, na verdade, significam, mais que uma derrota da revolução, uma derrota do liberalismo e da democracia. Constituem um marco de sua decadência, um instante de seu ocaso. Marcam uma rendição explícita dos liberais italianos ao fascismo. Os partidos liberal-democráticos concorreram a estas eleições jungidos mansa e resignadamente ao carro da ditadura fascista. Orlando, depois de alguns coqueteios e reservas, figurou na lista de candidatos governistas. Uma parte dos democratas cristãos desertou das fileiras de Dom Sturzo para alistar-se nas de Mussolini. Giolitti, com sua habitual astúcia, quis diferenciar sua candidatura das do fascismo, apresentando-se com seus amigos piemonteses numa lista independente; mas fez prévias declarações de sua confiança no regime fascista. A oposição liberal esteve representada unicamente por Bonomi, *leader* de um pequeno grupo reformista e Amendola, um dos tenentes de Nitti. Nitti se absteve de intervir nas eleições.

A vitória fascista aparece, portanto, em primeiro lugar, como conseqüência da decomposição e da capitulação do liberalismo. Os liberais italianos não só não souberam nem quiseram distinguir-se nas eleições dos fascistas mas, como estes, se uniformizaram de "camisa negra". Seu proselitismo, por conseguinte, debandou ou se confundiu com o do regime fascista. A maioria daqueles eleitores antigos e habituais clientes da democracia se sentiu inclinada a dar seu voto ao fascismo. O liberalismo desta vez se apresentou a seus olhos como uma doutrina exangue, superada, vacilante.

Mas esse não foi senão um dos elementos da vitória fascista. Outro elemento importante foi a nova lei eleitoral. As eleições de 1919 e 1921 ocorreram na Itália conforme o regime proporcional. Esse regime assegura a cada partido no Parlamento uma posição que reflete matematicamente sua posição na massa eleitora. O fascismo o considerou contrário a seus interesses. E, pela nova lei eleitoral, a Itália voltou ao antigo sistema, que garante à maioria um predomínio aplastante no Parlamento.

As eleições, ademais, foram realizadas em um ambiente preparado por vários anos de coação e de violência. Antes da "marcha a Roma" os fascistas destruíram uma grande parte das cooperativas, jornais, sindicatos e demais instrumentos de propaganda socialista. Inaugurada sua ditadura, usaram e abusaram de todos os recursos do poder para sufocar essa propaganda. O fascismo, por exemplo, pôs a liberdade de imprensa em mãos de seus prefeitos. A liberdade de opinião em geral teve os limites que lhe fixaram o bastão e o óleo de rícino abundantemente empregados pelos fascistas contra seus adversários. Enquanto o fascismo mobilizou para essas eleições todas suas forças legais e extra-legais, a oposição quase não dispôs de meios de organização nem de propaganda.

Por conseguinte, tem muito valor o fato de que, neste período de retirada e retrocesso revolucionários, os socialistas tenham conquistado sessenta e cinco assentos na Câmara. (Vinte e seis assentos foram ganhos pelos socialistas maximalistas e dezessete pelos comunistas). Os três partidos socialistas alcançaram, no total, um milhão e cem mil votos. Trezentos mil desses votos pertencem aos comunistas que na nova Câmara têm um ou dois postos mais que na velha. Mais diminuída que a representação socialista saiu a representação católica. Os socialistas, em conjunto, eram 136 na Câmara velha; são 65 na Câmara nova. Os católicos eram 109 na Câmara velha; na Câmara nova não são senão 39. E os grupos liberal-democráticos não incorporados no bloco governista conquistaram uma representação menor ainda. Além do mais, tanto esses grupos como a democracia cristã de Dom Sturzo, não são verdadeiros partidos de oposição. Na democracia cristã, só a facção de esquerda Mauri-Miglioli tem um matiz acentuadamente anti-fascista.

As forças da democracia e do liberalismo italianos estão, assim, submetidas e rendidas ao fascismo. Mas o fascismo se encontra submetido ao trabalho de digeri-las e assimilá-las. E a absorção dos liberais e democratas não é uma função fácil e inócua para os fascistas, que em seus dias de ardor demagógico, proclamavam seu propósito de expulsar radicalmente do governo os políticos do antigo regime, não se atrevem agora a prescindir de sua colaboração. Acontece, na Itália, a esse respeito, algo que também acontece na Espanha. A ditadura anunciou estrondosamente, no princípio, o ostracismo e a segregação definitiva dos velhos políticos; mas decidiu, depois, recorrer aos mais fossilizados e arcaicos deles. Os fascistas, nas eleições recentes, não quiseram nem puderam formular uma lista de candidatos que fosse clara e exclusivamente fascista. Tiveram de incluir entre seus candidatos a muitos liberais, democratas e católicos. A lista vencedora é governista; mas não é integralmente fascista. Cento e vinte dos quatrocentos deputados da maioria fascista não estão afiliados ao fascismo. A todos esses deputados o fascismo impôs suas teses reacionárias; mas não pôde incorporá-los em seu cortejo sem adquirir e sem contagiar-se de alguns de seus hábitos mentais. A assimilação da burocracia liberal e democrática modificará a estrutura e atitude do fascismo. Adverte-se, desde há algum tempo, no fascismo, a existência de uma tendência acentuadamente revisionista. Essa tendência foi, nos primeiros momentos, excomungada pelo estado-maior fascista. Mas apareceu tacitamente amparada pelo próprio Mussolini. O caso de Massimo Rocca[2] é o incidente mais notório deste processo

---

2 Massimo Rocca, jornalista e escritor anarquista (também chamado de "anarco-individualista") italiano, que mais tarde se tornou "legalista". Em 1923, com Giuseppe Bottai, criou uma corrente própria dentro do fascismo e seu órgão, *Critica Fascista*. Sua idéia era fazer uma crítica ao fascismo para poder construí-lo e aperfeiçoá-lo. Foi membro do PNF e membro do Grande Conselho Fascista. Em 16 de maio de 1924, foi expulso do partido por "indisciplina" e "indignidade política".

revisionista. Massimo Rocca, ex-anarquista, conspícuo tenente de Mussolini, publicou alguns artigos que preconizavam a volta à legalidade e condenavam a persistência no fascismo de um humor beligerante e demagógico. O diretório fascista censurou e expulsou Massimo Rocca do fascismo; mas sob a pressão de Mussolini teve de reconsiderar sua decisão. A tendência revisionista, posteriormente, se acentuou. O fascismo tende cada dia mais a adaptar-se às formas que antes quis romper. E se hoje exulta, em parte é porque sente que estas eleições legalizam, regularizam sua ascensão ao poder. Fala-se, atualmente, de que o fascismo vai cedendo lugar ao mussolinismo. E de que o atual governo da Itália é mais mussoliniano que fascista.

Esse rumo da política fascista era inevitável. O fascismo não é uma doutrina; é um movimento. Por mais esforço que tenha feito, não conseguiu traçar um programa nem uma via claramente fascistas. Não há nem pode haver um ideário fascista. Os fascistas, naturalmente, crêem que o fascismo contém não só uma nova concepção política, mas até uma nova concepção filosófica. (A marcha a Roma tem para eles uma importância cósmica). Mas uma opinião tão autorizada para o fascismo, como a de Benedetto Croce, zombou com requintes dessa pretensão. Interrogado por um órgão fascista *Il Corriere Italiano*, Benedetto Croce declarou: "Na verdade, não me parece que se tenha apresentado até aqui outra coisa se não algumas vagas indicações de desígnios políticos e de Constituições novas. O que existe na verdade é a fórmula genérica do Estado fascista e o desejo de enchê-la com um conteúdo adequado. Eu ouvi falar do pensamento novo, da nova filosofia que estaria implicitamente contida no fascismo. E tratei, por simples curiosidade intelectual, de deduzir dos atos do fascismo a filosofia ou tendência filosófica que, segundo se diz, deveriam conter; e mesmo que eu ainda tenha algum hábito e habilidade nessas análises e nessas sínteses lógicas, nessa arte de encontrar e formular princípios, confesso que não consegui meu objetivo. Temo que essa filosofia não exista e que não exista porque não pode existir".

A ditadura fascista, consequentemente, terá uma fisionomia menos caracteristicamente fascista a cada dia. Sustentada pela sólida maioria parlamentar que ganhou nas últimas eleições, adquirirá um perfil análogo ao de outras ditaduras desta Itália da Unidade e da dinastia de Saboya. Crispi, Pelloux,[3] o próprio Giolitti governaram a Itália ditatorialmente. Suas ditaduras estiveram desprovidas de todo gesto demagógico e se conformaram com um papel e um caráter burocráticos. A ditadura de Mussolini, estrondosa, retórica, olímpica e d'annunziana em suas origens, como convém nesta época tempestuosa, acabará por contentar-se com as modestas proporções de uma ditadura burocrática. Perderá pouco a pouco sua ênfase heróica e sotaque épico. Empregará para conservar o poder os recursos e expedientes oportunistas da velha democracia. (Mussolini já convidou para colaborar em seu governo à Confederação Geral do Trabalho e aos *leaders* reformistas).

Aos "camisas negras" lhes aguarda, em suma, a mesma sorte dos "camisas vermelhas" de Garibaldi. Deixarão de ser uma roupa da moda até mesmo entre os fascistas. E seu ocaso será, na verdade, o ocaso do fascismo. Porque este estrepitoso estremecimento político não significa, realmente, para a *Terza Italia*, uma mudança de doutrina, mas, apenas uma mudança de camisa.

---

3 Luigi Pelloux (1839-1924), político e general italiano, foi eleito para a Câmara dos Deputados em 1881, tornando-se uma importante autoridade militar no governo italiano. Foi ministro da Guerra nos gabinetes Rudini e Giolitti entre 1891 e 1893. Em 1896, foi nomeado senador. E entre 29 de junho de 1898 e 24 de junho de 1900, foi primeiro-ministro da Itália.

22.
PROJEÇÕES DO PROCESSO MATTEOTTI[1]

[1] Publicado originalmente em *Mundial*, Lima, Peru, 26 de setembro de 1924.

O fascismo não quer que o processo dos assassinos de Matteotti se converta no processo contra toda a gesta fascista. Contra o desenvolvimento espontâneo desse processo, o fascismo mobiliza suas brigadas de "camisas negras" e seu poder governamental. O fato judicial –diz- não deve transformar-se num fato político. E baixou, com o propósito principal de impedir "indiscrições" sobre o crime e seus atores, um decreto-lei que regulamenta marcialmente a liberdade de imprensa.

Mas não se governa a História. O próprio fascismo –movimento romântico, anti-histórico, voluntarista- tem suas raízes vitais na História e não na ideologia nem na ação de seus criadores e animadores. É um produto dessa História que pretende negar ou distorcer a golpes de porrete. O assassinato de Matteotti foi a culminação de uma política de terror. É por isso que, ao reagir contra tal crime, a opinião italiana reagiu contra todo o sistema que o engendrou. O desenlace judicial nada importa. A questão moral e política não era da competência dos magistrados. Teve, consequentemente, um foro especial, um foro superior. E de seu juízo sumário saíram condenados o fascismo, seu método e suas armas.

Quando se denunciou na Câmara italiana o desaparecimento do deputado socialista, Mussolini, inquietado pelo vento de fronda que soprava, sentiu a necessidade de dizer com seu costumeiro tom dramático: "*Giustizia sará fatta sino in fondo*". Esta frase aparece agora como uma intuição histórica. Na intenção do caudilho fascista era uma promessa de que os juízes castigariam austeramente os culpados. Mas adquiriu logo uma realidade superior e adversa à vontade fascista. A história se apoderou dela e a fez sua. Justiça será feita plenamente; mas não só contra os próprios assassinos, mas sim, contra a política em que o crime foi incubado. Como disse Mussolini, *giustizia sará fatta in fondo.*

Vejamos por que o fascismo está tão comprometido neste processo. Há razões imediatas. Os executores do crime eram homens de confiança do estado-maior fascista. Um deles, Dumini, delinqüente orgânico, gozava do favor dos mais altos funcionários do Estado e do partido, pertencia ao pessoal do jornal fascista *Il Corriere d'Italia* e se intitulava adjunto do escritório de imprensa do chefe do governo. Uma circunstância a seu respeito já está averiguada: no dia do delito, Dumine estava aguardando no Palácio Viminal -onde funciona o ministério do Interior-, o automóvel que devia conduzi-lo para seqüestrar Matteotti. O crime foi ordenado, segundo as investigações judiciais, por Rossi e Marinelli,[2] dois fascistas do primeiro escalão e da primeira hora, membros do quadrunvirato supremo do partido, e por Filipelli, diretor do *Il Corriere d'Italia.* O diretor de outro jornal fascista, *Il Nuovo Paese*, acaba de ser chamado a Roma por éditos, como outro dos responsáveis. O fascismo, no princípio, quando lhe urgia acalmar e satisfazer a opinião pública, se esforçou por isolar a responsabilidade dos acusados. Entregou-os à justiça. Mas, pouco a pouco, um instinto mais poderoso que sua consciência o moveu em direção a eles. Em algumas demonstrações dos "camisas negras" se ouviu o grito de "Viva Dumini". E se ameaçou à oposição com uma segunda marcha a Roma destinada, sem dúvida, a libertar os processados. Finalmente Farinacci, um dos maiores lugares-tenentes de Mussolini, assumiu a defesa de Dumini e tentou, como explicação do assassinato, atribuir a Rossi uma conspiração contra Mussolini para substituí-lo no poder. (Sua tentativa foi tão pouco convincente, e encontrou um público tão incrédulo e hostil, que Farinacci não insistiu em suas folhetinescas revelações).

---

2 Giovanni Marinelli (1879-1944), militante fascista, participou da marcha sobre Roma. Foi secretário administrativo do Partido Nacional Fascista e criador da Ceka. Acusado pelo assassinato de Matteotti, foi defendido por Farinacci. Condenado a uma pena leve. Foi também membro do Grande Conselho do Fascismo.

De outro lado, o assassinato de Matteotti não é um ato solitário na história do fascismo. É um ato terrorista perfeitamente enquadrado dentro da teoria e da prática dos "camisas negras".

A gesta fascista está cheia de fatos similares. Matteotti foi assassinado por um bando especializado no delito. Sabe-se agora que Dumini e seus cúmplices são os autores do assalto à casa do estadista Nitti e das agressões aos deputados Amendola,[3] Mazzolani, Missuri e Forni, fascistas dissidentes ou cismáticos, nos caso dos dois últimos. E, sobretudo, os capitães do fascismo alimentaram sempre em suas brigadas um estado de ânimo agressivo e guerreiro e, em alguns casos, fizeram apologia da violência. Desse humor bélico, conseguiram contagiar até a algumas pessoas antes consideradas sábias e prudentes. Giovanni Gentile, explicando filosoficamente seu fascismo, disse que "toda força é força moral, qualquer que seja o argumento empregado: a prédica ou o garrote".

Neste emocionante processo acusam, portanto, o fascismo muitas circunstâncias e testemunhos. Suas conseqüências foram, por isso, instantâneas e inexoráveis. As grandes massas sociais que, por desconcerto ou inconsistência, ou seduzidas por sua linguagem quixotesca e megalomaníaca, seguiam o fascismo, começaram a abandoná-lo. As defecções se multiplicam. As fileiras filo-fascistas perdem seus nomes mais sonoros: Ricciotti Garibaldi filho,[4] Sem Benelli,[5] etc. Os grupos libe-

---

3 Giovanni Amendola (1882-1926), jornalista e político italiano. Formado em filosofia, colaborou com *Il Leonardo* e *La Voce*. Professor de filosofia da Universidade de Pisa. Eleito três vezes para a Câmara dos Deputados. Foi nomeado ministro pelo primeiro-ministro Nitti. Em 1924, se recusou a aderir ao *Listone Mussolini*. Fundou e publicou no *Il Mondo*. Perdeu a vida em consequência de ferimentos inflingidos pelos camisas negras fascistas.

4 Riccioti Garibaldi (1874-1924), filho de Anita e Giouseppe Garibaldi. General italiano, criou a Legião Garibaldina a serviço da França na Primeira Guerra Mundial, da qual foi o comandante de sua Quarta Coluna.

5 Sem Benelli (1877-1949), poeta, escritor e dramaturgo italiano, proveniente de uma família de artesãos, foi jornalista por um breve período. Autor de *La Cena Delle Beffe*, *Tignola*, *L'Amore Dei Tre Re*, *Il Mantellaccio*, *Rosmunda*, *La Gorgona*, *Le Nozze Dei Centauri*, *Adamo ed Eva*, *Madre Regina*, *Eroi* e *Caterina Sforza*. Ele apoiou a aventura de D'Annunzio em Fiume e foi eleito deputado em 1921. Depois do assassinato de Matteotti começou a criticar o regime fascista. Foi exilado na Suíça.

rais que colaboravam com Mussolini lhe retiram agora sua confiança. *Il Giornale d'Italia* de Roma e *Il Mattino* de Nápoles se aproximam da oposição. Os mesmos fascistas se dão conta de que vão ficando sós. Mussolini, na última assembléia do Conselho Nacional facista, recomendou a conquista das massas. Mas tanto o Duce como seus sequazes cometem erros de psicologia cotidianos que aumentam a excitação popular. Além do mais, se constata em todas as camadas sociais uma maior sensibilidade moral e política. Antes, os ataques à liberdade e os atos de terror do fascismo eram tolerados ou aceitos passivamente pela maioria da população. Hoje, encontram nela uma repulsa e uma condenação enérgicas e vigorosas. Os louros da marcha a Roma vão murchando dia a dia.

Provavelmente os fascistas tentarão tirar do assassinato de seu companheiro, o deputado Casalini, armas morais defensivas e contra-ofensivas. Mas esse crime não pode cancelar o que o precedeu. A responsabilidade dos fatos é diferente; sua projeção tem de sê-lo também. Tratase, no novo caso, de um ato de violência individual. O assassino agiu isoladamente, por sua própria conta. Não é possível classificá-lo senão como um exaltado. Por trás dele não existe uma organização terrorista dirigida por *leaders* da oposição. Os grupos da oposição execraram, geralmente, a violência. Um deles mostrou até mesmo uma mentalidade próxima ao gandhismo e quase pregou a resistência passiva. Graças, em parte, a esse tipo de adversários, é que a gesta fascista se viu livre para chegar ao governo.

23.
A CRISE DO REGIME FASCISTA[1]

[1] Publicado originalmente em *Mundial*, Lima, Peru, 25 de dezembro de 1924.

Com sua habitual teatralidade, Mussolini aceitou o desafio da oposição. Submeteu ao Parlamento um projeto de lei eleitoral. Na política italiana, este trâmite precede invariavelmente a dissolução da Câmara e a convocatória de novas eleições. O ato do fascismo pode parecer um alarde de força; mas em realidade é um sintoma de debilidade. Mais que uma ofensiva, constitui uma retirada.

Mussolini se viu forçado a reconhecer finalmente que, boicotada e abandonada pela oposição, a Câmara não pode funcionar. A Câmara contém ainda uma minoria, controlada por Giolitti e Orlando. Mas esta minoria, composta por elementos que até há muito pouco conservavam uma atitude filo-fascista, ameaça também a Câmara com sua defecção. Além do mais, é uma minoria minúscula, dissidente da clientela fascista. A oposição em massa se retirou ao Aventino –como se diz no vocabulário político da Itália destes tempos, "com a obstinada nostalgia da antiguidade"-, por culpa do fascismo, que ressuscitou a machadinha do lictor e algumas outras coisas da história de Roma.

O fascismo se esforçou por atrair a oposição ao Parlamento. Várias vezes Mussolini falou com um ramo de oliveira na mão. Outras vezes, constatada a obstinação da oposição, Mussolini e o fascismo, megalomaníacos e olímpicos, tiveram a pretensão de desdenhá-la. Sustentaram, então, a tese de que a Câmara podia funcionar indiferentemente, com ou sem deputados oposicionistas. A imaginação de Mussolini se satisfez, voluptuosamente, na ironia verbal da "variegada" oposição.

Mas a experiência prática da tese não correspondeu à esperança fascista. O fascismo comprovou a impotência e a invalidez do consenso de uma Câmara facciosa. A oposição, retirando-se ao Aventino, o obrigou a capitular. Mussolini já não fala, arrogantemente, dos direitos da Revolução Fascista. Já não se declara superior e indiferente à opinião e ao voto dos deputados. Em seu último discurso no Senado, empregou um tom e uma linguagem sagazes. Depois, sentiu a necessidade de tentar uma política mais ou menos normalizadora e de licenciar a Câmara, que a oposição esteriliza e desqualifica com sua ausência.

Esta Câmara nasceu viciada. As eleições de abril se realizaram conforme a uma lei eleitoral forjada especialmente para uso do regime fascista. E, sobretudo, envileceu marcialmente suas brigadas de "camisas negras" contra os grupos e os candidatos de oposição. Os partidos anti-fascistas careceram, neste caso, de quase toda liberdade de propaganda. O fascismo, ademais, não se apresentou nas eleições com uma lista exclusivamente fascista. Solicitou a aliança de vários homens e grupos não fascistas. Buscou seus principais candidatos nas associações de combatentes e de mutilados de guerra. Malgrado tudo isto, os grupos de oposição -cada um dos quais concorrendo às eleições por sua própria conta-, conseguiram uma forte representação no Parlamento. A heterogênea e variegada maioria fascista se encontrou na Câmara diante de uma minoria menos numerosa, porém mais compacta e belicosa que a da Câmara anterior. Matteotti fez denúncias, em tom dramático, numa das sessões de abril. A atmosfera da nova Câmara foi tempestuosa. Ocorreu, nesse momento, o assassinato de Matteotti, e a oposição, então, abandonou a Câmara, declarando sua vontade de não regressar a seus postos enquanto o fascismo não dissolvesse sua milícia armada e não aceitasse incondicionalmente a restauração da legalidade. As sessões da Câmara foram suspensas. O governo fascista esperava encontrar nos três ou quatro meses de férias parlamentares o meio de induzir a oposição a voltar ao Parlamento.

Mas, durante esse prazo, a luta, em vez de acabar, não parou de acentuar-se. O fascismo tentou amedrontar os adversários e as pessoas neutras com uma tática agressiva. Restringiu draconianamente a liberdade de imprensa. Anunciou sua intenção formal de inserir a revolução fascista no Estatuto da nação italiana. Mas esta política teve efeitos opostos dos que Mussolini esperava e precisava. O fascismo se sentiu cada vez mais isolado e bloqueado. Muitos de seus antigos aliados se negaram a segui-lo pela via da intransigência. Giolitti, Orlando, Sem Benelli, passaram à oposição. As associações de combatentes e mutilados de guerra, antes filo-fascistas, declararam sua independência de toda facção e reclamaram do governo uma política normalizadora. Os ataques da imprensa ao fascismo aumentaram. Vários jornais liberais, que até o assassinato de Matteotti tinham uma conduta filo-fascista, mudaram radicalmente o tom. *Il Giornale d'Italia*, de Roma, órgão dos liberais de direita, combate hoje o regime fascista quase com a mesma acidez que *Il Mondo*, órgão de Amendola.

Essa crise do regime fascista amadurecia gradualmente desde muito tempo antes do assassinato de Matteotti. O assassinato do deputado socialista não fez senão acelerar seu desenvolvimento e precipitar seu desenlace. Essa crise foi, sobretudo, interna. Vejamos suas causas. O fascismo não pôde definir-se a si mesmo. Continha e contém, todavia, elementos antitéticos, humores diversos, ânimas dissimiles. Para conservar a unidade deste movimento, Mussolini inventava, sucessivamente, muitas fórmulas equívocas e oportunistas. Enchia com suas abstrações e sua retórica o programa oco do partido fascista. Essa tática lhe permitiu reter em suas fileiras durante muito tempo as pessoas que concebiam o partido fascista como uma espécie de partido do patriotismo; mas que não compartilhavam as idéias nem os sentimentos de seus *condottieri* sobre a necessidade e a oportunidade de substituir integralmente o Estado demo-liberal por um Estado fascista e de criar complicações, consequentemente, para a constituição da *Terza Italia.* Por essa razão, o fascismo foi, na época de seu apogeu, mais que um partido político, um movimento de militares combatentes e mutilados de guerra. Mussolini gostou de rodear-se dos heróis da guerra. E quis sempre ver alinhados na primeira fila do fascismo os combatentes condecorados com a medalha de ouro ao valor militar. O fascismo açambarcou, até há pouco, quase todos os "medalhas de ouro" da guerra. Mas, à medida que prevaleceu no partido fascista a tendência facciosa, e que se impôs em sua teoria e em sua prática a mentalidade dos *condottieri* e dos agitadores que o definem como o instrumento de uma revolução, as fórmulas vaga e abstratamente nacionalistas já não bastaram para prolongar a artificial unidade fascista. As duas almas, as duas mentalidades do fascismo começaram a se diferenciar e a se separar.

O fascismo deixou, pouco a pouco, de deter a exclusividade ou o privilégio do patriotismo. Os combatentes e os mutilados de filiação ou de educação mais ou menos liberais e democráticas lhe retiraram seu apoio sem temor à excomunhão. A Liga Itálica de Sem Benelli e a Itália Liberal do general Peppino Garibaldi negam aos fascistas o direito de monopolizar a representação da italianidade. Ambas ligas recrutam adeptos nas categorias sociais antes aliadas ao fascismo. Mussolini perdeu dois de seus mais conspícuos "medalhas de ouro": os deputados Viola e Ponzio, de San Sebastiano. Outro "medalha de ouro", Raffele Rosetti, não só se declara anti-fascista, mas também, republicano.

Nessas condições, o fascismo chega à encruzilhada de sua história. Mussolini joga com a convocatória às eleições sua última carta. Teria de apelar às eleições mais ou cedo ou mais tarde. Mussolini, jogador de rápidas decisões, prefere que seja cedo e não tarde. Oportunista orgânico, ataca os partidos da "variegada" oposição antes que tenham tempo de poder se concertar e se articular ainda mais. Mas a oposição já lhe ganhou a principal batalha, obrigando-o a aceitar implicitamente a tese da normalização. O fascismo sustentava anteriormente que sua permanência no poder era uma questão de força. Agora a questão de força desaparece e se converte numa questão de maioria eleitoral e parlamentar. Para um partido anti-parlamentar e anti-democrático a capitulação não pode ser mais substancial e grave.

24.
A BATALHA LIBERAL NA ITÁLIA[1]

[1] Publicado originalmente em *Variedades*, Lima, Peru, 24 de janeiro de 1925.

Várias vezes me ocupei da capitulação do liberalismo e da democracia ante o fascismo. A fortuna política de Mussolini e suas brigadas de "camisas negras" não se explica senão como uma conseqüência dessa capitulação. A burguesia armou e financiou o fascismo. A imprensa demo-liberal lhe concedeu seu favor e sua ternura. O Estado tolerou seus *raids* e suas expedições anti-proletárias. Em seguida, quando o fascismo, convertido numa prepotente facção armada, exigiu o governo, a burguesia italiana quase não vacilou em entregá-lo.

A marcha sobre Roma encontrou resistência muito escassa nos fautores do ideário liberal e democrático. A burguesia pôs à disposição do fascismo seus jornais, seus políticos, seu dinheiro, todos ou quase todos seus instrumentos de domínio da opinião pública. Os deputados fascistas não eram senão trinta e cinco. A seus votos se somavam na Câmara os dos nacionalistas, os dos agrários e os de outros elementos da extrema direita; mas, ainda com essas adesões, o fascismo e o filo-fascismo constituíam no Parlamento uma minoria reduzida. Cada um dos partidos de massas, o Socialista e o Popular (ou católico), contava na Câmara com uma representação mais numerosa que a de todos os grupos de direita coligados. E os grupos liberais conservavam a maioria absoluta. O liberalismo não quis, entretanto, assumir a defesa da legalidade. Aceitou e sancionou o golpe de Estado mussoliniano. E os populares decidiram concordar também com sua adesão ao novo regime, seguindo seu exemplo. Poucos liberais se mantiveram fiéis ao programa liberal: Nitti, Amendola, Sforza, Albertini. A grande maioria, com Orlando, Giolitti e De Nicola à cabeça, capitulou ante o fascismo. (Salandra e seus liberais de direita marchavam ao lado de Mussolini desde muito antes do golpe de Estado). Os liberais e os populares deram toda sua colaboração ao primeiro gabinete de Mussolini. Colonna di Cesaró,[2] hoje um dos *leaders* da oposição de Aventino, foi um dos ministros desse gabinete.

Mais tarde, o conflito entre a mentalidade democrática e a mentalidade fascista, que nenhum acordo podia sufocar, começou a manifestar-se. Os fascistas anunciavam sua intenção de substituir o Estado demo-liberal por um Estado fascista. Esse Estado fascista não era claramente definido por seus teóricos. Atribuía-se vagamente, um mecanismo sindical. Mas, em todo caso, se lhe atribuía um caráter essencialmente anti-democrático e anti-parlamentar. Não obstante, incipiente, confusa, caótica, a teoria fascista não impressionava demasiadamente à enervada democracia italiana, mais sensível, sem dúvida, à práxis fascista, assaz violenta e categórica. O porrete, a machadinha do lictor e o óleo de rícino extirpavam, com mais eficácia e precisão que qualquer argumento, todo equívoco sobre a função e o espírito do fascismo. O grosso do Partido Popular, conduzido e inspirado por Dom Sturzo, se pronunciou contra o método fascista. Colonna di Cesaró deixou o governo. Mas essa secessão amadurecia muito lentamente.

As eleições de abril do ano passado encontraram ainda indecisa e claudicante a maioria das dispersas forças do liberalismo e da democracia. Mussolini obteve sua adesão a uma lista de candidatos governistas. Salandra, Orlando, De Nicola, Sem Benelli, figuravam nessa lista, mesclados e confundidos com os mais incandescentes "camisas negras". Giolitti, que encabeçou em sua circunscrição territorial uma lista independente, tratou de afirmar sua independência da oposição muito mais que sua independência do fascismo. Só três grupos demo-liberais enfrentaram o fascismo, regional e separadamente, nas eleições de abril: o de Colonna di Cesaró na Sicília, o de Bonomi na Lombardia e o de Amendola em Nápoles e Salerno. O resto dos liberais não soube

---

2 Giovanni Antonio Colonna di Cesaro (1878-1940), ministro dos Correios e Telégrafos entre 1922 e 1924, era conhecido como *"il duca antroposofo"*, por ser influenciado pelas doutrinas esotéricas de Rudolph Steiner.

nem quis se diferenciar do fascismo, não obstante a cada vez mais evidente incompatibilidade entre o ideário fascista e o ideário liberal.

O assassinato de Matteotti mudou a situação. O fascismo, à medida que sua responsabilidade se definia, perdia seus aliados da primeira e segunda hora. A atitude da oposição liberal teve de acentuar-se. Junto com os socialistas e os comunistas, abandonaram a Câmara os republicanos, os populares, os social-democratas de Colonna di Cesaró e os democratas constitucionais de Amendola. Ficou constituído o bloco do Aventino. *Il Corriere della Sera* do senador Albertini, antes oposicionista brando, abriu contra o fascismo uma campanha ácida. *Il Giornale d'Italia*, órgão que reflete marcadamente a opinião da burguesia da Itália meridional, rompeu com o fascismo. Vários outros jornais mudaram, igualmente, de rumo. O governo fascista começou, ademais, a perder sua antiga influência sobre as associações de combatentes e mutilados de guerra. Ricciotti e Peppino Garibaldi[3] se curvaram à oposição; Sem Benelli fundou a Liga Itálica especificamente contrária à violência fascista; dois deputados fascistas, condecorados com a "medalha de ouro", Viola e Ponzio di San Sebastiano, se separaram do fascismo. Dentro da Câmara, em torno de Giolitti e Orlando, passados definitivamente à oposição, se formou uma nova minoria. A esse bloco parlamentar aderiu recentemente Salandra, liberal de direita, que até há muito pouco mantinha relações cordialíssimas com Mussolini e os "camisas negras".

---

3 Peppino Garibaldi combateu em vários lugares ao longo da vida. Em 1897, com apenas 17 anos de idade, fugiu de Fermo e foi a Atenas, para lutar contra os turcos. Também participou da Guerra dos Boers. Com 23 anos, liderou 3. 000 rebeldes venezuelanos contra o ditador Cipriano Castro, quando foi "coronel e comandante cidadão da artilharia do exército do Oriente". Foi capturado e preso em Puerto Cabello. Escapou nadando em águas infestadas de tubarões. Em 1910, lutou ao lado de Francisco Madero contra Porfírio Diaz no México, e em 1914, junto com seus irmãos, organizou uma legião italiana de 14. 000 homens para lutar na França. Após a Itália entrar na guerra, foi voluntário e se tornou general-brigadeiro. Ele se considerava um inimigo de Mussolini. Queria duelá-lo, mas não conseguiu. Mudou-se para os Estados Unidos, indo morar em Nova Iorque. Voltou para a Itália aos 60 anos de idade. Escreveu uma carta fazendo as pazes com Mussolini.

O processo Matteotti criou, segundo o bloco do Aventino, uma questão moral. Amendola, um dos *leaders* do Aventino, a define assim: "Uma questão moral, que envolve todo o 'regime', domina a própria questão política. Todos entendem o sentido destas palavras. Afirmamos que é responsabilidade do regime haver praticado e cultivado o delito; rechaçamos a justificativa revolucionária (desmentida pela verdade histórica e que o próprio Mussolini deixou cair, num quarto de ouro, ante o cadáver lacerado de Matteotti); afirmamos a incompatibilidade entre o governo do Estado e os homens que estão mais ou menos diretamente acusados das responsabilidades criminosas do regime ou que por elas devem responder politicamente. Afirmamos, ademais, que o curso da justiça, que persegue a investigação sobre o delito, é obstaculizado pela presença de tais homens no governo". Essas palavras foram pronunciadas na assembléia celebrada há um mês e meio em Milão pela oposição do Aventino. Precisando e completando mais ainda seu sentido, disse Amendola, nesse mesmo discurso: "Sobre o terreno político é possível avançar ou retroceder; sobre o terreno moral é necessário lutar até o final".

O programa da oposição do Aventino se concretiza numa só palavra: Liberdade. Quando se traça o programa da liberdade política, da liberdade civil –dizem os grupos do Aventino para explicar sua eventual coalizão-, todos os demais problemas passam a segundo plano. Não é o caso, entretanto, de falar de um renascimento do liberalismo na Itália. Já vimos como para o bloco do Aventino a campanha contra o governo fascista se funda mais numa questão moral do que numa questão política. O fascismo acredita estar inabilitado e desqualificado para seguir exercendo o poder, não tanto por seu método ditatorial e despótico quanto pela responsabilidade que sobre seus homens pesa o assassinato de Matteotti. Se Matteotti não tivesse sido assassinado por uma notória quadrilha de "camisas negras", o liberalismo não teria reagido tão resolutamente contra o fascismo. O que enemista os fascistas e liberais mais que a teoria e a práxis do fascismo são suas conseqüências e, sobretudo, suas responsabilidades. O fascismo da marcha sobre Roma não era diferente do fascismo do processo Matteotti. Não obstante, o liberalismo, que quase não sentiu qualquer necessidade de combater o primeiro, sente uma urgência fortíssima de combater o segundo. A maioria dos liberais e dos democratas, portanto, não reage contra o fascismo; reage, sim, contra seu fracasso. É impossível ver em sua atual oposição ao fascismo um verdadeiro renascimento da idéia liberal e democrática.

Por outro lado, na oposição do Aventino se confundem burgueses e proletários. Mussolini a chama de "oposição variegada". E o termo não é, na verdade, inexato. Variegado e heterogêneo, o bloco do Aventino o é realmente. Contém grupos e programas diversos e até antitéticos: liberais de vários matizes ligados por uma comum adesão à monarquia constitucional; republicanos de ideologia mazziniana que trabalham para obter da presente crise ampliação do proselitismo da república; populares ou católicos a quem seu grande animador Dom Sturzo deu um programa social-cristão; socialistas unitários ou reformistas prontos a colaborar no governo; socialistas maximalistas que oscilam entre a tática colaboracionista e a tática intransigente. Cada um desses grupos afirma, dentro do bloco do Aventino, a independência de seu próprio programa.

Mas a batalha política que se livra atualmente na Itália contra o fascismo, não obstante tudo isto, é sempre uma batalha liberal. Os grupos que combatem Mussolini formulam este desiterato comum: a normalização. A normalização quer dizer a volta à legalidade. Claro que existem matizes e graus nesse anseio. Para alguns a legalidade é, sobretudo, um regime de ordem. Para outros a legalidade é, acima de todas as coisas, um regime de liberdade. Mas para uns e para outros significa a restauração do Estado demo-liberal. O bloco da Câmara e o bloco do Aventino defendem, simplesmente, uma restauração. Só os comunistas lutam pela revolução. O Partido Comunista tentou empurrar os grupos do Aventino para uma via revolucionária. Convidou-os a funcionar como Parlamento do povo em oposição ao Parlamento do fascismo. O bloco do Aventino evitou escutar esse convite. Aos interesses que representam Amendola, Colonna Di Cesaró, o senador Albertini e o conde Sforza lhes interessa muito que caiam Mussolini e o fascismo; mas lhes interessa muito mais, contudo, que sua queda não comprometa a sorte da burguesia. A burguesia volta à idéia liberal porque o experimento fascista a persuadiu de que as instituições e as leis liberais são consubstanciais com o desenvolvimento do capitalismo. O método fascista ou reacionário ressuscita truncadamente a Idade Média com seus *condottieri*, suas hierarquias e suas corporações. Ressuscita um ambiente histórico que estorva o livre jogo dos interesses e das forças da economia capitalista. Estimula e exaspera nas massas a tendência revolucionária. O fascismo, em suma, é uma faca de dois gumes. Não se pode voltar à Idade Média sem grandes perigos e dificuldades para a burguesia. É preferível para a burguesia a ordem democrática, que, segundo muitos augúrios, parece destinada, ou melhor dizendo, condenada, a ceder o passo a uma nova ordem.

Esse não é somente o drama da burguesia italiana. É o drama de toda a burguesia européia. Impossibilidade de voltar ao passado. Impossibilidade de aceitar o futuro.

25

NITTI[1]

[1] Publicado originalmente no livro *La escena contemporánea*, Lima, Editorial Minerva, 1925.

Nitti, Keynes[2] e Caillaux[3] ocupam a primeira fila entre os pioneiros e os teóricos da política de "reconstrução européia". Esses estadistas propõem uma política de assistência e de cooperação entre as nações e de solidariedade entre as classes. Patrocinam um programa de paz internacional e de paz social. Contra este programa insurgem as direitas que, na ordem internacional, têm uma orientação imperialista e conquistadora e, na ordem doméstica, uma orientação reacionária e anti-socialista. A aversão das extremas direitas à política batizada com o nome de "política de reconstrução européia" é uma aversão histérica, delirante e fanática. Seus clubes e lojas secretas condenaram à morte Walther Rathenau,[4] que havia proporcionado uma contribuição origi-

2 John Maynard Keynes (1883-1946), economista inglês e pioneiro da macroeconomia, estudou na Universidade de Cambridge, onde mais tarde lecionou. Em 1911, foi redator do *Economic Journal*, tornando-se, alguns anos depois, secretário e redator da Sociedade Real de Economia. Em 1919, foi o representante financeiro do Tesouro britânico na Conferência de Paz em Paris. Em 1944, foi o representante inglês na Conferência de Bretton Woods, que deu origem ao Fundo Monetário Internacional. Em 1946, foi escolhido presidente daquela instituição. Autor de *Treatise on Money* (1930) e *The General Theory of Employment, Interest and Money* (1936), seu livro mais importante.

3 Joseph Caillaux (1863-1944), formado em direito, em 1886, foi primeiro-ministro da França entre 27 de junho de 1911 e 21 de janeiro de 1912. Em 1888, foi trabalhar no Ministério das Finanças. Em 1898, eleito deputado (socialista-radical). Foi ministro das Finanças por três vezes, de 1899 a 1902, de 1906 a 1909, e em 1935. Ele tinha a reputação de ser germanófilo e pacifista. Foi preso em 1918, acusado de conspiração. Depois de solto, perdeu seus direitos políticos por dez anos. Foi anistiado em 1924 e eleito para o Senado em 1927.

4 Walther Rathenau (1867-1922), político e industrial alemão, nasceu em Berlim, estudou física, química e filosofia em Berlim e Estrasburgo, e trabalhou como engenheiro antes de se tornar membro da direção da AEG (*Allgemeine Elektricitäts-Gesellschaft*), companhia de engenharia elétrica fundada por seu pai. Acreditava que os judeus deveriam rejeitar tanto o sionismo como o socialismo, em favor de

nal, rica e inteligente ao estudo dos problemas da paz. Nitti é uma elevada figura européia. Ele não se inspira numa visão local, mas numa visão européia da política. A crise italiana é enfocada pelo pensamento e a pesquisa de Nitti apenas como uma parte, uma seção da crise mundial. Nitti escreve num dia para o *Berliner Tageblatt* de Berlim, e no outro para a *United Press* de Nova Iorque. Polemiza com homens de Paris, de Varsóvia e de Londres.

Nitti é um italiano meridional. Não tem, contudo, um temperamento tropical, frondoso e excessivo, como costumam ser os temperamentos meridionais. A dialética de Nitti é sóbria, livre e precisa. Talvez por isso não comova muito ao espírito italiano, apaixonado por uma linguagem retórica, teatral e ardente. Nitti, como Lloyd George, é um relativista da política. Não é acessível ao sectarismo da direita, nem ao da esquerda. É um político frio, cerebral e risonho, que matiza seus discursos com notas de humorismo e de ironia. É um político que, às vezes, quando governa, por exemplo, *fa dello spirito*, como dizem os italianos. Pertence a essa categoria de políticos de nossa época que nasceram sem fé nem na ideologia burguesa nem na socialista, e a quem, portanto, não repugna nenhuma transação entre a idéia nacionalista e a internacionalista, entre a idéia individualista e a coletivista. Os conservadores puros e rígidos vituperam contra esses estadistas ecléticos, permeáveis e dúcteis. Execram sua herética falta de fé na infalibilidade e na eternidade da sociedade burguesa e os declaram imorais, cínicos, derrotistas e renegados. Mas este último adjetivo, por exemplo, é terrivelmente injusto. Essa geração de

---

sua integração e de sua assimilação à vida política, social e cultural alemã. Durante a Primeira Guerra Mundial ocupou cargos de primeiro escalão no Ministério da Guerra. Foi também presidente da AEG. Teve papel primordial em preparar a economia alemã para a guerra. Era considerado um liberal moderado em política. Foi um dos fundadores do Partido Democrata Alemão. Em 1921, tornou-se ministro da Reconstrução e em 1922, ministro das Relações Exteriores. Foi assassinado em 1922, por dois oficiais direitistas do exército. Publicou *Reflektionen, Zur Kritik der Zeit, Der Neue Staat* e *Politische Briefe*, entre outros.

políticos relativistas não renegou nada, pela simples razão que nunca acreditou ortodoxamente em nada. É uma geração estruturalmente adogmática e heterodoxa. Vive equidistante das tradições do passado e das utopias do futuro. Não é futurista, nem passadista, senão "presentista", atualista. Ante as instituições velhas e as instituições vindouras, tem uma atitude agnóstica e pragmática. Mas, reconditamente, esta geração tem também uma fé, uma crença. A fé, a crença na Civilização Ocidental. A raiz de seu evolucionismo é uma devoção íntima. É refratária à reação porque teme que ela excite, estimule e inflame o ímpeto destrutivo da revolução. Pensa que o melhor modo de combater a revolução violenta é fazer ou prometer a revolução pacífica. Não se trata, para essa geração política, de conservar a velha ordem nem de criar a nova ordem: trata-se de salvar a *abendlaendische Kultur* que, segundo Oswald Spengler,[5] chegou a sua plenitude e, consequentemente, a sua decadência. Górki, justamente, classificou Nitti e Nansen[6] como dois grandes espíritos da Civilização européia. Em Nitti se percebe, de fato, através de seus ceticismos e seus relativismos, uma adesão absoluta: sua adesão à Cultura e ao Progresso europeus. Antes que italiano, ele se sente europeu, ocidental e branco. Quer, por isso, a solidariedade das nações européias, das nações ocidentais. Não lhe inquieta a sorte da Humanidade com maiúscula: lhe inquieta a sorte da humanidade ocidental, da humanidade bran-

5 Oswald Spengler (1880-1936), filósofo alemão, autor de *A decadência do Ocidente*, seu livro mais conhecido.

6 Fridtjof Nansen (1861-1930), explorador, oceanógrafo e estadista norueguês. Seus relatos de muitas expedições no Ártico e no Atlântico Norte são considerados clássicos da literatura norueguesa. Em 1888, realizou uma expedição de seis homens para cruzar a Groenlândia, onde estudou a cultura esquimó. Em 1893, realizou estudos sobre a corrente polar perto da Sibéria, através do oceano Ártico, até chegar à mais longínqua latitude já atingida até então pelo homem. Durante a Primeira Guerra Mundial, concentrou-se em atividades humanitárias e diplomáticas. Foi o ganhador do Prêmio Nobel da Paz em 1922. Autor de *Vida de esquimó* (1891), *Mais ao norte* (1897) e *Brumas do norte* (1911), uma análise crítica das explorações às regiões do norte do planeta ao longo dos séculos.

ca. Não aceita o imperialismo de uma nação européia sobre outra; mas aceita, sim, o imperialismo do mundo ocidental sobre o mundo cafre, indiano, árabe ou pele vermelha.

Sustenta Nitti, como todos os políticos da *reconstrução*, que não é possível que uma potência européia extorsione ou ataque outra, sem dano para toda a economia e vitalidade européias. Os problemas da paz revelaram a solidariedade, a unidade do organismo econômico da Europa. E a impossibilidade da restauração dos vencedores a custo da destruição dos vencidos. Aos vencedores lhes está vedada, pela primeira vez na história do mundo, a volúpia da vingança. A reconstrução européia não pode ser senão obra, comum e conjunta, de todas as grandes nações do Ocidente. Em seu livro *Europa senza pace*, Nitti recomenda as seguintes soluções: reforma da Liga das Nações, com base na participação dos vencidos; revisão dos tratados de paz; abolição da comissão de reparações; garantia militar à França; perdão recíproco das dívidas inter-aliadas, numa proporção de ao menos oitenta por cento; redução da indenização alemã a quarenta bilhões de francos ouro; reconhecimento à Alemanha do cancelamento de vinte bilhões como montante de seus pagamentos efetuados em ouro, mercadorias, navios e etc. Mas as páginas críticas, polêmicas, destrutivas de Nitti são mais sólidas e mais brilhantes do que suas páginas construtivas. Nitti descreveu com mais vigor a a crise européia do que teorizou suas soluções. Sua exposição do caos, da ruína européia é impressionantemente exata e objetiva; seu programa de reconstrução é, em contrapartida, hipotético e subjetivo.

Nitti governou a Itália numa época agitada e nervosa, de tempestade revolucionária e de ofensiva socialista. As forças proletárias estavam em seu apogeu na Itália. Cento e cinquenta deputados socialistas ingressaram na Câmara, com o cravo vermelho na lapela e as estrofes da Internacional nos lábios. A Confederação Geral do Trabalho, que representa mais de dois milhões de trabalhadores sindicalizados, atraiu para suas fileiras os sindicatos de funcionários e empregados do

Estado. A Itália parecia madura para a revolução. A política de Nitti, sob a influência desse ambiente revolucionário, teve necessariamente um tom e uma atitude demagógicos. O Estado abandonou algumas de suas posições doutrinárias, ante a pressão da ofensiva revolucionária. Nitti dirigiu sagazmente esta manobra. As direitas rebeladas e dramáticas o acusaram de debilidade e de derrotismo. Denunciaram-no como um sabotador, como um desvalorizador da autoridade do Estado. Convidaram-no à repressão inflexível da agitação proletária. Mas essas inquietações, essas apreensões e esses gritos das direitas não comoveram Nitti. Com olhar atento e hábil, compreendeu que opor à revolução um dique granítico era provocar, talvez, uma insurreição violenta. E que era melhor abrir todas as válvulas do Estado para o escape dos gases explosivos, acumulados por causa das dores da guerra e dos descontroles da paz. Obediente a esse conceito, negou-se a castigar as greves de ferroviários e telegrafistas do Estado e a usar rigidamente as armas da lei, dos tribunais e dos gendarmes. Em meio ao escândalo e à consternação das direitas, voltou à Itália, anistiado, o líder anarquista Errico Malatesta. E os delegados do Partido Socialista e dos sindicatos, com passaportes regulares do governo, foram para Moscou, a fim de assistir ao Congresso da Terceira Internacional. Nitti e a monarquia flertavam com o socialismo. O diretor de *La Nazione* de Florença me dizia naquela época: "*Nitti lascia andare*". Agora se percebe que, historicamente, Nitti, salvou a burguesia italiana dos assaltos da revolução. Sua política transacional, elástica e demagógica estava ditada e imposta pelas circunstâncias históricas.

Mas, na política como na guerra, a popularidade não corteja os generalíssimos das grandes retiradas, mas os generalíssimos das grandes batalhas. Quando a ofensiva revolucionária começou a esgotar-se e a reação a contra-atacar, Nitti foi retirado do governo por Giolitti. Com Giolitti a onda revolucionária chegou a sua plenitude, no episódio da ocupação das usinas metalúrgicas. E entraram em ação Mussolini, os *camisas negras* e o fascismo. As esquerdas, voltaram contudo à ofensiva. As eleições de 1921, apesar das guerrilhas fascistas, reabriram o Parlamento a cento e trinta e seis socialistas. Nitti, contra cuja candidatura se organizou uma grande cruzada das direitas, voltou também às Câmaras. Vários jornais caíram na órbita nittiana. Apareceram em Roma *Il Paese* e *Il Mondo*. Os socialistas, divorciados dos comunistas, estiveram próximos da colaboração governista. Anunciou-se a iminência de uma coalizão social-democrática dirigida por De Nicola ou por Nitti. Mas os socialistas, cindidos e vacilantes, se detiveram no umbral do governo. A reação acometeu resolutamente à conquista do poder. Os fascistas marcharam sobre Roma e varreram de um sopro ao raquítico, timorato e medroso governo Facta. E a ditadura de Mussolini dispersou os grupos democratas e liberais.

A burguesia italiana, depois, se uniformizou oportunisticamente de camisa negra. Nitti, embora oportunista, mas menos flexível que Lloyd George, não se submeteu às paixões atuais da multidão. Voltou a sua vida de estudioso, de pesquisador e de catedrático.

O instante não é favorável aos homens de seu tipo. Nitti não fala uma linguagem passional, mas uma linguagem intelectual. Não é um líder de tribuna, nem é tumultuoso. É um homem de ciência, da universidade e da academia. E nesta época de neo-romantismo, as multidões não querem estadistas, mas caudilhos; não querem sagazes pensadores, mas bizarros, míticos e taumatúrgicos comandantes.

O programa de reconstrução européia proposto por Nitti é tipicamente o programa de um economista. Nitti, saturado do pensamento de seu século, tende à interpretação econômica, positivista, da história. Alguns de seus críticos lamentam precisamente sua inclinação sistemática a considerar exclusivamente o aspecto econômico dos fenômenos históricos e a descuidar o aspecto moral e psicológico. Nitti crê, fundamentalmente, que a solução dos problemas econômicos da paz resolveria a crise. E exercita toda sua influência de estadista e de líder para conduzir a Europa a essa solução. Mas, a dificuldade que existe, para que a Europa aceite um programa de cooperação e de assistência internacionais, revela, provavelmente, que as raízes da crise são mais profundas e invisíveis. O obscurecimento do bom senso ocidental não é uma causa da crise, mas um dos seus sintomas, efeitos e expressões.

26.

MARINETTI E O FUTURISMO[1]

[1] Publicado originalmente no livro *La escena contemporánea*, Lima, Editorial Minerva, 1925.

O futurismo não é – como o cubismo, o expressionismo e o dadaísmo- unicamente uma escola ou tendência de arte de vanguarda. É, sobretudo, uma coisa peculiar da vida italiana. O futurismo não produziu, como o cubismo, o expressionismo e o dadaísmo, um conceito ou uma forma definida ou peculiar de criação artística. Adotou, parcial ou totalmente, conceitos ou formas de movimentos afins. Mais que um esforço de edificação de uma nova arte, representou um esforço de destruição da velha arte. Não apenas aspirou ser um movimento de renovação artística, mas também um movimento de renovação política. Tentou ser quase uma filosofia. E, nesse aspecto, teve raízes espirituais que se confundem ou enlaçam com as de outros fenômenos da história contemporânea da Itália.

Completam-se quinze anos do batismo do futurismo. Em fevereiro de 1909, Marinetti e outros artistas subscreveram e publicaram em Paris o primeiro manifesto futurista. O futurismo aspirava ser um movimento internacional. Nascia, por isso, em Paris. Mas estava destinado a adquirir, pouco a pouco, uma fisionomia e uma essência fundamentalmente italianas. Seu *duce*, seu animador, seu caudilho, era um artista de temperamento italianíssimo: Marinetti, exemplar típico de latino, de italiano, de meridional. Marinetti percorreu quase toda a Europa. Deu conferências em Paris, em Londres, em Petrogrado. O futurismo, contudo, não chegou a aclimatar-se duradoura e vitalmente senão na Itália. Houve um instante em que militaram nos quadros do futurismo os mais substanciosos artistas da Itália atual: Papini, Govoni, Palazeschi, Folgore e outros. O futurismo era então um impetuoso e complexo afã de renovação.

Seus líderes quiseram que o futurismo se convertesse numa doutrina, num dogma. Os sucessivos manifestos futuristas tenderam a definir essa doutrina, esse dogma. Em abril de 1909 apareceu o famoso manifesto contra o "*clair de lune*". Em abril de 1910, o manifesto técnico da pintura futurista, assinado por Boccioni,[2] Carrá,[3] Russolo,[4] Balla,[5] Severini,[6] e o manifesto contra Veneza passadista. Em janeiro de 1911, o manifesto da mulher futurista por Valentine

---

2 Umberto Boccioni (1882-1916), pintor, escultor e um dos principais teóricos do futurismo. Formou-se em Roma, no ateliê de Giácomo Balla. Conheceu Marinetti em Milão, em 1908 e em seguida aderiu ao movimento futurista. Redigiu o *Manifesto técnico de pintura futurista* e em 1916, publicou em Nápoles o *Manifesto de pintores meridionais*. Expôs em Paris, Londres, Roma e São Francisco. Na França, chegou a conhecer Pablo Picasso. Lutou na Primeira Guerra Mundial, servindo na cavalaria. Perdeu a vida após uma queda de cavalo, durante exercícios militares.

3 Carlo Carrà (1881-1966), artista futurista nascido em Quargnento. Em 1895 foi viver em Milão e entre 1899 e 1900, em Paris, onde decorou pavilhões da exposição universal. Mais tarde, em Londres, conheceu vários anarquistas e estudou as obras de Marx e Bakunin. Em 1904 e 1905, cursa a *Scuola Serace D'Arte Applicata* em Milão e em 1906 se inscreve na *Accademia di Brera*. Em 1910, assina o *Manifesto dos pintores futuristas* de Marinetti. Escreveu *Parlata su Gioto, Paolo Uccelo Costruttore* e *La Voce*. Mais tarde, aderiu à escola metafísica. Em 1944 foi nomeado professor de pintura da Academia de Brera.

4 Luigi Russolo (1885-1947), compositor e pintor italiano. Estudou na *Accademia di Belle Arti di Brera*. Era outro artista futurista. Assinou o manifesto *L'Arte dei rumori*. É considerado um dos precursores da moderna música eletrônica.

5 Giacomo Bala (1871-1958), nascido em Turim, foi basicamente um autodidata, ainda que tenha frequentado brevemente um curso de desenho na *Accademia Albertina* em sua cidade natal. Em 1895 se muda para Roma e em 1900, visita a exposição universal em Paris. Assinou o *Manifesto dos pintores futurista*, em 1910. Também se envolveu com teatro e com arte decorativa. Por um curto período, aderiu ao "segundo" futurismo de Marinetti. Assinou o *Manifesto Dell'Aeropittura*, de 1929, participando da primeira mostra de *aeropittura* futurista em Roma, em 1931. A partir daí, se afastou da arte futurista.

6 Gino Severini (1883-1966), pintor italiano nascido em Cortona. Conheceu Picasso, Braque, Juan Gris e Appolinaire, participando do início do cubismo. Escreveu *Dal Cubismo al Classicismo* e *Tutta la Vita di un Pittore*. Assinou o *Manifesto dos pintores futuristas* de 1910. Em 1912, organizou a Primeira Mostra de arte futurista. Entre 1924 e 1934, sofreu uma crise religiosa e começou a se dedicar à arte sacra. E entre 1949 e 1950, irá participar do projeto da coleção Verzocchi, com o tema "o mundo do trabalho".

de Saint Point.[7] Em abril de 1912 o manifesto da escultura futurista por Boccioni. Em maio, o manifesto da literatura futurista por Marinetti. Na pintura, os futuristas levantaram a seguinte questão: que o movimento e a luz destroem a materialidade dos corpos. Na música, iniciaram a tendência de interpretar a alma musical das multidões, das fábricas, dos trens, dos transatlânticos. Na literatura, inventaram as *palavras em liberdade*. As *palavras em liberdade* são uma literatura sem sintaxe e sem coerência. Marinetti a definiu como uma obra de "imaginação sem cordéis".

Em outubro de 1913, os futuristas passaram da arte à política. Publicaram um programa político que não era, como os programas anteriores, um programa internacional, mas um programa italiano, que propunha uma política externa "agressiva, astuta, cínica". Na ordem exterior, o futurismo se declarava imperialista, conquistador, guerreiro. Aspirava uma anacrônica restauração da Roma Imperial. Na ordem interna, se declarava anti-socialista e anti-clerical. Seu programa, em suma, não era revolucionário, mas reacionário. Não era futurista, mas passadista. Concepção de literatos, se inspirava somente em razões estéticas.

Vieram, em seguida, o manifesto da arquitetura futurista e o manifesto do teatro sintético futurista. O futurismo completou, assim, seu programa *omnibus*. Já não era uma tendência senão um feixe de tendências. Marinetti dava a todas estas tendências uma alma e uma literatura comuns. Ele era nessa época um dos personagens mais interessantes e originais do mundo ocidental. Alguém o chamou "a cafeína da Europa".

7 Anna Jeanne Valentine Marianne Desglans de Cessiat-Cercell ou Valentine de Saint-Point (1875-1953), poetisa, romancista, pintora e dançarina francesa. Ela se casou com o professor Florian Perrenot em 1883, e com o futuro ministro da III República, Charles Dumont, em 1900. Mais tarde, se divorciou e foi viver com Ricciotto Canudo, um crítico de arte. Em 1912, escreveu o *Manifeste de la Femme Futuriste*, como reação às idéias misóginas do Manifesto Futurista de Marinetti. Ingressou na Cruz Vermelha durante a Primeira Guerra Mundial. Após o conflito, se converteu ao islã. Em 1924, foi viver no Cairo, onde se tornou uma militante do nacionalismo árabe. Escreveu *Poèmes de la Mer et du Soleil*, *Une Femme et le Desir*, *La Guerre*, *Poème Héroïque* e *Le Secret des Inquietudes*, entre outros.

Marinetti foi na Itália um dos mais ativos agentes belicistas. A literatura futurista aclamava a guerra como a "única higiene do mundo". Os futuristas incitaram a Itália à conquista de Tripolitânia. Soldado dessa empresa bélica, Marinetti extraiu dela vários motivos e ritmos para seus poemas e seus livros. *Mafarka*, por exemplo, é um romance de ostensiva e cálida inspiração africana. Mais tarde, Marinetti e seus sequazes se incluíram entre os maiores agitadores e apoiadores do ataque à Áustria.

A guerra deu aos futuristas uma ocupação adequada a seus gostos e aptidões. A paz, em contrapartida, lhes foi hostil. Os sofrimentos da guerra geraram uma explosão de pacifismo. A tendência imperialista e guerreira declinou na Itália. O Partido Socialista e o partido católico ganharam as eleições e influíram acentuadamente nos rumos do poder. Ao mesmo tempo imigraram para a Itália novos conceitos e formas artísticas francesas, alemãs, russas. O futurismo deixou de monopolizar a arte de vanguarda. Carrá e outros divulgaram na revista *Valori Plastici* as novíssimas correntes da arte russa e da arte alemã. Evolá[8] fundou em Roma uma capela dadaísta. A casa de arte Bragaglia e sua revista *Cronache di Attualitá* alojaram as mais seletas expressões da arte européia de vanguarda. Marinetti, nervosamente dinâmico, não desapareceu

8 Giulio Cesare Andrea Evola (1898-1974), nascido em Roma, de uma família nobre siciliana, lutou na Primeira Guerra Mundial como oficial de artilharia. Participou brevemente do movimento futurista. Foi um expoente do dadaísmo na Itália. Colaborou com o *Revue Bleu*. Em 1922, abandonou a pintura e a poesia. Começou a se envolver com temas esotéricos, ocultismo, alquimia, magia, lamaísmo tibetano e ioga tântrica. Em 1927, fundou o Gruppo Diur para estudar esoterismo. Começou a apoiar o fascismo. Queria substituir a tradição judaico-cristã por um imperialismo pagão na Itália. Publicou a revista *Torre* em 1930. Conservador e elitista, achava que o fascismo "oficial" tinha tendências demagógicas. Ainda assim, escrevia na página de cultura de *Regime Fascista*. Era considerado um fascista radical, mas não era membro do PNF. Foi morar em Rastenburg, Alemanha, onde trabalhou para a SS nazista. Ficou paralisado após um bombardeio soviético. E depois da Segunda Guerra Mundial, continuou trabalhando com o esoterismo. Escreveu *O poder da ioga: tantra, shakti e o caminho secreto*, *Eros e os mistérios do amor: a metafísica do sexo*, *Meditação nos picos das montanhas: o montanhismo como metáfora para a busca espiritual*, *O caminho da iluminação segundo os mistérios mitráicos*, *Zen: a religião do samurai* e *Taoísmo: a magia, o misticismo*.

nem um minuto da cena. Organizou com um de seus correligionários, o poeta Cangiullo,[9] uma temporada de teatro futurista. Dissertou em Paris e em Roma sobre o tatitlismo. E não esqueceu a política. O bolchevismo era a novidade do instante. Marinetti escreveu *Além do comunismo.* Sustentou que a ideologia futurista marchava à frente da ideologia comunista. E aderiu ao movimento fascista.

O futurismo é um dos ingredientes espirituais e históricos do fascismo. A propósito de D'Annunzio, disse que o fascismo é d'annunziano. O futurismo, por sua vez, é uma face do d'annunzianismo. Melhor dito, d'annunzianismo e marinettismo são aspectos solidários do mesmo fenômeno. Nada importa que D'Annunzio se apresente como um apaixonado da forma clássica e Marinetti como seu destruidor. O temperamento de Marinetti é, como o de D'Annunzio, um temperamento pagão, esteta, aristocrático, individualista. O paganismo de D'Annunzio se exaspera e extrema em Marinetti. Marinetti foi na Itália um dos mais furiosos adversários do pensamento cristão. Arturo Labriola considera acertadamente Marinetti como um dos forjadores psicológicos do fascismo. Recorda que Marinetti preconizou à juventude italiana o culto da violência, o desprezo dos sentimentos humanitários, a adesão à guerra, etc.

E o ambiente fascista, por isso, propiciou um retorno do futurismo. A seita futurista se encontra ainda em plena atividade. Marinetti volta a soar buliciosamente na Itália com motivo de seu livro sobre *Futurismo e Fascismo.* Num escrito desse livro, já publicado em sua revista *Noi,* reafirma sua filiação nietzscheana e romântica.

---

9 Francesco Cangiullo (1884-1977), poeta, escritor e pintor italiano. Participou da *Esposizione Libera Futurista Internazionale* em Roma, em 1914. Publicou o manifesto *Il Mobilio Futurista,* em 1920. Diretor-artístico da *Compagnia del Teatro della Sorpresa,* em 1921. Publicou, com Marinetti, o manifesto *Il Teatro della Sorpresa.* Colaborou com *Lacerda* e *La Fiera Letteraria,* assim como com os jornais *Il Tempo, Il Mattino* e *Il Giornale d'Itália.* É autor de *Piedigrotta* (1916), *Café Concerto, Alfabeto a Sorpresa* (1916) e *Le Serate Futuriste* (1930). Deixou o futurismo em 1924.

Preconiza o advento pagão de uma "Artecracia". Sonha com uma sociedade organizada e regida por artistas, em vez desta sociedade organizada e regida por políticos. Opõe à idéia coletivista da Igualdade a idéia individualista da Desigualdade. Arremete contra a Justiça, a Fraternidade e a Democracia.

Mas, politicamente, o futurismo foi absorvido pelo fascismo. Dois escritores futuristas, Settimelli[10] e Carli,[11] dirigem em Roma o jornal *L'Impero*, extremamente reacionário e fascista. Settimelli diz num artigo de *L'Impero* que "a monarquia absoluta é o regime mais perfeito". O futurismo renegou, sobretudo, seus antecedentes anticlericais e iconoclastas. Antes, o futurismo queria extirpar da Itália os museus e o Vaticano. Agora, os compromissos do fascismo o fizeram desistir desse anseio. O Fascismo se mancomunou com a Monarquia e com a Igreja. Todas as forças tradicionalistas, todas as forças do passado, tendem, necessária e historicamente, a confluir. O futurismo se torna, assim, paradoxalmente passadista. Sob o governo de Mussolini e os camisas negras, seu símbolo é o *fascio littorio* da Roma Imperial.

---

10 Emilio Settimelli (1891-1954), editor, junto com Mário Carli, do *L'Impero*. Dirigiu também a revista *L'Italia Futurista*, com Bruno Corra. Juntamente com Marinetti e Mário Carli, fundou *Roma Futurista*. Assinou o Manifesto do Teatro Sintético Futurista em 1915, em Milão e também o Manifesto do Cinema Futurista, em 1916. Dirigiu a revista *Dinamo*. Um dos líderes da facção futurista que apoiava o fascismo. Foi membro do Partido Político Futurista, mais conhecido como Partido Futurista Italiano, com Marinetti e Mário Carli, entre alguns outros.

11 Mário Carli (1888-1935), poeta, romancista, ensaísta, diplomata e jornalista, nasceu em San Severo e cresceu em Florença, onde conheceu Marinetti na década de 1910. Tornou-se um futurista e membro da *Pattuglia Azzurra*. Lutou na Primeira Guerra Mundial. Depois, apoiou os *arditi*, Mussolini e os fascistas. Amigo de Emilio Settimeli, publicou *L'Impero*. Foi consul-geral da Itália em Porto Alegre. Escreveu o romance *Retroscena* (1915), *Con D'Annunzio a Fiume* (1920) e *Mia Divinità* (1923), entre outros.

27.

A DEMOCRACIA CATÓLICA[1]

[1] Publicado originalmente no livro *La escena contemporánea*, Lima, Editorial Minerva, 1925.

O acordo entre a Democracia e a Igreja Católica, depois dos rancores recíprocos terem sido cancelados e curados, produziu na Europa um partido político de tipo mais ou menos internacional que, em vários países, tenta um ensaio de reconstrução social sobre bases democráticas e cristãs.

Essa democracia católica ou catolicismo democrático prosperou, marcadamente, na Europa Central. Na Alemanha, onde se chama *centro católico*, um de seus grandes condutores, Erzberger,[2] que morreu assassinado por um pangermanista, teve um papel de destaque nos primeiros anos da república. Na Áustria governam os democratas católicos. Na França, em contrapartida, os católicos andam dispersos e em desacordo. Alguns, os da nobreza orleanista, militam nos quadros de Maurras[3] e *L'Action Française*. Outros, de filiação republicana, se diluem nos partidos do bloco nacional. Outros, finalmente, seguem uma orientação democrática e pacifista. O líder destes últimos

---

2 Matthias Erzberger (1875-1921), político e jornalista, nascido em Wurttemberg, trabalhou no *Deutsches Volksblatt*. Foi eleito para o *Reichstag* em 1903. Apoiou a entrada da Alemanha na Primeira Guerra Mundial, mas depois exigiu uma paz negociada. Em 1918, encabeçou a delegação alemã que assinou o armistício. Em 1919, tornou-se ministro das Finanças. Endossou o Tratado de Versalhes. Foi assassinado em Baden, por membros dos *Freikorps*, em 1921.

3 Charles Maurras (1868-1952), poeta e jornalista francês. Ingressou na *Action Française*, foi diretor do *La Revue de L'Action Française*, que depois tornou-se um jornal diário, mudando o nome para apenas *L'Action Française*. Principal expoente do movimento anti-dreyfusard. Nacionalista, elitista e monarquista, era admirador de Augusto Comte. Em 1938, foi eleito para a *Acádemie Française*. Foi preso em 1944 e sentenciado a pena capital por colaboração com a Alemanha nazista. Sua sentença foi depois comutada para prisão perpétua. Foi também expulso da *Académie Française*. Maurras foi solto em 1952. É autor de *Le Chemin du Paradis, Mythes et Fabliaux* (1894), *L'Idée de Décentralisation* (1898), *L'Avenir de L'Intelligence* (1905) e *Mes Idées Politiques* (1937), entre outros.

elementos é o deputado Marc Sangnier,[4] propugnador, fervoroso e místico, de uma reconciliação franco-alemã.

Mas foi na Itália onde a democracia católica teve uma atividade mais vigorosa, conhecida e característica.

Dom Sturzo, um padre de grande capacidade organizativa e de sagaz inteligência, foi quem as concentrou e mobilizou cinco anos atrás, sob o nome de Partido Popular (ou populista). E o sumário de sua história ilustra claramente o caráter e o conteúdo internacionais desta corrente política.

Antes de 1919 os católicos italianos não intervinham na política como partido. Seu confessionalismo os vedava. Os sentimentos da resistência e da luta contra o liberalismo, responsáveis pela unidade italiana sob a dinastia da casa Saboya, estavam ainda demasiadamente vivos. O liberalismo ainda estava bastante impregnado de espírito anticlerical e maçônico. Os católicos se sentiam ligados à atitude do Vaticano ante o Estado italiano. Entre os católicos e os liberais, um pacto de paz havia acalmado algumas acérrimas discrepâncias. Mas entre uns e outros se interpunha a lembrança e as conseqüências do *Vinte de Setembro* histórico.

A guerra, liquidada com escassa vantagem para a Itália, preparou o retorno oficial dos católicos à política italiana. As antigas facções liberais, desacreditadas pelos descontroles da paz, haviam perdido uma parte de sua autoridade. As massas afluíam ao socialismo, decepcionadas com a idéia liberal e seus homens. Dom Sturzo aproveitou a ocasião para atrair uma parte do povo à idéia católica, convenientemente modernizada e habilmente

---

4 Marc Sangnier (1873-1950), jornalista e político pacifista francês. Militante de um catolicismo progressista e defensor de um movimento de educação popular, fundou o diário *La Démocratie*, assim como a Liga da Jovem República. Lutou pela igualdade cívica das mulheres e pelo voto proporcional. Lutou na Primeira Guerra Mundial, sendo condecorado com a *Croix de Guerre* e com a *Légion D'Honneur*. Depois do conflito, foi eleito deputado. Criou o jornal *L'Éveil des Peuples*. Colaborou com a resistência francesa durante a Segunda Guerra Mundial e foi preso pela Gestapo. Depois da guerra, foi novamente eleito deputado pelo Movimento Republicano Popular. Autor de *L'Education Sociale du People* (1899), *Le Sillon, Esprit et Méthodes* (1905), *Une Méthode D'Education Démocratique* (1906) e *La Lutte Pour la Démocratie* (1908).

ornamentada com motivos democráticos. Dom Sturzo já tinha arregimentado em ligas e sindicatos os trabalhadores católicos, que, se eram minoria na cidade, abundavam e predominavam no campo. Estas associações de trabalhadores, para as quais Dom Sturzo e seus correligionários falavam uma linguagem um tanto influenciada pelo socialismo, foram a base do Partido Popular. A elas se sobrepuseram os elementos católicos da burguesia e ainda muitos da aristocracia, antes opostos a toda aceitação formal do regime fundado por Vittorio Manuele,[5] Garibaldi,[6] Cavour[7] e Mazzini.[8]

---

5 Vittorio Emanuele II (1820-1878), nascido em Turim, ocupou o trono da Sardenha em 1849. Foi proclamado o primeiro rei da Itália em 1849.

6 Giuseppe Garibaldi (1807-1882), nacionalista e um dos artífices do moderno Estado italiano, lutou pela independência e unificação do país. Quando jovem, foi influenciado pelas idéias de Henri Saint-Simon. Era um marinheiro e um aventureiro. Uniu-se à Jovem Itália. Participou da fracassada insurreição de Gênova, fugindo para Marselha e de lá, para o Brasil. Foi uma importante figura na Guerra dos Farrapos ou Revolução Farroupilha. Casou-se com Ana Maria de Jesus Ribeiro, conhecida como Anita Garibaldi. Teve quatro filhos com ela. Do Brasil, foi para Montevidéu. Em 1842, foi nomeado capitão da frota uruguaia. Lutou contra o ditador argentino Juan Manuel de Rosas. Em Montevidéu, organizou os "camisas vermelhas". Suas tropas foram essenciais para evitar a tomada da capital pelo ditador argentino. Em 1848, voltou à Itália, onde lutou pela unificação do país. Em 1849, foi eleito deputado republicano na Assembléia Constituinte da República Romana. De lá, ainda foi viver, exilado, em Tânger, nos Estados Unidos e no Peru. Voltou a ser capitão da marinha mercante. Retornou à Itália em 1859, onde participaria da segunda guerra de independência, nomeado por Cavour comandante das forças piemontesas. Em 1860, ajudou na conquista da Sicília. Entre 1862 e 1866, tentou, sem êxito, tomar Roma. Em 1866, lutou pela libertação de Veneza e depois, também dos Estados pontifícios. Lutou com a França contra a Áustria. Em 1875, foi deputado do Parlamento italiano. Foi uma das maiores personalidades italianas de sua época.

7 Camillo Benso, Conde de Cavour (1810-1861), estadista e líder da unificação italiana. Nascido em Turim, foi colocado no exército quando ainda era criança. Mais tarde, foi alistado no Corpo de Engenheiros do exército de Piemonte-Sardenha. Viveu um tempo na Suíça. Trabalhou no jornal *Il Risorgimento*, de Turim. Foi membro da Câmara dos Deputados, ministro da Marinha, Comércio e Agricultura em 1850, e ministro das Finanças em 1851. Em 1852, tornou-se primeiro-ministro de Piemonte. Mais tarde, também se tornou primeiro-ministro da Itália unificada.

8 Giuseppe Mazzini (1805-1872), político e revolucionário italiano, ideólogo do *Risorgimento*. Em 1830, tornou-se membro da Carbonária. Em Marselha, fundou o movimento político *Jovem Itália*. Foi um dos artífices da unificação italiana na metade do século XIX. Por ser um defensor dos ideais republicanos, lutou contra a monarquia. Esteve a maior parte do tempo no exílio.

O novo partido, a fim de poder colaborar livremente com esse regime, declarou em seu programa sua independência do Vaticano. Mas essa era uma questão formal. Tratava-se, na teoria e na prática, de um grupo católico destinado a usar sua influência política para reconquistar através da Igreja algumas posições morais –a Educação sobretudo-, das quais cinqüenta anos de política demo-maçônica a haviam afastado.

Favorecido pelas mesmas circunstâncias ambientais e as mesmas conjunturas políticas que auspiciaram seu nascimento, o partido católico italiano obteve uma estrondosa vitória nas eleições de 1919. Conquistou cem assentos na Câmara. Passou a ser o grupo mais numeroso no Parlamento, depois dos socialistas, donos de cento e cinqüenta e seis votos. A colaboração dos populares tornou-se indispensável para a sustentação de um governo monárquico. Nitti, Giolitti, Bonomi e Facta[9] se apoiaram, sucessivamente, nessa colaboração. O Partido Popular era a base de toda combinação governamental. Nas eleições de 1921 o número de deputados populares aumentou de 101 para 109. A força político de Sturzo, secretário-geral e líder dos populares, cresceu extraordinariamente.

Mas a solidez do partido católico italiano era circunstancial, temporal e precária. Sua composição ostensivamente heterogênea continha os germes de uma cisão inevitável. Os elementos direitistas do partido, por causa de seus interesses econômicos, tendiam a uma política anti-socialista. Os elementos esquerdistas, sustentados por numerosas falanges camponesas, reclamavam, por outro lado, um rumo

---

9 Luigi Facta (1861-1930), político e jornalista italiano. Nasceu em Pinerolo, Piemonte. Estudou direito, mas se tornou jornalista. Foi eleito para a Câmara dos Deputados em 1892. Membro do Partido Liberal Italiano, foi ministro das Finanças entre 1910 e 1912, e de 1917 a 1924. Apoiou a neutralidade da Itália na Primeira Guerra Mundial, mas também foi a favor da intervenção, quando o país entrou no conflito. Foi primeiro-ministro entre fevereiro e julho de 1922. Depois foi novamente indicado para primeiro-ministro pelo rei, para mais tarde ser destituído do cargo pelo monarca, quando este pediu a Mussolini que formasse um governo.

social-democrático. A coesão e a unidade da democracia católica italiana dependiam, consequentemente, da persistência de uma política centrista no governo. Se apenas a direita reacionária ou a esquerda revolucionária prevalecessem, o centro, do qual os populares eram o eixo, iria se romper.

Com o desenvolvimento do movimento fascista, ou seja, da ameaça reacionária, se iniciou a crise do Partido Popular. Miglioli[10] e outros líderes da esquerda católica trabalharam a favor de uma coalizão popular-socialista chamada a reforçar decisivamente a política centrista e evolucionista. Uma parte do Partido Socialista, já abandonado pelos comunistas, era igualmente favorável à formação de um bloco de populares, socialistas e nittianos. Advertia-se, em um ou outro setor, que só esse bloco poderia resistir à onda fascista. Mas os esforços para criá-lo eram neutralizados, parte dos populares, pela ação da corrente conservadora, e da parte dos socialistas, pela ação da corrente revolucionária, ambas sem a intenção de unificar-se numa base centrista.

Mais tarde, a instalação da ditadura fascista e o ostracismo da política democrática deram um golpe fatal ao partido de Dom Sturzo. Os populares capitularam ante o fascismo. Deram-lhe a colaboração de seus homens no governo e de seus votos no Parlamento. E esta colaboração trouxe acoplada a absorção pelo fascismo das camadas conservadoras do Partido Popular. Através de uma política de flertes com o Vaticano e de concessões à Igreja no ensino, Mussolini atraiu para si a direita católica. Seus ataques contra as conquistas dos trabalhadores e seus favores visando os interesses dos capitalistas engendraram, em contrapartida, na fração operária do Partido Popular, uma crescente oposição aos métodos fascistas. À medida que se aproximavam as eleições, essa crise se agravava.

10 Guido Miglioli (1879-1954), nascido em Pozzaglio, foi deputado entre 1913 e 1923 pelo Partido Popular. Foi dirigente da Liga Católica Camponesa. Com a ascensão do fascismo, foi exilado.

Atualmente, a democracia católica italiana está em pleno período de desagregação. A direita se submeteu ao fascismo. O centro, obediente a Dom Sturzo, reafirmou sua filiação democrática.

A posição histórica dos partidos católicos nos outros países é substancialmente a mesma. A sorte desses partidos está indissoluvelmente ligada à sorte da política centrista e democrática. Onde essa política é vencida pela política reacionária, a democracia católica se enfraquece e se dissolve. É que a crise política contemporânea não é, em particular, uma crise da democracia não religiosa, mas, em geral, uma crise da democracia capitalista. E, consequentemente, de nada serve substituir seu traje laico por um traje católico. Nestas coisas, como em outras, o hábito não faz o monge.

28.
A POLÍTICA SOCIALISTA NA ITÁLIA[1]

[1] Publicado originalmente no livro *La escena contemporánea*, Lima, Editorial Minerva, 1925.

A história do socialismo italiano se conecta, na teoria e na prática, com toda a história do socialismo europeu. Divide-se em dois períodos bem demarcados: o período pré-bélico e o período pós-bélico. Enfoquemos, neste estudo, o segundo período, que começou, definida e claramente, em 1919, quando as conseqüências econômicas e psicológicas da guerra e a influência da revolução russa criaram na Itália uma situação revolucionária.

As forças socialistas chegaram naquele instante ainda unidas e compactas. O Partido Socialista italiano, apesar da crise e das polêmicas intestinas de vinte anos, conservava sua unidade. As dissidências e as secessões de seu processo de formação –que haviam eliminado sucessivamente de seu seio o bakuninismo de Galleani, o sindicalismo soreliano de Enrique Leone e o reformismo colaboracionista de Bissolati e Bonomi- não haviam engendrado, nas massas operárias, um movimento concorrente. Os pequenos grupos que fora do socialismo oficial trabalham para atrair as massas para sua doutrina, não eram verdadeiros concorrentes para o Partido Socialista. Os reformistas de Bissolati e de Bonomi não constituíam, na realidade, um setor socialista. Haviam-se deixado absorver pela democracia burguesa. O Partido Socialista dominava a Confederação Geral do Trabalho, que reunia em seus sindicatos dois milhões de trabalhadores. O desenvolvimento do movimento operário se encontrava em sua plenitude.

Mas a unidade era só formal. Amadurecia no socialismo italiano, como em todo o socialismo europeu, uma nova consciência, um novo espírito. Essa nova consciência e esse novo espírito esforçavam-se em dar ao socialismo um rumo revolucionário. No entanto, a velha guarda socialista, habituada a uma tática oportunista e democrática, defendia, obstinadamente sua política tradicional. Os antigos líderes, Turati,

Treves, Modigliani[2] e D'Aragona[3] não acreditavam que houvesse chegado a hora da revolução. Aferravam-se a seu velho método. O método do socialismo italiano havia sido, até então, revolucionário na teoria; mas reformista na prática. Os socialistas não haviam colaborado em nenhum governo; mas desde a oposição parlamentar haviam influído na política governamental. Os lideres parlamentares e sindicais do socialismo representavam essa *praxis*. Não podiam, consequentemente, adaptar-se a uma tática revolucionária.

Duas mentalidades, duas almas diversas, que conviviam dentro do socialismo, tendiam cada vez mais a se diferenciar e se separar. No Congresso socialista de Bolonha (outubro de 1919) a polêmica entre ambas tendências foi ardorosa e acérrima. Mas a ruptura ainda pôde ser evitada. A tendência revolucionária triunfou no Congresso; e a reformista se curvou, disciplinadamente, ante o voto da maioria. As eleições de novembro de 1919 robusteceram logo a autoridade e a influência da ala vitoriosa em Bolonha. O Partido Socialista obteve, nessas eleições, três milhões de votos. Cen-

2 Giuseppe Emmanuele Modigliani (1872-1947), irmão do pintor Amedeo Modigliani, era formado em direito e foi um defensor da reforma educacional e da previdência. Presidente do Sindicato dos Vidreiros. Deputado pacifista. Em 1926, com a ascensão do fascismo, exilou-se em Paris. De lá, foi para a Suíça. Colaborador do *New Leader*. Em 1947, voltou para a Itália. Tornou-se deputado socialista. Membro da ala direita do PSI e militante contra o fascismo.

3 Ludovico D'Aragona (1876-1961), ingressou no Partito Socialista dei Lavoratori Italiani em 1892. Exilado na França em 1895 e na Suíça em 1898. Eleito secretário administrativo da Câmara do Trabalho de Milão e secretário da Câmara do Trabalho de Brescia, Pavia e Genova-Sampierdarena. Em 1900, conselheiro comunal socialista de Milão. Ocupou o cargo várias vezes. Redator da *La Confederazione del Lavoro*. Entre 1919 e 1924, deputado socialista. Em 1922, entrou no PSU. Foi secretário-geral da CGL. Eleito para a Assembléia Constituinte em 1946. Em 1947, aderiu ao PSLI. Entre 1948 e 1949, foi seu secretário-geral. Foi também membro do Conselho de Administração do Instituto de Previdência Social, ministro do Trabalho e da Previdência Social entre 1946 e 1947, e presidiu a Comissão de Reforma da Previdência Social. Em 1948, foi nomeado senador. Dirigiu o *Il Lavoro Socialista*, o *Battaglie Sindical* e o *Democrazia Socialista*. Foi um importante líder socialista italiano.

to e cinqüenta e seis socialistas ingressaram na Câmara. A ofensiva revolucionária, estimulada por este êxito, aumentou de forma tulmutuosa na Itália. De quase todas as tribunas do socialismo se pregava a revolução. A monarquia liberal e o Estado burguês pareciam próximos do naufrágio. Esta situação fazia prevalecer nas massas um humor insurrecional que anulava quase completamente a influência da ala reformista. Mas o espírito reformista latente na burocracia do partido e dos sindicatos aguardava o momento para reagir. A ocasião chegou em agosto de 1920, com a ocupação das fábricas pelos metalúrgicos. Este movimento aspirava converter-se na primeira jornada da insurreição. Giolitti, então chefe do governo italiano, percebeu claramente o perigo. E se apressou em satisfazer a reivindicação dos metalúrgicos, aceitando, em princípio, o controle operário das fábricas. A Confederação Geral do Trabalho e o Partido Socialista, num dramático diálogo, discutiram se aquela era ou não a oportunidade de livrar a batalha decisiva. A sobrevivência do espírito reformista na maioria dos funcionários e dos condutores do proletariado italiano –ainda em muitos dos que, intoxicados pela literatura do *Avanti*, se supunham e se proclamavam revolucionários incandescentes- ficou evidenciada nesse debate. A revolução foi sabotada pelos líderes. A maioria se pronunciou a favor da negociação. Essa retirada "quebrou", como era natural, a vontade de combate das massas. E precipitou o cisma socialista. O Congresso de Livorno (janeiro de 1921) foi uma vã tentativa para salvar a unidade. O empenho romântico de manter, mediante uma fórmula equivocada, a unidade socialista, teve um péssimo resultado. O partido chegou, no Congresso de Livorno dividido em três alas: a comunista, dirigida por Bordiga, Terracini, Gennari e Graziadei, que exigia a ruptura com os reformistas e a adoção do programa da Terceira Internacional; a centrista, encabeçada por Serrati, diretor do *Avanti* que, afirmando sua adesão à Terceira Internacional, queria, não obstante, a unidade a qualquer preço; e a reformista, que seguia Turati, Treves, Prampolini[4] e outros velhos líderes do socialismo italiano. A votação favoreceu a tese centrista de Serrati, que, para não romper com os mais distantes, rompeu com os mais próximos. A ala comunista constituiu um novo partido. E uma segunda cisão começou a ser gestada.

Ausentes os comunistas, a juventude e a vanguarda, o Partido Socialista ficou sob a influência ideológica da velha guarda. O núcleo centrista de Serrati carecia de figuras intelectuais. Os reformistas, em contrapartida, contavam com um conjunto brilhante de parlamentares e escritores. A seu lado estavam, além do mais, os mais poderosos funcionários da Confederação Geral do Trabalho. Serrati e seus fautores açambarcavam, formalmente, a direção do Partido Socialista; mas os reformistas se preparavam para reconquistá-la, sagaz e gradualmente. As eleições de 1921 surpreenderam, assim, o movimento socialista cindido e desgarrado. À ofensiva revolucionária, detida e esgotada na ocupação das fábricas, seguia uma truculenta contra-ofensiva reacionária. O fascismo, armado pela plutocracia, tolerado pelo governo e cortejado pela imprensa burguesa, aproveitava a retirada e o cisma socialistas para arremeter contra os sindicatos as cooperativas e os municípios proletários. Os socialistas conquistaram cento e vinte e dois assentos na Câmara; os comunistas obtiveram quatorze. Juntos, teriam conservado seguramente a posição eleitoral de 1919. Mas a reação estava em formação. Não bastava aos socialistas dispor de uma numerosa representação parlamentar. Urgia-lhes decidir pelo método revolucionário ou por um método reformista. Os comunistas haviam optado pelo primeiro; os

---

4 Camillo Prampolini (1859-1930), advogado e jornalista italiano. Socialista reformista, editor do *La giustizia*, que foi fechado em 1925. Foi um dos fundadores do Partito dei Lavoratori Italiani. Membro de sua ala gradualista. Em 1922, com Filippo Turati e Giácomo Matteotti, fundou o Partido Socialista Unitária. Continuou um reformista.

socialistas não haviam optado por nenhum. O Partido Socialista, dono de mais de cento e vinte votos na Câmara, não podia contentar-se com uma atitude perenemente negativa. Devia-se tentar uma coisa ou outra: ou a Revolução ou a Reforma. Os reformistas propuseram abertamente este último caminho. Defenderam um entendimento com os populares e os liberais de esquerda contra o fascismo. Só esse bloco podia conter o avanço dos fascistas. Mas o núcleo de Serrati se negava a abandonar sua intransigência formal. E as massas que o sustentavam, acostumadas durante tanto tempo a uma cotidiana declamação maximalista, não se mostravam, por sua parte, acessíveis a idéias colaboracionistas. O reformismo não havia tido ainda tempo de cooptar a maioria do partido. As tentativas de colaboração num bloco de esquerda resultavam prematuras. Encalhavam na intransigência de uns, no hamletismo de outros. Dentro do Partido Socialista reaparecia o conflito entre duas tendências incompatíveis, ainda que esta vez os termos do contraste não fossem os mesmos. Os reformistas tinham um programa; os centristas não tinham nenhum. O partido consumia seu tempo numa polêmica bizantina. Veio, finalmente, o golpe de Estado fascista. E, depois dessa derrota, outra fratura. Os centristas romperam com os reformistas. Os primeiros constituíram o Partido Socialista Maximalista e os segundos, o Partido Socialista Unitário.

A batalha antifascista não uniu as forças socialistas italianas. Nas últimas eleições, os três partidos combateram independentemente. Apesar de tudo mandaram à Câmara, em conjunto, mais de sessenta deputados, uma cifra significativa num escrutínio do qual saíram completamente dizimados os grupos liberais e democráticos.

Atualmente, os unitários e os maximalistas formam parte da oposição do Aventino. Os unitários se declaram prontos à colaboração governamental. Seu líder máximo, Filippo Turati, preside as assembléias dos aventinistas. A batalha antifascista atraiu para as fileiras socialistas unitárias muitos elementos pequeno-burgueses de ideologia democrática, desgostosos com a política dos grupos liberais. O conteúdo social do reformismo acentuou, assim, sua coloração pequeno-burguesa. Os socialistas unitários conservam, por outra parte, seu predomínio na Confederação do Trabalho que, ainda que dividida por vários anos de terror fascista é no entanto um poderoso núcleo de sindicatos. Finalmente, o sacrifício de Matteotti, uma das mais nobres figuras, deu ao Partido Socialista Unitário um elemento sentimental de popularidade.

Os maximalistas sofreram algumas defecções. Serrati e Maffi militam agora no comunismo. Lazzari, que representa a tradição proletária classista do socialismo italiano, trabalha pela adesão dos maximalistas à política da Terceira Internacional. Os maximalistas se servem, em sua propaganda, do prestígio do antigo PSI (Partido Socialista Italiano), cujo nome guardam como uma relíquia. Herdaram o jornal *Avanti*, tradicional órgão socialista. Não falam às massas com a mesma linguagem demagógica de outros tempos, mas continuam sem um programa definido. De fato, adotaram provisoriamente o do bloco de esquerdas do Aventino, programa mais negativo que afirmativo, considerando que não se propõe, realmente, a construir um novo governo, mas apenas derrubar o governo fascista. Aos maximalistas lhes falta, além do mais, como já observei, elementos intelectuais.

Os comunistas, que recrutam a maioria de seus adeptos na juventude proletária, seguem a política da Terceira Internacional. Não figuram, por isso, no bloco do Aventino, o qual trataram de manter uma atitude revolucionária, convidando-o a funcionar e deliberar como Parlamento do povo em oposição ao Parlamento fascista.

Destacam-se no estado-maior comunista o engenheiro Bordiga, o advogado Terracini, o professor Graziadei e o escritor Gramsci. O comunismo obteve nas eleições do ano passado mais de trezentos mil votos. Possui em Milão um jornal: *Unitá*. Prega a formação de uma frente única de operários e camponeses.

A divisão debilita, marcadamente, o movimento socialista na Itália. Mas esse movimento, que resistiu vitoriosamente mais de três anos de violência fascista, tem intactas suas raízes vitais. Mais de um milhão de italianos (unitários, maximalistas e comunistas) votaram pelo socialismo, há um ano, apesar das brigadas de *camisas negras*. E os augures da política italiana coincidem, quase unanimamente, na previsão de que será a idéia socialista, e não a demo-liberal, a que disputará o futuro ao *fascio littorio*.

29.

POLÍTICA ITALIANA[1]

[1] Publicado originalmente in *Variedades*, Lima, Peru, 16 de janeiro de 1926.

Para os que em 1924 se embriagaram com o excesso de ilusões reformistas e democráticas, o balanço de 1925 não pode ser mais desconsolador. O ano se encerrou com fortes derrotas para o reformismo e a democracia. Na França, o *cartel* de esquerda entrou, no curso de 1925, num período de dissolução; na Alemanha, a eleição de Hinderburg marcou o retorno dos princípios conservadores e militaristas; e na Itália, sobretudo, o regime fascista, que em 1924 vacilava, em 1925 contra-atacou vitoriosamente.

Durante mais de um semestre, a heterogênea coalizão do Aventino viveu no erro de acreditar que o *boicot* do Parlamento bastava para derrubar Mussolini. O Partido Comunista recordou em vão que um regime instaurado pela força não podia ser abatido senão pela força. A democracia italiana não quis discutir sequer a proposta comunista de converter o Aventino num Parlamento revolucionário. Os socialistas –unitários e maximalistas- se solidarizaram com essa tática passiva. A batalha se livrava na imprensa. A oposição, dona da maior parte dos jornais, se embriagava com o estrondo de uma ofensiva jornalística em grande estilo.

Mas, naturalmente, não se podia chegar à meta sonhada por essa via. Nem Mussolini era homem de se deixar abater por uma manobra como a da retirada ao Aventino, nem a oposição podia suscitar uma agitação popular capaz de produzir extra-parlamentarmente um novo governo. O Aventino representava um gesto negativo. Não tinha um programa positivo, um método criador. E o tempo, lógica e fatalmente, trabalhava a favor do fascismo. A tensão nervosa produzida pelo assassinato de Matteotti diminuia à medida que os meses passavam, sem que o anti-fascismo se engajasse no combate decisivo.

Em janeiro passado, constatadas até o excesso a impotência aventinista e a domesticidade da oposição parlamentar, Mussolini compreendeu que era o instante de contra-atacar. Os acontecimentos provaram que não se equivocava. Mussolini, por seis meses na defensiva, havia avaliado bem o adversário. Havia averiguado, por exemplo, que este não tinha intenções de lhe dar combate no momento, senão no terreno jornalístico. E que, em conseqüência, a posição contra a qual devia dirigir seus ataques era a imprensa.

A imprensa não foi suprimida; mas, foram suprimidos suas críticas. Mussolini submeteu as notícias e os comentários da imprensa à justiça sumária e rápida dos prefeitos. Suas autoridades não se davam ao trabalho da censura prévia. Não preveniam; reprimiam. As edições que continham uma notícia ou comentário demasiadamente heterodoxo eram recolhidas pela polícia. Por conseguinte, os jornais sofriam não só em sua propaganda, mas também em sua economia.

Mediante esse simples sistema de repressão, Mussolini conseguiu praticamente desarmar a oposição. O bloco do Aventino pensou, então, no regresso à Câmara. À falta da tribuna jornalística, devia-se empregar a tribuna parlamentar. Mas o acordo não era fácil. Não se podia chegar logo, à resolução definitiva. Alguns deputados do Aventino se manifestavam contrários ao retorno a Montecitorio. Essa espécie de declaração de falência de uma empresa assumida com tanta arrogância e tanta ênfase lhes resultava mais difícil aceitar do que todas as doses possíveis de óleo de rícino.

E assim o Aventino teve um período de paralisia, durante o qual se incubaram acontecimentos surpreendentes e teatrais destinados a obstruir o próprio caminho do retorno. O golpe frustrado de Zaniboni[2] contra o Duce veio, um mês atrás, a mudar a situação. Zaniboni, ex-deputado socialista unitário, ex-combatente condecorado com a medalha

---

2 Tito Zaniboni (1883-1960), nascido em Monzambano, Lombardia, herói italiano da Primeira Guerra Mundial ligado à maçonaria e deputado socialista. Em 1925, juntamente com o general Luigi Capello, participou de uma tentativa fracassada de assassinar Mussolini, para vingar o assassinato de Matteotti. Foi condenado pelo Tribunal Especial a trinta anos de prisão. Foi libertado em 1943.

de ouro ao valor militar, foi surpreendido num quarto de hotel, estrategicamente localizado, no instante em que se preparava para disparar contra Mussolini dois tiros de um fuzil de precisão matemática.

O complô não podia ser atribuído à oposição aventinista. A polícia de Mussolini sabia que Zaniboni agia junto com alguns poucos elementos demo-maçons. Não cabia sequer o processo de seu partido. Os fios da conjuração não denunciavam a existência de uma rede de preparativos revolucionários. Denunciavam apenas um estado de desespero em temperamentos mais ardorosos e tropicais do Aventino. Mas o fascismo precisava tirar deste acontecimento todo partido possível. E, sem dúvida, tirou.

Mussolini proibiu seus correligionários de fazer represálias. Sua ordem foi obedecida. Mas, precisamente à sombra desta disciplinada abstenção de atos esporádicos de violência e de terror, a polícia lançou-se a fundo contra a oposição. Não houve na Itália, em conseqüência da tentativa de Zaniboni, represálias individuais dos "camisas negras". O governo fascista preferiu usar, com o máximo rigor, a repressão policial.

Todos os redutos legais da oposição foram assaltados. E muitos caíram definitivamente nas mãos do fascismo. O regime fascista aproveitou a tentativa estúpida de Zaniboni para dissolver ao Partido Socialista unitário, para suprimir *La Giustizia*, *La Voce Republicana* e outros jornais, para ocupar as lojas maçônicas e etc. Os sindicatos fascistas se instalaram *manu militari* no local da Câmara do Trabalho de Milão, antiga cidadela do proletariado socialista, considerada inexpugnável por muito tempo.

O episódio de maior repercussão dessa ofensiva fascista foi, talvez, a conquista do *Corriere della Sera*. *La Stampa*, de Turim e o *Corriere della Sera* de Milão, seus dois maiores rotativos, eram as duas mais fortes posições do anti-fascismo na imprensa italiana. Mussolini podia suprimi-los. Mas isso lhe parecia, sem dúvida, demasiadamente "*squadrista*". Muita gente *bem pensante* não lhe perdoaria nunca o assassinato de dois jornais em cuja leitura cotidiana se havia habituado a formar sua opinião. Lançada aos ventos a notícia do golpe fracassado, se apresentava, no entanto, a ocasião de ganhar para o fascismo essas tribunas. *La Stampa* de Turim foi o primeira o cair. O senador Frassati[3] –percebendo o perigo da pura e simples supressão do jornal- abandonou sua direção. Com o *Corriere della Sera* foi necessário apelar a métodos mais enérgicos. O secretário-geral do partido fascista, Farinacci, pôs os irmãos Crespi, principais acionistas do *Corriere*, frente a este dilema: ou o fechamento do jornal ou sua entrega ao fascismo. E os irmãos Crespi, pacíficos industriais lombardos, optaram imediatamente pela segunda alternativa. O esquecimento de uma formalidade da escritura celebrada em 1919 com o senador Albertini, diretor e acionista do *Corriere*, senhor absoluto de seus destinos e opiniões, lhes proporcionou o pretexto para a anulação do contrato de sociedade. Na edição de 28 de novembro último, o senador Luigi Albertini[4] e seu irmão Alberto, tiveram de despedir-se melancolicamente de seus leitores.

Os irmãos Albertini, liberais de antiga cepa, pertencem a uma democracia empenhada em não combater ao fascismo senão legalmente. Não se pode negar ao fascismo o mérito de haver feito todo o possível para modificar sua atitude e destruir sua ilusão.

---

3 Alfredo Frassati (1868-1961), jornalista e político, diretor do *La Stampa* entre 1900 e 1926. Senador do Reino da Itália e da República italiana. Formado em direito pela Universidade de Turim em 1890, torna-se co-proprietário e diretor da *Gazzetta Piemontese*. Em 1895, muda seu nome para *La Stampa*, e em 1902, será seu único dono. Também colaborou com o *Corriere della Sera*. Manteve uma posição de neutralidade na Primeira Guerra Mundial. Em 1923, foi embaixador honorário da Itália em Berlim. Livre docente em Direito e Procedimento Penal na Universidade de Turim, teve sua casa atacada pelos fascistas em 1924. Foi obrigado a abandonar a política e a direção do *La Stampa*. Ele vendeu o jornal para Giovanni Agnelli, fundador da Fiat, em 1926. Em 1945, foi membro da Consulta Nazionale e entre 1948 e 1953, senador da República.

4 Luigi Albertini (1871-1941), jornalista italiano, opositor do fascismo, foi diretor do *Corriere della Sera* de 1900 a 1925. Estudou economia política em Bolonha e Turim, interessando-se principalmente pela questão operária. Em Londres, estuda o tema "desemprego" e aproveita para frequentar e conhecer de perto a redação do *Times*. Era considerado um liberal conservador. Foi demitido do *Corriere della Sera* em 1925.

30.
FARINACCI[1]

[1] Publicado originalmente in *Variedades*, Lima, Peru, 3 de abril de 1926.

Farinacci[2] deu seu nome, seu tom e seu estilo a uma tensa e ácida jornada da campanha fascista. Depois de quatorze meses de agressiva campanha, deixou o posto de secretário-geral do partido fascista, ao qual havia sido chamado quando Mussolini, convencido de que a "variegada" oposição do Aventino não era capaz da insurreição, resolveu passar à ofensiva, inaugurando uma política de rígida repressão às campanhas da imprensa e da tribuna de seus muitos inflamados, mas heterogêneos e mal concertados, adversários.

Fascista de primeira hora, Farinacci provém da pequena burguesia e do socialismo. Em 1914 foi um dos dissidentes socialistas que pregaram a intervenção. Nesta falange a que chegavam, por diversos caminhos, sindicalistas revolucionários como Corridoni,[3] socialistas tempestuosos como Mussolini e socialistas reformistas e parlamentares

---

[2] Roberto Farinacci (1892-1945), político fascista, membro do PNF, cresceu na pobreza e muito cedo abandonou os estudos. Começou a trabalhar numa ferrovia em Cremona, em 1909. Tornou-se um socialista irredentista. Apoiou fervorosamente a participação da Itália na Primeira Guerra Mundial. Depois do conflito, foi um ardente defensor de Mussolini. Tornou-se o *ras* dos fascistas de Cremona. Publicou o jornal *Cremona Nuova* e mais tarde, *Il Regime Fascista*. Organizou as esquadras de camisas negras em 1919 e em 1922, tornou-se prefeito de Cremona. Rapidamente tornou-se um dos mais importantes líderes fascistas. Farinacci representava a ala direita mais radical do PNF, chegando a considerar Mussolini demasiadamente liberal. Em 1925, já era a segunda personalidade fascista mais importante, só atrás do *Duce*. Mais tarde, o próprio Mussolini expurgou vários membros do PNF que apoiavam Farinacci. Em 1935, lutou na Segunda guerra ítalo-abissínia e no mesmo ano, juntou-se ao Grande Conselho do Fascismo. Em 1937, participou da Guerra Civil Espanhola. Foi um dos conselheiros de Mussolini durante a Segunda Guerra Mundial. Foi executado pelos *partisans* em 1945.

[3] Fillipo Corridoni (1887-1915), sindicalista italiano, secretário de uma seção do PSI de Porta Venezia, fundou o jornal *Rompete Le Righe* e o *Bandiera Rossa*. Expoente do sindicalismo revolucionário. Foi preso em torno de trinta vezes ao longo da vida. Colaborou com o *Bandiera Proletaria* e com o *Bandiera Del Popolo*. Foi contra a guerra da Líbia. Escreveu *Sindicalismo e Repubblica*, entre outros poucos textos.

como Bissolati, Farinacci era um militante obscuro e terciário. Não lhe destacavam sequer o ânimo *ardito*, ousado, nem a atitude temerária e demagógica. Amigo e aliado do deputado Bissolati, líder de um grupo de socialistas colaboracionistas, Farinacci tinha uma franca posição reformista e democrática. A guerra exacerbou seu temperamento e mudou sua filiação. O gregário reformista bissolatiano se converteu num ardente sequaz de Mussolini.

No fascismo, Farinacci encontrou seu caminho e descobriu sua personalidade, que não eram –contrariamente ao que até então podia haver-se prognosticado- os de um cauteloso e contido funcionário social-democrata, mas os de um frenético e aceso agitador fascista. O opaco ferroviário se sentiu escolhido para desempenhar um papel na história da Itália.

Foi o organizador e o animador do fascismo na província de Cremona, uma das províncias setentrionais onde se acendeu mais cedo o fogo mussoliniano. Essa atuação lhe abriu, nas eleições de 1921, as portas da Câmara. Farinacci foi um dos fascistas que ingressaram então ao Parlamento para denunciar, de forma tumultuosa, os impropérios e os anátemas dos então inumeráveis jornais de oposição. Mas desde que o fascismo iniciou sua contra-ofensiva -à continuação de um famoso discurso de Mussolini na Câmara, assumindo toda a responsabilidade histórica e política da violência fascista e desafiando o bloco do Aventino a acusá-lo categoricamente de culpabilidade no assassinato de Matteotti-, Farinacci acabou designado fatalmente pela situação e pelos acontecimentos a ocupar o posto de mando. A eleição de Farinacci como secretário-geral do fascismo correspondeu ao novo humor *squadrista* dos "camisas negras".

Essa designação era, mais ainda que o discurso de Mussolini de 3 de janeiro, uma enfática declaração de guerra sem quartel. E não soou de outro modo nos ouvidos e nos ânimos dos deputados do Aventino que, em seis meses de vociferação anti-fascista, haviam consumido sua energia e perdido a oportunidade de derrocar ao fascismo.

Durante mais de um ano, o punho e a frase crispados do terrível ferroviário de Cremona marcaram o compasso da política fascista. Os elementos moderados e discretos do fascismo tiveram de sofrer, resignadamente, durante todo este tempo, sua implacável ditadura e sua péssima sintaxe. Um seco e ácido *úkase* de Farinacci, pouco depois de sua ascensão à secretaria-geral, expulsou do fascismo Aldo Oviglio,[4] ex-ministro da Justiça do regime fascista, um dos mais significativos entre esses elementos, marcando-o a ferro e fogo como um traidor.

Mas um ano de repressão policial e de mobilização esquadrista bastaram ao fascismo para liquidar o bloco do Aventino e para assentar as bases de uma legislação fascista que modifica radicalmente o estatuto da Itália. Outras ofensivas esquadristas serão, sem dúvida, necessárias no futuro. Mas, por ora, o fascismo pode descansar seus porretes. O juízo do caso Matteotti foi concluído com a absolvição dos responsáveis, o que há um ano e meio era para o próprio Duce do fascismo um crime nefasto. Na audiência de Chieti, Farinacci fez não a defesa, mas antes a apologia, de Amerigo Dumini[5] e de seus sequazes. Depois desse último golpe de *manganello*, não restava a Farinacci nada a fazer na chefia do fascismo onde, passada a tempestade, sua virulência e sua belicosidade haviam começado a tornar-se embaraçosas. Farinacci em

---

4 Aldo Giuseppe Oviglio (1873-1942), membro do PNF e ministro da Justiça no primeiro gabinete Mussolini.

5 Amerigo Dumini (1894-1967), ativista fascista e assassino, nasceu em Saint Louis, Missouri, filho de imigrantes italianos. Mudou-se para Florença, onde tornou-se ativo nos *fascios* organizados por Benito Mussolini. Gostava de ser identificado com os *Sicario del Duce*. Em 1924, entrou na Ceka, a polícia secreta modelada a partir da Cheka soviética. Liderou o grupo que assassinou Matteotti. Em seguida foi abandonado pela liderança fascista. Ainda que tenha sido defendido por Farinacci, foi condenado a cinco anos de prisão, só cumprindo onze meses da pena. Foi anistiado. Tentou chantagear os líderes fascistas com nomes de supostos envolvidos no assassinato de Matteotti e por ser considerada uma ofensa ao *Duce*, foi condenado desta vez a oito anos de prisão. Foi solto em 1927. Em 1943, juntou-se à República Social Italiana, apoiada pelos nazistas. Depois da libertação da região, foi preso em Bolonha. Julgado pelo assassinato de Matteotti, foi sentenciado a prisão perpétua. Saiu da prisão oito anos mais tarde.

1925 era o lider lógico do fascismo; em 1926, sua missão havia sido concluída. Mussolini, bom conhecedor da psicologia de sua gente e que usa fórmulas solenemente sibilinas, condensa o programa fascista para este ano nestas palavras: silêncio e trabalho. Essas palavras, segundo a linguagem do *Popolo d'Italia,* definem o estilo fascista em 1926.

Os *alalás* de Farinacci não se compadeciam com o novo estilo fascista. Por isso –licenciado ou não por Mussolini-, Farinacci deixou o comando do partido. Desde há algum tempo se assinalava e se comentava seu surdo dissenso, sua silenciosa luta com Federzoni.[6] O ministro do Interior, com Rocco,[7] Meraviglia e outros, "nacionalistas", representa a ala moderada, tradicional e direitista do fascismo. E pelo momento, essa é a gente que deve dar o tom ao regime. O esquadrismo, momentaneamente, se retira de Cremona.

---

6 Luigi Federzoni (1878-1967), político italiano de ascendência nobre. Formado em Letras pela Universidade de Bolonha em 1900. Também se formou em Direito. Colaborador de Mussolini. Em 1910, fundou com Enrico Corradini, a *Associazione Nazionalista Italiana,* que se uniu ao PNF em 1923. Foi presidente do Senado entre 1929 e 1939. Foi presidente do Istituto Treccani entre 1938 e 1943.

7 Alfredo Rocco (1875-1935), professor de Direito Comercial da Universidade de Urbino e Macerata, catedrático de Direito Comercial em Podova entre 1910 e 1925, reitor da Universidade de Roma entre 1932 e 1935. Em 1921 foi eleito para a Câmara dos Deputados. Foi presidente da Câmara em 1924. Entre 1925 e 1932, foi ministro da Justiça. Promoveu a codificação penal do fascismo. Foi nomeado senador em 1934.

31.
A TRAGÉDIA DA ITÁLIA[1]

1 Publicado originalmente in *Variedades*, Lima, Peru, 13 de novembro de 1926.

Há um ano, o fascismo teve motivos para celebrar o terceiro aniversário da marcha a Roma com ânimo exultante e vitorioso. O balanço de seu terceiro ano de ditadura se encerrava favoravelmente. A secessão aventiniana estava liquidada. A contra-ofensiva, iniciada com o desafiante discurso pronunciado por Mussolini na Câmara dos Deputados em 3 de janeiro desse ano, havia varrido a oposição constitucional das posições artificialmente mantidas até então. O equívoco do regime constitucional parlamentar havia sido cancelado e a própria Constituição havia sido adotada conforme as necessidades do governo fascista.

Tudo isso havia custado ao fascismo muito pouco, na verdade. Nenhuma greve geral, nenhuma agitação popular revolucionária, haviam respondido à repressão fascista. Ao renunciar a essas armas nos dramáticos meses que seguiram ao assassinato de Matteotti e preferir o caminho do protesto parlamentar e das negociações clandestinas com a monarquia, a oposição constitucional havia se desqualificado para resistir revolucionariamente ao ataque ilegal do poder.

O quadro da Itália no quarto aniversário da ditadura mussoliniana já não é mais o mesmo. Quatro atentados contra a vida de Mussolini mostram o grau de exasperação de seus inimigos. Os quatro atentados correspondem a este período de derrogação de toda liberdade, durante o qual o fascismo crê haver consolidado indefinidamente seu domínio. São o sintoma da tensão da atmosfera política e espiritual criada na Itália pelos métodos de Mussolini e suas esquadras de "camisas negras".

O atentado individual contra reis ou ministros estava reservado na Europa, até há pouco tempo, ao anarquismo terrorista. Nenhum partido, nenhuma seita política podia racionalmente aceitá-lo, nem mesmo como exceção, em sua tática ou sua práxis. O socialismo, sobretudo –que concebe a revolução como ação de massas, como movimento essencialmente multitudinário, coletivo-, repudiava e condenava a violência individual, impondo a seus adeptos uma disciplina e uma ideologia que a excluía absolutamente como arma de combate.

Há que pensar, por conseguinte, que os princípios da vida política italiana têm de haver mudado de um modo extremamente radical para que a Itália volte à idade sombria dos complôs e das represálias terroristas.

Nenhum dos partidos contra Mussolini é, evidentemente, responsável por esses atentados. A morte de Mussolini não beneficiaria a nenhum deles. Desencadearia um caos de igual forma perigoso para todos, durante o qual, a menos que sobreviesse rapidamente uma ação militar, reinaria anárquica e truculentamente na Itália a violência do "fascio".

Mas os partidos foram praticamente –e agora formalmente- dissolvidos pelo governo fascista, de sorte que, junto com sua organização, está aniquilada sua disciplina. Os líderes não estão em condições de controlar a ação dos correligionários. O governo os privou de todo meio de se mover legalmente.

As explosões esporádicas de violência individual são consequentemente inevitáveis, apesar do interesse que teriam em impedi-las os partidos proletários, dos quais o único ativo é, na prática, o comunista. Cada atentado contra Mussolini proporciona ao fascismo um motivo para aumentar seus instrumentos legais de repressão, além de que engalana um pouco mais de milagre e lenda a figura do *condottiero*.

O último atentado parece haver excitado até o delírio a cólera e a prepotência fascistas. Todas as garantias e direitos individuais foram suspensos indefinidamente. Os partidos contrários ao fascismo foram oficialmente dissolvidos. A imprensa de oposição desapareceu. Do Parlamento se expulsou, ao mesmo tempo que a oposição aventiniana, o grupo comunista, ao qual não se pode acusar, como àquela, de haver abandonado suas cadeiras. E ainda que as notícias cabográficas, pela censura a que estão sujeitas, sejam imprecisas, não cabe dúvida de que ao atentado contra Mussolini se seguiram, desta vez, dias de sangrenta represália fascista.

O episódio que, nesta sinistra onda reacionária, impressiona mais os intelectuais é o ataque ao célebre filósofo Benedetto Croce e a destruição de sua biblioteca. Este episódio, pela significação e qualidade do homem ofendido, adquire uma ressonância especial. Tem a virtude de ferir até a enervada sensibilidade daqueles intelectuais que, prontos a deplorar o ultraje a um filósofo, não são capazes, contudo, de decidir-se a julgar o fascismo.

As origens deste abuso, cujo processo de incubação foi longo, quase não precisam ser recordadas. Todo mundo sabe que no curso da agitação que suscitou na Itália o assassinato de Matteotti, Benedetto Croce, que já havia recusado seu apoio ao regime fascista, sentiu o dever de tomar uma atitude franca contra seus métodos e seus princípios. Croce sustentou então na imprensa uma exacerbada polêmica com Giovanni Gentile, o filósofo junto com quem combateu durante muito tempo as batalhas da filosofia idealista e de quem o separa, desde a conversão dele à doutrina do porrete, uma austera e fiel adesão à idéia de liberdade. Essa polêmica não se reduziu a um diálogo entre Croce e Gentile. Propagou-se no campo intelectual, motivando o agrupamento dos homens de letras e ciências em dois bandos antagônicos, um que defendia o princípio da liberdade e o outro que professava a fé fascista. E foram firmados e publicados dois manifestos, encabeçados respectivamente por Croce e Gentile.

É indubitável, apesar de sua jactância sua jactância, que o fascismo não deve se considerar muito segura. Seu futuro depende de um fator tão incerto como o êxito dos planos imperialistas de Mussolini, que precisa manter seu povo numa constante tensão guerreira para justificar o rigor de sua política social e econômica. Mas se o êxito tarda, os pilares do regime fascista correm grave perigo.

Mussolini prometeu a seu povo um grande império. Se a história não lhe permitir cumprir essa promessa, sua empresa essencial estará fracassada. Porque não é verdade que o movimento fascista tenha se proposto a cumprir apenas uma função de polícia e ordem. Se assim fosse, a Itália teria feito um mau negócio ao deixá-lo conquistar o poder. Pois os dias de violência da agitação revolucionária não eram absolutamente nem mais sangrentos nem mais trágicos que estes do regime fascista. A verdadeira tragédia começou agora.

32.

GIOVANNI GIOLITTI[1]

[1] Publicado originalmente in *Variedades*, Lima, Peru, 28 de julho de 1928.

Os dias que correm não são propícios para uma avaliação equilibrada de Giolitti. O fascismo não pode mostrar-se demasiadamente indulgente com o político que mais conspícua e especificamente representa a Itália demo-liberal, positivista, comerciante e burocrática dos últimos lustros pré-bélicos. O anti-fascismo pós-aventiniano –ainda que grato à firmeza com que Giolitti votou no Parlamento contra a política anti-liberal do fascismo- não pode perdoar o estadista piemontês por sua parte nos erros táticos do governo que permitiram a marcha sobre Roma e a capitulação e desmoronamento do Estado liberal. A apologia de Francesco Crispi[2] e dos homens da antiga direita se acomoda ao gosto e ao interesse da ditadura fascista muito mais do que o reconhecimento das benemerências de Giolitti, que deveu sua fortuna política à derrota do método crispiano.

Nunca se criticou tanto na Itália a democracia sanchopancesca, utilitária, negociante, giolittiana –ou seja, a "monarquia socialista"-, quanto desde que Mussolini, na necessidade de sufocar todo protesto contra o regime, anunciou sua intenção de substituir de forma definitiva e formal, o velho Estado liberal pelo Estado fascista. Giolitti escutou sem se alterar, em seus derradeiros anos, às mais exorbitantes e estrondosas críticas contra seu sentido prudente, realista, prático e administrativo de fazer política.

A Itália de Vittorio Veneto, que o fascismo sente espiritual e historicamente tão sua, deve à obra giolittiana, ordenadora e parcimo-

2 Francesco Crispi (1819-1901), nascido na Sicília, trabalhou como jornalista na juventude. Foi ministro do Interior e ministro das Finanças do governo provisório da Sicília, em 1860, sendo obrigado a renunciar logo em seguida. Em 1864, anunciou que era monarquista e em 1877, substituiu Giovanni Nicotera como ministro do Interior. Foi primeiro-ministro da Itália entre 1887 e 1891, e entre 1893 e 1896.

niosa, os elementos fundamentais de sua custosa vitória. Em longos anos de uma administração que sacrificou os tópicos clássicos do *Risorgimento* aos acontecimentos prosaicos de um trabalho de crescimento e equilíbrio capitalistas, Giolitti, o neutralista, preparou a Itália para a guerra, capacitando-a para ascender do desastre de Ádua ao triunfo de Vittorio Veneto.

O rancor da Itália d'annunziana, retórica e militarista, contra o sóbrio e parco estadista piemontês, se tornou a mais exultante e completa revanche contra o regime fascista. Seria fácil, não obstante, provar que o fascismo deve sua persistência e estabilização, mais do que as suas medidas de violência, a seu método oportunista, a sua estratégia social, a uma práxis, em suma, herdada do giolittismo, com a diferença de que este prescindia da declamação idealista e atribuía a sua função fins mais modestos e imediatos.

Giolitti era a antítese do político programático e doutrinário. Mas professava, sem dúvida, intimamente, um ideal, que agora se destaca mais claramente que nunca como o pilar espiritual de sua obra: o ideal de fazer da Itália um Estado moderno, apto para superar definitivamente uma pesada tradição clerical, comunal, guelfa e anti-unitária.

Para consolidar o Estado liberal, monárquico e unitário, surgido das lutas do *Risorgimento*, Giolitti compreendeu que era necessário abandonar o dogmatismo e a intransigência de Crispi e largar definitivamente uma boa parte das frases e idéias do próprio *Risorgimento*. A política do Estado, na medida em que podia ser reformadora e progressista na ordem política, tinha de se apoiar nas massas operárias, cada vez mais adeptas ao socialismo. O ideário liberal significava um constante fermento de tendências e impulsos republicanos. Giolitti liquidou a questão institucional permitindo às massas o direito de greve e associação, o sufrágio universal e o melhoramento econômico.

Críticos liberais como Mario Missiroli[3] não lhe pouparam invectivas por seu empirismo oportunista, isento, ao que parece, de toda convicção doutrinária. Mas precisamente Missiroli, que acusava Giolitti de haver destruído o patrimônio ideal do *Risorgimento* com sua política transformista de transação e compromisso, acabou por reconhecer o fundo voluntarista e ideal da política giolittiana. A experiência da crise pós-bélica o obrigou a admitir que "a política giolittiana era a única conveniente a um povo incapaz de superar as contradições de sua história milenar". "Foi depois da catástrofe do socialismo e da democracia –escreve Missiroli- quando compreendi a inevitabilidade da política giolittiana e a grandeza de Giolitti. Foi então quando intuí seu profundo pessimismo, seu patriotismo ascético, seu infalível sentido da história. A grandeza de Giovanni Giolitti consiste em ter sabido governar, segundo os modos da civilidade ocidental, um povo que havia permanecido estranho às formações espirituais da modernidade e em tê-lo elevado, graças a uma obra exclusivamente pessoal, acima de sua própria consciência moral e de seus hábitos atrasados".

Piero Gobetti[4] não está muito distante de Missiroli quando define Giolitti como "a sublimação mais rara e quase única da administração ordinária". Giolitti, realmente, resolvia a política na

---

3 Mario Missiroli (1886-1974), escritor e jornalista, foi diretor do *Resto de Carlino*, do *Messagero* e do *Corriere della Sera*. Em 1908, inicia a carreira de jornalista, no *Resto de Carlino*. Em 1921, torna-se diretor do *Secolo* e em 1923, muda-se para o *La Stampa*. Como correspondente em Roma, começa a atacar Mussolini e a ser perseguido pelos fascistas. Por isso, *La Stampa* será suspensa. Em 1944, ele voltará a trabalhar no mesmo periódico. A partir de 1952, irá dirigir o *Corriere della Sera*, onde ficará até 1961. Continuou escrevendo e publicando no *Messagero* e na *Epoca*. Viveu até os 88 anos de idade.

4 Piero Gobetti (1901-1926), jornalista italiano, nasceu em Turim, estudou direito e em 1919, fundou a *Energie Nove*. Influenciado por Croce, por Gaetano Salvemini e por Gramsci. Em 1922, começa a publicar *La Rivoluzione Liberale*, e em 1924, *Il Baretti*, um jornal de cultura literária européia. Foi espancado por fascistas em 1925, fugindo para Paris, onde faleceu em 1926. Ele se tornou um símbolo do antifascismo liberal italiano.

administração; mas sem perder de vista os fins superiores do Estado liberal. Incorporando as massas na vida política, como partido de classe, opôs às inclinações conservadoras da burguesia, o contrapeso indispensável para que não conduzissem ao Estado a renegar gradualmente os princípios do liberalismo. O socialismo lhe permitiu salvar o Estado da estratificação burocrática e da reação ultramontana. A função do socialismo, como Missiroli também o aceita no prefácio de sua segunda edição de A *monarquia socialista*, que retifica em parte as asserções originais da obra, foi eminentemente liberal no período giolittiano.

Mas esta política só podia se desenvolver livremente na época em que as massas se acomodavam com facilidade a uma ação reformista. Desde que a guerra iniciou um período revolucionário, o socialismo se tornou ameaçador e inquietante. Giolitti, seguindo sua estratégia equilibrista de contrapeso e antinomias, pensou que podia servir-se das brigadas fascistas para trazer os socialistas de volta à razão. Depois, seria fácil reduzir à ordem aos *fasci di combattimento*. Seu último grande serviço à burguesia e à ordem foi sua atitude contemporizadora ante a ocupação das fábricas. A resistência do governo à reivindicação operária do controle das fábricas provavelmente teria provocado a revolução. Giolitti preferiu ceder à demanda das massas, tirando-lhes este motivo concreto que as impulsionava à luta. Mas ele errou, por outro lado, em seu cálculo quando dissolveu a Câmara em 1921, com a esperança de garantir uma maioria controlável com a ajuda da violência fascista. Este erro abriu o caminho do poder aos fascistas. Mussolini lhe deve toda sua fortuna política. Se o ministro da "má vida", como era chamado por alguns por suas afinidades com a plutocracia setentrional e as oligarquias e caciquismos meridionais, tivesse acertado em sua manobra eleitoral, a conquista de Roma pelo fascismo teria sido frustrada. Giolitti não se dava conta da natureza extraordinária e excepcional dos novos tempos. Com sua calma e sua esperteza piemontesas, acreditava que todas as efervescências e exuberâncias pós-bélicas acabariam por apaziguar-se e desvanecer-se. Pressentia a estabilização mais próxima do que na verdade estava. Este erro histórico, esta falha política, colocaram em revisão toda sua exaustiva obra de parlamentar e governante; e lhe restou, em sua última hora, a satisfação de poder se ver continuado.

33.
MUSSOLINI E O FASCISMO[1]

[1] Publicado originalmente na seção "Biologia do fascismo", no livro *La escena contemporánea*, Lima, Editorial Minerva, 1925. Ver também Luiz Bernardo Pericás (org.), *José Carlos Mariátegui: do sonho às coisas, retratos subversivos*, São Paulo, Boitempo Editorial, 2005, págs 31 a 35.

Fascismo e Mussolini são duas palavras consubstanciais e solidárias. Mussolini é o animador, o líder, o *duce* máximo do fascismo, que por sua vez é sua plataforma, tribuna e veículo. Para explicarmos uma parte deste episódio da crise européia, recorramos rapidamente à história dos *fasci* e de seu caudilho.

Mussolini, como se sabe, é um político de origem socialista. Não teve dentro do socialismo uma posição centrista nem moderada, mas, extremista e incandescente. Teve um papel condizente com seu temperamento, já que é, espiritual e organicamente, um extremista: está na extrema esquerda ou na extrema direita. De 1910 a 1911 foi um dos líderes da esquerda socialista e em 1912, dirigiu a expulsão do seio socialista de quatro deputados partidários da colaboração ministerial: Bonomi, Bissolati, Cabrini e Podrecca. E passou, então, a dirigir o jornal *Avanti*. Vieram em seguida 1914 e a Guerra. O socialismo italiano exigiu a neutralidade do país, mas Mussolini, invariavelmente inquieto e beligerante, se rebelou contra o pacifismo de seus correligionários e defendeu a intervenção da Itália no conflito. Inicialmente deu a seu intervencionismo um enfoque revolucionário, sustentando que estender e radicalizar a guerra significariam apressar a revolução européia. Mas, em realidade, em sua postura intervencionista havia uma psicologia guerreira que não combinava com a atitude tolstoyana e passiva de neutralidade. Em novembro de 1914, Mussolini abandonou a direção do *Avanti* e fundou em Milão *Il Popolo d'Italia* para defender o ataque à Áustria. A Itália se uniu à Entente. Mussolini, o propagandista da intervenção, foi também, consequentemente, um soldado da intervenção.

Chegaram a vitória, o armistício e a desmobilização. Com tudo isso chegou também um período de ociosidade para os intervencionistas.

D'Annunzio, nostálgico de gestas e epopéias, realizou a aventura de Fiume, enquanto Mussolini criou os *fasci di combattimento:* lanças ou feixes de combatentes. Mas na Itália o momento era revolucionário e socialista. Para aquele país, a guerra havia sido um mau negócio. A entente lhe havia concedido uma magra participação no botim. Esquecida da contribuição das armas italianas para a vitória, lhe havia regateado teimosamente a possessão de Fiume. A Itália, em suma, havia saído da guerra com uma sensação de descontentamento e de desencanto. Realizaram-se, sob esta influência, as eleições e os socialistas acabaram conquistando 155 cadeiras no Parlamento. Mussolini, candidato por Milão, foi estrondosamente derrotado pelos votos socialistas.

Mas esses sentimentos de decepção e de depressão nacionais eram propícios a uma violenta reação nacionalista. E foram a raiz do fascismo. A classe média em geral é peculiarmente suscetível aos mais exaltados mitos patrióticos, e a italiana, particularmente, se sentia distante e adversária da classe proletária socialista: não perdoava sua atitude de neutralidade, seus altos salários, os subsídios do Estado e as leis sociais que durante e depois da guerra havia conseguido pelo medo da revolução. A classe média padecia e sofria com a idéia de que o proletariado, neutro e até mesmo derrotista, acabasse usufruindo de uma guerra que havia rejeitado e cujos resultados desvalorizava, diminuía e desdenhava. Estes mau-humores da classe média encontraram um lar no fascismo. Mussolini atraiu, assim, a classe média a seus *fasci di combattimento.*

Alguns dissidentes do socialismo e do sindicalismo se alistaram nos *fasci,* contribuindo com sua experiência e sua destreza na organização e captação de massas. O fascismo não era todavia uma seita programática e conscientemente reacionária e conservadora: ele se considerava revolucionário. Sua propaganda tinha matizes subversivos e demagógicos. Posicionava-se, por exemplo, contra os novos ricos. Seus princípios –tendencialmente republicanos e anticlericais- estavam impregnados de uma confusão mental de classe média que, instintivamente descontente e desgostosa com a burguesia, era vagamente hostil ao proletariado. Os socialistas italianos cometeram o erro de não usar armas políticas sagazes para modificar a atitude espiritual da classe média. Mais ainda, acentuaram a inimizade entre o proletariado e a *piccola borghesia*, tratada desdenhosamente e zombada por alguns solenes teóricos da ortodoxia revolucionária.

A Itália entrou num período de guerra civil. Assustada pelas *chances* da revolução, a burguesia armou, abasteceu e estimulou solicitamente o fascismo e o empurrou à perseguição truculenta do socialismo, à destruição dos sindicatos e cooperativas revolucionárias, à quebra de greves e insurreições. O fascismo se converteu, assim, numa milícia numerosa e aguerrida e acabou por ser mais forte que o próprio Estado. Então reclamou o poder. As brigadas fascistas conquistaram Roma e Mussolini, em "camisa negra", ascendeu ao governo, obrigando à maioria do Parlamento a lhe obedecer e inaugurando um regime e uma era fascistas.

Sobre Mussolini se escreveu muita ficção e pouca realidade. Por causa de sua beligerância política, quase não é possível uma definição objetiva e nítida de sua personalidade e sua figura. Algumas definições são ditirâmbicas e cortesãs; outras, rancorosas e panfletárias. Mussolini é conhecido, episodicamente, através de anedotas e fotografias. Diz-se, por exemplo, que ele é o artífice do fascismo. Acredita-se que Mussolini "fez" o fascismo. Ora, Mussolini é um agitador treinado, um organizador experimentado, um personagem vertiginosamente ativo. Sua atividade, seu dinamismo e sua tensão influíram enormemente no fenômeno fascista. Mussolini, durante a campanha fascista, falava em três ou quatro cidades num mesmo dia: usava o avião para ir de Roma a Pisa, de Pisa a Bolonha, de Bolonha a Milão. Ele é voluntarista, dinâmico, verborrágico, italianíssimo, singularmente dotado para agitar as massas e excitar multidões: foi o organizador, o animador, o *condottiere* do fascismo. Mas não foi seu criador, não foi seu artífice. Extraiu de um estado de ânimo um movimento político; mas não modelou este movimento à sua imagem e semelhança, nem deu um espírito nem um programa ao fascismo. Ao contrário, foi o fascismo que deu seu espírito a Mussolini. Sua consubstanciação e identificação ideológica com os fascistas o obrigou a exonerar e a purgar seus últimos resíduos socialistas. Mussolini precisou assimilar o anti-socialismo e o chauvinismo da classe média para enquadrá-la e organizá-la nas fileiras dos *fasci di combattimento*, assim como teve de definir sua política como reacionária, anti-socialista e anti-revolucionária. O caso de Mussolini se distingue neste sentido dos casos de Bonomi, de Briand[2] e de outros ex-socialistas. Bonomi e Briand nunca se viram forçados a romper explicitamente com sua origem socialista. Atribuíram-se, isto sim, um socialismo mínimo, homeopático. Mussolini, ao contrário, chegou a dizer que se envergonhava de seu passado socialista como um homem maduro se envergonha de suas cartas de amor de adolescente e saltou do socialismo mais extremo ao conservadorismo mais radical. Não atenuou nem reduziu seu socialismo: abandonou-o total e integralmente. Seus rumos econômicos, por exemplo, são adversos a uma política de intervencionismo, de estatismo, de fiscalismo. Não aceitam o tipo transacional de Estado capitalista e empresário: tendem a restaurar o tipo clássico de Estado arrecadador e policial. Seus pontos de vista de hoje são diametralmente opostos aos de ontem. Mussolini era convicto de suas idéias ontem como é hoje. Qual foi, então, o mecanismo ou processo de sua conversão de uma doutrina a outra? Não se trata de um fenômeno cerebral; trata-se de um fenômeno irracional. O motor desta mudança de atitude ideológica não foi a idéia; foi o sentimento. Mussolini não se desembaraçou de seu socialismo, nem intelectual, nem conceitualmente. O socialismo não era nele um conceito, mas uma emoção, do mesmo modo que o fascismo tampouco é nele um conceito, mas

---

2 Aristide Briand (1862-1932), estadista francês e um dos fundadores do jornal *L'Humanité*, foi ministro da Instrução Pública e Cultos e candidato à presidência da França em 1931. Ganhou o Prêmio Nobel da Paz em 1926.

também uma emoção. Observemos um dado psicológico e fisionômico: Mussolini nunca foi um intelectual, mas um sentimental. Na política e na imprensa não foi um teórico nem um filósofo, mas um retórico e um condutor. Sua linguagem não foi programática, nem principista, nem científica, mas passional e sentimental. Os discursos mais fracos de Mussolini foram aqueles em que tentou definir a filiação e a ideologia do fascismo. O programa do fascismo é confuso, contraditório, heterogêneo: contém, mesclados *péle-méle*, conceitos liberais e sindicalistas. Melhor dizendo, Mussolini não deu ao fascismo um verdadeiro programa; ditou-lhe um plano de ação.

Mussolini passou do socialismo ao fascismo e da revolução à reação por uma via sentimental e não conceitual. Todas as apostasias históricas foram, provavelmente, um fenômeno espiritual. Mussolini, extremista da revolução ontem, extremista da reação hoje, nos lembra a Juliano. Como esse imperador, personagem de Ibsen[3] e de Merezhkovsky,[4] Mussolini é um ser inquieto, teatral, alucinado, supersticioso e misterioso que se sentiu eleito pelo Destino para decretar a perseguição do novo deus e repor em seu altar os moribundos deuses antigos.

---

3 Henrik Johan Ibsen (1828-1906), dramaturgo norueguês, autor de peças teatrais como *Catilina* (1850), *Brand* (1866), *Peer Gynt* (1867), *Os pilares da sociedade* (1877), *Casa de bonecas* (1879) e *Um inimigo do povo* (1882), entre outras.

4 Dmitry Sergeyevich Merezhkovsky (1865-1941), poeta, romancista e crítico russo. Autor de *Tolstoy e Dostoiévsky* (1901-1902), *Gogol e o demônio* (1906) e *O nascimento dos deuses* (1924-1925), entre outros.

34.
D'ANNUNZIO E O FASCISMO[1]

[1] Publicado originalmente na seção "Biologia do fascismo", no livro *La escena contemporánea*, Lima, Editorial Minerva, 1925. Ver também Luiz Bernardo Pericás (org.), *José Carlos Mariátegui: do sonho às coisas, retratos subversivos*, São Paulo, Boitempo Editorial, 2005, págs 37 a 41.

D'Annunzio não é fascista. Mas o fascismo é d'annunziano. O fascismo usa consuetudinariamente uma retórica, um técnica e uma postura d'annunzianas. O grito fascista de "Eia, eia, alalá" é um grito da epopéia de D'Annunzio. As origens espirituais do fascismo estão na literatura e na vida de D'Annunzio. Ele pode, portanto, renegar o fascismo; mas o fascismo não pode renegá-lo. D'Annunzio é um dos criadores, um dos artífices do estado de ânimo no qual se incubou e se plasmou o fascismo.

Mais ainda: todos os capítulos recentes da história italiana estão saturados de d'annunzianismo. Adriano Tilgher,[2] num denso ensaio sobre a *Terza Italia* define o período pré-bélico de 1905 a 1915 como "o reino incontestado da mentalidade d'annunziana, nutrida de recordações da Roma imperial e das comunas italianas da Idade Média, formada de naturalismo pseudopagão, de aversão ao sentimentalismo cristão e humanitário, de culto à violência, de desprezo pelo vulgo profano curvado sobre o trabalho servil, de diletantismo quilometrofágico com um vago delírio de grandes palavras e de gestos imponentes". Durante esse período, constata Tilgher, a pequena e a média burguesia italiana se alimentaram da retórica de uma imprensa dirigida por literatos fracassados, totalmente impregnados de d'annunzianismo e de nostalgias imperiais.

E na guerra contra a Áustria –uma gesta d'annunziana- se gerou o fascismo, que é também uma gesta d'annunziana. Todos os líderes e capitães do fascismo provêm da facção que se envolveu com o governo neutralista de Giolitti e que conduziu a Itália à guerra. As brigadas

---

2 Adriano Tilgher (1887-1941), filósofo e crítico italiano, admirador de Pirandello e autor de *Relativismo contemporâneo,* entre outras obras.

do fascismo se chamaram inicialmente feixes de combate. O fascismo foi uma emanação da guerra. A aventura de Fiume e a organização dos *fasci* foram dois fenômenos gêmeos e sincrônicos. Os fascistas de Mussolini e os *arditi* de D'Annunzio confraternizavam. Uns e outros se lançavam a suas empresas ao grito de "Eia, eia, alalá"! O fascismo e o fiumanismo amamentavam nas tetas da mesma loba, como Rômulo e Remo. Mas, assim como Rômulo e Remo, o destino queria que matassem um ao outro. O fiumanismo sucumbiu em Fiume afogado em sua retórica e em sua poesia. E o fascismo se desenvolveu, livre da concorrência de todo movimento similar, às expensas dessa imolação e desse sangue.

O fiumanismo resistia em descer do mundo astral e olímpico de sua utopia ao mundo contingente, precário e prosaico da realidade. Sentia-se por cima da luta de classes, por cima do conflito entre a idéia individualista e a idéia socialista, por cima da economia e de seus problemas. Isolado da terra, perdido no éter, o fiumanismo estava condenado à evaporação e à morte. O fascismo, por outro lado, tomou posição na luta de classes, e explorando a ojeriza da classe média contra o proletariado, a enquadrou em suas fileiras e a levou à luta contra a revolução e contra o socialismo. Todos os elementos reacionários e conservadores que estavam mais ansiosos por um comando decidido a combater a revolução do que por um político inclinado a pactuar com ela, se alistaram e se concentraram nos quadros do fascismo. Exteriormente, o fascismo conservou seus ares d'annunzianos; mas interiormente seu novo conteúdo e estrutura social desalojaram e sufocaram a rarefeita ideologia d'annunziana. O fascismo cresceu e venceu, não como movimento d'annunziano, mas como movimento reacionário; não como interesse superior à luta de classes, mas como interesse de uma das classes beligerantes. O fiumanismo era mais um fenômeno literário do que político. O fascismo, por outro lado, é um fenômeno eminentemente político. O *condotiere* do fascismo tinha que ser, por conseguinte, um político, um caudilho tumultuador, plebiscitário, demagógico. E o fascismo por isso encontrou em Benito Mussolini -e não em Gabriel D'Annunzio- seu *duce*, seu animador. O fascismo necessitava de um líder pronto a usar, contra o proletariado socialista, o revólver, o bastão e o óleo de rícino. E poesia e óleo de rícino são duas coisas inconciliáveis e dissimiles.

A personalidade de D'Annunzio é arbitrária, versátil e não cabe dentro de um partido: ele é um homem sem filiação nem disciplina ideológicas. Aspira a ser um grande ator da história. Não lhe preocupa senão sua grandeza, seu destaque, sua estética. Não obstante, D'Annunzio mostrou, apesar de seu elitismo e seu aristocratismo, uma freqüente e instintiva tendência à esquerda e à revolução. Em D'Annunzio não há uma teoria, uma doutrina, um conceito: há sobretudo, um ritmo, uma música, uma forma, que tiveram, entretanto, em alguns sonoros episódios da história do grande poeta, um matiz e um sentido revolucionários. É que D'Annunzio ama o passado; mas ama ainda mais o presente. O passado o provê e o abastece de elementos decorativos, de esmaltes arcaicos, de cores raras e de hieróglifos misteriosos. Mas o presente é a vida. E a vida é a fonte da fantasia e da arte. E, enquanto a reação é o instinto de conservação, o estertor agonizante do passado, a revolução é a gestação dolorosa, o parto sangrento do presente.

Quando, em 1900, D'Annunzio ingressou na Câmara italiana, sua carência de filiação e falta de ideologia o levaram a um escaninho conservador. Mas num dia de polêmica emocionante entre a maioria burguesa e dinástica, e a extrema esquerda socialista e revolucionária, D'Annunzio, ausente da controvérsia teórica, sensível somente ao pulsar e à emoção da vida, se sentiu atraído magneticamente para o campo de gravitação da minoria. E falou assim à extrema esquerda: "No espetáculo de hoje vi, de um lado, muitos mortos que gritam e, de outro, poucos vivos e eloqüentes. Como homem de intelecto, caminho para a vida". D'Annunzio não caminhava para o socialismo nem para a revolução. Nada sabia nem queria saber de teorias nem de doutrinas. Caminhava simplesmente para a vida. A revolução exercia nele a mesma atração natural e orgânica que o mar, que o campo, que a mulher, que a juventude e que o combate.

E, depois da guerra, D'Annunzio voltou a aproximar-se várias vezes da revolução. Quando ocupou Fiume, disse que o fiumanismo era a causa de todos os povos oprimidos e irredentos. E enviou um telegrama a Lênin. Parece que Lênin quis responder-lhe, mas os socialistas italianos se opuseram a que os Sovietes levassem a sério o gesto do poeta. D'Annunzio convidou todos os sindicatos de Fiume a colaborar com ele na elaboração da Constituição fiumana. Alguns homens da ala esquerda do socialismo, inspirados por um instinto revolucionário, propugnaram por um entendimento com D'Annunzio. Mas a burocracia do socialismo e dos sindicatos rechaçou e excomungou esta proposta herética, declarando D'Annunzio um diletante, um aventureiro. A heterodoxia e o individualismo do poeta repugnavam seu sentimento revolucionário. Privado de toda cooperação doutrinária, ele deu a Fiume uma Constituição retórica, de tom épico, que é, sem dúvida, um dos mais curiosos documentos da literatura política destes tempos. Na capa da Constituição do Arengo del Carnaro estão escritas estas palavras: "A vida é bela e digna de ser magnificamente vivida". E em seus capítulos e incisos, a Constituição de Fiume assegura aos cidadãos do Arengo del Carnaro uma assistência ampla, generosa e infinita para seu corpo, alma, imaginação e músculos. Na Constituição de Fiume existem toques de comunismo. Não do moderno, científico e dialético comunismo de Marx e de Lênin, mas sim do utópico e arcaico comunismo da República de Platão, da Cidade do Sol de Campanella[3] e da Cidade de San Rafael de John Ruskin.

Liquidada a aventura de Fiume, D'Annunzio teve um período de contato e de negociações com alguns líderes do proletariado. Em

3 Tommaso Campanella (1568-1639), filósofo italiano e monge dominicano, defendia a divisão das terras feudais. Foi preso por ser um dos líderes da revolta camponesa na Calábria. Escreveu *A cidade do sol*.

sua vila de Gardone, se entrevistaram com ele D'Aragona e Baldesi, secretários da Confederação Geral do Trabalho. Recebeu também a visita de Tchicherin,[4] que retornava de Gênova à Rússia. Pareceu então iminente o acordo de D'Annunzio com os sindicatos e com o socialismo. Eram os dias em que os socialistas italianos, desvinculados dos comunistas, pareciam próximos à colaboração governamental. Mas a ditadura fascista estava em andamento. E, em vez de D'Annunzio e os socialistas, foram Mussolini e os "camisas negras" que conquistaram a Cidade Eterna.

D'Annunzio tem boas relações com o fascismo. A ditadura dos "camisas negras" flerta com o Poeta, que de seu retiro de Gardone, a observa sem rancor nem antipatia. Mas se mantém esquivo e intratável a qualquer colaboração com ela. Mussolini patrocinou o *pacto marinheiro*, redigido pelo Poeta, o qual é uma espécie de padrinho da gente do mar. Os trabalhadores do mar se submetem voluntariamente a sua arbitragem e a seu império. O poeta de *La Nave* exerce sobre eles uma autoridade patriarcal e teocrática. Proibido de legislar para a terra, se contenta em legislar para o mar, que o compreende melhor.

Mas a história tem como cenário a terra e não o mar. E tem como assunto central a política e não a poesia. A política que reclama de seus atores contato constante e metódico com a realidade, com a ciência, com a economia e com todas aquelas coisas que a megalomania dos poetas desconhece e desdenha. Em uma época normal e calma da história, D'Annunzio não teria sido um protagonista da política, porque nestes períodos a política é um negócio administrativo e burocrático. Mas nesta época de neo-romantismo e de renascimento do Herói, do Mito e da Ação, a política deixa de ser um ofício sistemático da burocracia e da

4 Georgi Vassilievitch Tchitcherin (1872-1936), diplomata soviético, foi comissário do povo dos Negócios Estrangeiros entre 1918 e 1930, e chefe da delegação soviética nas conferências internacionais de Gênova e de Lausanne. Uma das principais personalidades do governo soviético.

ciência. D'Annunzio tem, por isso, um lugar na política contemporânea. Só que, ondulante e arbitrário, não pode imobilizar-se dentro de uma seita nem se alistar em um grupo. Não consegue caminhar nem com a reação nem com a revolução e é menos capaz ainda de afiliar-se à eclética e sagaz zona intermediária da democracia e da reforma.

Assim, sem que D'Annunzio seja consciente nem especificamente reacionário, a reação é paradóxica e enfaticamente d'annunziana e na Itália, tomou do d'annunzianismo o gesto, a pose e o sotaque. Em outros países a reação é mais sóbria, brutal e despida. Já na Itália, país da eloqüência e da retórica, a reação necessita erguer-se sobre um plinto suntuosamente decorado pelos frisos, pelos baixo relevos e pelas volutas da literatura d'annunziana.

35.
A INTELIGÊNCIA E O ÓLEO DE RÍCINO[1]

[1] Publicado originalmente na seção "Biologia do fascismo", no livro *La escena contemporánea*, Lima, Editorial Minerva, 1925.

O fascismo conquistou, ao mesmo tempo que o governo e a Cidade Eterna, a maioria dos intelectuais italianos. Uns se atrelaram sem reservas a seu carro e sua fortuna; outros, lhe deram um consenso passivo; outros, ainda, os mais prudentes, lhe concederam uma neutralidade benévola. A Inteligência gosta de se deixar possuir pela Força. Sobretudo quando a força é, como no caso do fascismo, jovem, ousada, marcial e aventureira.

Concorriam, ademais, nesta adesão de intelectuais e artistas ao fascismo, causas especificamente italianas. Todos os últimos capítulos da história da Itália aparecem saturados de d'annunzianismo. "As origens espirituais do fascismo estão na literatura de D'Annunzio". O futurismo –que foi uma face, um episódio do fenômeno d'annunziano- é outro dos ingredientes psicológicos do fascismo. Os futuristas saudaram a guerra de Trípoli como a inauguração de uma nova era para a Itália. D'Annunzio foi, mais tarde, o *condottiere* espiritual da intervenção da Itália na guerra mundial. Futuristas e d'annunzianos criaram na Itália um humor megalomaníaco, anticristão, romântico e retórico. Predicaram às novas gerações –como o assinalaram Adriano Tilgher e Arturo Labriola- o culto do herói, da violência e da guerra. Num povo como o italiano, cálido, meridional e prolífico, mal contido e alimentado por seu exíguo território, existia uma latente tendência à expansão. Tais idéias encontraram, portanto, uma atmosfera favorável. Os fatores demográficos e econômicos coincidiam com as sugestões literárias. A classe média, em particular, foi presa fácil do espírito d'annunziano. (O proletariado, dirigido e controlado pelo socialismo, era menos permeável a tal influência). Com esta literatura colaboraram a filosofia idealista de Gentile e de Croce e todas as importações e transformações do pensamento tedesco.

Idealistas, futuristas e d'annunzianos sentiram no fascismo uma obra própria. Aceitaram sua paternidade. O fascismo estava unido à maioria dos intelectuais por um simples cordão umbilical. D'Annunzio não se incorporou ao fascismo, no qual não podia ocupar um posto de lugar-tenente; mas manteve com ele cordiais relações e não rechaçou seu amor platônico. E os futuristas se alistaram voluntariamente nos quadros fascistas. O mais ultraísta dos jornais fascistas, *L'Impero* de Roma, ainda é dirigido por Mario Carli e Emilio Settimelli, dois sobreviventes da experiência futurista. Ardengo Soffici, outro ex-futurista, colabora em *Il Popolo d'Italia*, o órgão de Mussolini. Os filósofos do idealismo tampouco se negaram a aderir ao fascismo. Giovanni Gentile, depois de reformar fascisticamente o ensino, fez a apologia idealista do porrete. Finalmente, os literatos solitários, sem escola e sem capela, também reclamaram um lugar no cortejo vitorioso do fascismo. Sem Benelli, um dos maiores representantes dessa categoria literária, demasiadamente cauto para vestir a "camisa negra", colaborou com os fascistas, e sem confundir-se com eles, aprovou sua práxis e seus métodos. Nas últimas eleições, Sem Benelli foi um dos candidatos conspícuos da lista governista.

Mas isto acontecia nos tempos que ainda eram, (ou pareciam ser), de plenitude e de apogeu da gesta fascista. A partir do momento em que o fascismo começou a declinar, os intelectuais começaram a retificar sua atitude. Os que guardaram silêncio ante a marcha a Roma sentem hoje a necessidade de julgá-la e condená-la. O fascismo perdeu grande parte de sua clientela e de seu séqüito de intelectuais. As conseqüências do assassinato de Matteotti apressaram as defecções.

Atualmente se afirma entre os intelectuais essa corrente anti-fascista. Roberto Bracco é um dos líderes da oposição democrática. Benedetto Croce se declara também anti-fascista, apesar de compartilhar com Giovanni Gentile a responsabilidade e os louros da filosofia idealista. D'Annunzio, que se mostra taciturno e mal humorado, anunciou que se retira da vida pública e que volta a ser o mesmo "solitário e orgulhoso artista" de antes. Sem Benelli, enfim, com alguns dissidentes do fascismo e do filo-fascismo, fundou a Liga Itálica com o objetivo de provocar uma revolta moral contra os métodos dos "camisas negras".

Recentemente, o fascismo recebeu a adesão de Pirandello.[2] Mas Pirandello é um humorista. Por outro lado, é um pequeno burguês, provinciano e anarcóide, com muito engenho literário e muito pouca sensibilidade política. Sua atitude nunca pode ser considerada o sintoma de uma situação. Apesar de Pirandello, é evidente que os intelectuais italianos estão descontentes com o fascismo. O idílio entre a inteligência e o óleo de rícino terminou.

Como se gerou esta ruptura? Convém eliminar imediatamente uma hipótese: a de que os intelectuais se afastam de Mussolini porque este não valorizou ou aproveitou mais sua colaboração. O fascismo costuma ornamentar-se de retórica imperialista e dissimular sua carência de princípios sob alguns lugares comuns literários; porém, mais que os artesãos da palavra, ama os homens de ação. Mussolini é um homem demasiadamente agudo e esperto para rodear-se de literatos e professores. Serve-lhe mais um estado-maior de demagogos e guerrilheiros, especialistas no ataque, no tumulto e na agitação. Entre o porrete e a retórica, elege sem dúvida o porrete. Roberto Farinacci, um dos líderes atuais do fascismo, o principal ator de sua última Assembléia Nacional, não é apenas um descomunal inimigo da liberdade e da democracia, mas também da gramática. Mas essas coisas não são suficientes para desgostar os intelectuais. Na verdade, nem os intelectuais esperaram jamais

---

2 Luigi Pirandello (1867-1936), dramaturgo, contista, poeta e romancista italiano, escreveu *Mal giocondo* (1889), *Amori senza amore* (1894), *L'esclusa* (1901) e *Il turno* (1902). Começou a fazer sucesso com seu livro *Il fu Mattia Pascal* (1904), seguido de outras obras, como *Uno, nessuno e centomila* e *L'umorismo*. Em 1898 havia estreado como dramaturgo com *L'epilogo*, e voltou a escrever peças a partir de 1910, com *La morsa*. Sua peça mais famosa é *Sei personaggi in cerca d'autore* (1921). Escreveu também *Tutto per bene* (1920), *Vestire gli ignudi* (1923) e *Questa sera si recita a soggetto* (1930).

que Mussolini convertesse seu governo numa academia bizantina, nem a prosa fascista foi antes mais gramatical que agora. Tampouco ocorre que aos literatos, filósofos e artistas, à *Artecracia*, como a chama Marinetti, lhe horrorizem demasiadamente a truculência e a brutalidade da gesta dos "camisas negras". Durante três anos as sofreram sem queixa nem repulsa.

A nova orientação da inteligência italiana é um sinal, um indício de um fenômeno mais profundo. Para o fascismo não é um acontecimento grave em si, senão como parte de um acontecimento maior. A perda ou a aquisição de alguns poetas, como Sem Benelli, carece de importância tanto para a Reação como para a Revolução. A inteligência, a "artecracia", não reagiram contra o fascismo antes das categorias sociais, dentro das quais estão incrustadas, mas depois delas. Não são os intelectuais os que mudam de atitude ante o fascismo; é a burguesia, os bancos, a imprensa, etc. , etc. , as mesmas pessoas e as mesmas instituições cujo consenso permitiu há três anos a marcha a Roma. A inteligência é essencialmente oportunista. O papel dos intelectuais na história é, na realidade, muito modesto. Nem a arte, nem a literatura, apesar de sua megalomania, dirigem a política; dependem dela, como outras tantas atividades menos agradáveis e menos ilustres. Os intelectuais formam a clientela da ordem, da tradição, do poder, da força, etc. , e, em caso necessário, do porrete e do óleo de rícino. Alguns espíritos superiores, algumas mentalidades criadoras escapam dessa regra; mas são espíritos e mentalidades de exceção. Gente de classe média, os artistas e os literatos não têm geralmente nem aptidão nem *élan* revolucionários. Os que, atualmente, ousam insurgir-se contra o fascismo são totalmente inofensivos. A *Liga Itálica* de Sem Benelli, por exemplo, não quer ser um partido, e quase nem pretende fazer política. Define a si mesma como "um vínculo sagrado para desenvolver seu sagrado programa: pelo Bem e o Direito da Nação Itálica; pelo Bem e o Direito do homem itálico". Este programa pode ser muito sagrado, como diz Sem Benelli; mas é, ademais, muito vago, vaporoso e cândido. Sem Benelli, com essa nostalgia do passado e esse gosto pelas frases arcaicas, tão próprias dos poetas medíocres de hoje, vai pelos caminhos da Itália dizendo como um grande poeta de ontem: *Pace, pace, pace!* Seu conselho impotente chega com muito atraso.

36.
A TEORIA FASCISTA[1]

[1] Publicado originalmente na seção "Biologia do fascismo", no livro *La escena contemporánea*, Lima, Editorial Minerva, 1925.

A crise do regime fascista, precipitada pelo processo Matteotti, esclareceu e precisou a fisionomia e o conteúdo do fascismo.

O partido fascista, antes da marcha a Roma, era uma nebulosa amorfa. Durante muito tempo não quis se qualificar nem funcionar como um partido. O fascismo, segundo muitos "camisas negras" da primeira hora, não era uma facção, mas um movimento. Pretendia ser, mais que um fenômeno político, um fenômeno espiritual e significar, sobretudo, uma reação da Itália vencedora de Vittorio Veneto contra a política de desvalorização dessa vitória e suas conseqüências. A composição e a estrutura dos *fasci* explicavam sua confusão ideológica. Os *fasci* recrutavam seus adeptos nas mais diversas categorias sociais. Em seus quadros se mesclavam estudantes, oficiais, literatos, empregados, nobres, camponeses e também, operários. O estado-maior do fascismo não podia ser mais policrômico. Compunham-no dissidentes do socialismo como Mussolini e Farinacci; ex-combatentes, carregados de medalhas, como Igliori e De Vecchi;[2] literatos futuristas exuberantes e bizarros como Filippo Marinetti e Emilio Settimelli; ex-anarquistas de recente conversão como Massimo Rocca; sindicalistas como Cesare Rossi e Michele Bianchi;[3] republicanos mazzinia-

---

[2] Cesare Maria De Vecchi (1884-1959), formado em direito, apoiou a intervenção da Itália na Primeira Guerra Mundial. Membro do PNF, era da ala monárquica e moderada. Chefe do *squadre* de Turim. Foi eleito deputado em 1921. Membro do Quadrunvirato da Marcha a Roma. Membro do governo fascista. De 1923 a 1928, foi governador da Somália. Foi nomeado senador por Vittorio Emanuele III. Ministro da Educação entre 1935 e 1936. Em 1941, entrou no Grande Conselho Fascista. Depois da Segunda Guerra Mundial, fugiu para a Argentina. Voltou à Itália em 1949. Aderiu ao Movimento Social Italiano.

[3] Michele Bianchi (1883-1930), jornalista e político italiano. Estudou no liceu em Cosenza e na Faculdade de Direito em Roma. Começou como redator do *Avanti!* e aderiu ao PSI, do qual foi dirigente. Em 1904, participou do Congresso de Bolonha, apoiando a corrente de Arturo Labriola. Foi da direção da *Gioventù*

nos como Casalini;[4] fiumanistas como Giunta e Giuriati;[5] e monarquistas ortodoxos da nobreza vinculada à dinastia de Saboya. Republicano, anticlerical e iconoclasta em suas origens, o fascismo se declarou mais ou menos agnóstico ante o regime e a Igreja quando se tornou um partido.

A bandeira da pátria cobria todos os contrabandos e todos os equívocos doutrinários e programáticos. Os fascistas se atribuíam a representação exclusiva da italianidade. Ambicionavam o monopólio do patriotismo. Lutavam para açambarcar para sua facção os combatentes e mutilados da guerra. A demagogia e o oportunismo de Mussolini e seus auxiliares se beneficiaram, amplamente, a este respeito, da desastrada política dos socialistas, a quem uma insensata e inoportuna vociferação antimilitarista havia inimizado com a maioria dos combatentes.

A conquista de Roma e do poder agravou o equívoco fascista. Os fascistas se encontraram flanqueados por elementos liberais, democráticos, católicos, que exercitavam sobre sua mentalidade e seu espírito uma influência cotidiana enervante. Nas fileiras do fascismo se alistaram, ademais, muitas pessoas seduzidas unicamente pelo êxito. A composição do fascismo se tornou espiritual e socialmente mais heteróclita. Mussolini não pôde, por isto, realizar plenamente o golpe de Estado. Chegou ao poder insurrecionalmente; mas procurou, em seguida, o apoio da maioria parlamentar. Inaugurou uma política de compromissos e de transa-

---

Socialista, órgão da Federação da Juventude Socialista, diretor da *Lotta Socialista*, diretor do jornal *La Scintilla*, assim como fundou e dirigiu *La Battaglia*. Lutou na Primeira Guerra Mundial. Depois da guerra, participou da fundação dos *fasci italiani di combattimento* e do PNF. Em 1921, foi eleito secretário nacional do partido fascista. Foi também secretário geral do Ministério do Interior e membro do Grande Conselho do Fascismo. Em 1924 tornou-se deputado e em 1929, foi nomeado ministro do Trabalho Público.

4 Enzo Casalini (1886-1963), participou da Primeira Guerra Mundial como capitão. Em seguida, aderiu ao fascismo. Sua família era dona do *Corriere del Polesine*. Em 1924, foi secretário provincial do PNF. Em 1927, funda o *La Voce del Mattino*. Abandona a atividade política em 1932.

5 Giovanni Giurati (1876-1970), foi eleito para a Câmara dos Deputados em 1929. Membro do primeiro gabinete Mussolini. Tornou-se secretário do PNF em 24 de setembro de 1930. Apoiou a invasão de Fiume.

ções. Tratou de legalizar a ditadura. Oscilou entre o método ditatorial e o método parlamentar. Declarou que o fascismo devia entrar o quanto antes na legalidade. Mas esta política flutuante não podia cancelar as contradições que minavam a unidade fascista. Não tardaram em manifestar-se no fascismo duas almas e duas mentalidades antitéticas. Uma fração extremista ou ultraísta pugnava pela inserção integral da revolução fascista no Estatuto do Reino da Itália. O Estado demo-liberal devia, a seu juízo, ser substituído pelo Estado fascista. Uma ala revisionista reclamava, no entanto, uma retificação mais ou menos extensa da política do partido. Condenava a violência arbitrária dos *ras* de província. Os *ras*, como se designa os chefes ou *condottieri* regionais do partido fascista, exerciam sobre as províncias uma autoridade medieval e despótica. Contra o *rasismo*, contra o *squadrismo*, se insurgiam os fascistas revisionistas. O mais categórico e autorizado líder revisionista, Massimo Rocca, manteve ardorosas polêmicas com os líderes extremistas. Essa polêmica teve vastas projeções. Quis-se fixar e definir, de uma e outra parte, a função e o ideário do fascismo. O fascismo que até então não se havia preocupado senão de ser ação, começava a sentir a necessidade de ser também uma teoria. Curzio Suckert[6] atribuía ao fascismo uma alma católica, me-

[6] Kurt Erich Suckert (1898-1957), mais conhecido como Curzio Malaparte, jornalista, dramaturgo, contista, romancista e diplomata. O sobrenome escolhido é um trocadilho com Bonaparte. Nascido em Prato, de mãe lombarda e pai alemão, estudou no *Collegio Cicognini* e depois na Universidade *La Sapienza*. Em 1918, começou sua carreira jornalística. Lutou na Primeira Guerra Mundial, tornando-se capitão do Quinto Regimento dos Alpes, recebendo várias condecorações. Participou da Marcha a Roma. Em 1924, fundou o periódico *La Conquista dello Stato*. Foi membro do Partido Nacional Fascista. Em 1926, fundou, com Massimo Bontempelli, a revista literária *900*, e depois tornou-se editor da *Fiera Letteraria*, assim como editor do *La Stampa*, de Turim. Escreveu *La Rivolta dei Santi* (1921) e *Tecnica del Colpo di Stato* (1931). Começou a criticar Hitler e Mussolini, sendo expulso do Partido Nacional Fascista. Entre 1933 e 1938, foi exilado na ilha de Lipari. Foi também preso em 1938, 1939, 1941 e 1943. Foi correspondente de guerra do *Corriere della Sera* na frente oriental em 1941. Ainda publicou *Il Volga Nasce in Europa* (1943), *Kaputt* (1944) e *A pele* (1949). Escreveu para revistas literárias da França, Inglaterra, Itália e Estados Unidos. Depois da guerra, tornou-se membro do Partido Comunista italiano e mais tarde, aproximou-se do maoísmo. Escreveu também peças de teatro e filmes.

dieval, anti-liberal e anti-renascentista. O espírito do Renascimento, o protestantismo, o liberalismo, era descrito como um espírito dissolvente, niilista, contrário aos interesses espirituais da italianidade. Os fascistas não reparavam que, desde suas primeiras aventuras, haviam se qualificado, antes de tudo, como propugnadores da idéia da nação, idéia de claras origens renascentistas. A contradição não parecia embaraçá-los de nenhuma maneira. Mario Pantaleoni e Michele Bianchi falavam, por sua parte, do projetado Estado fascista como um Estado sindical. E os revisionistas, de seu lado, apareciam tingidos de um vago liberalismo. As teses de Massimo Rocca suscitaram o protesto de todos os extremistas. E Massimo Rocca foi excomungado oficialmente pela seita fascista como um herege perigoso. Mussolini não se misturava nestes debates. Ausente da polêmica, ocupava virtualmente no fascismo uma posição centrista. Interrogado, cuidava de não comprometer-se com uma resposta demasiadamente precisa. "Depois de tudo, o que importa o conteúdo teórico de um partido? O que lhe dá força e vida é sua tonalidade, é sua vontade, é a alma daqueles que o constituem".

Quando o trabalho de definição do fascismo havia chegado a este ponto, sobreveio o assassinato de Matteotti. Ao princípio Mussolini anunciou a intenção de depurar as fileiras fascistas. Esboçou, num discurso no Senado, sob a pressão da tempestade desencadeada pelo crime, um plano de política normalizadora. A Mussolini lhe urgia nesse instante satisfazer os elementos liberais que sustentavam seu governo. Mas todos seus esforços para domesticar a opinião pública fracassaram. O fascismo começou a perder seus simpatizantes e aliados. As defecções dos elementos liberais e democráticos que, no princípio, por medo à revolução socialista, o haviam flanqueado e sustentado, isolaram o governo de Mussolini gradualmente de toda a opinião não fascista. Este isolamento empurrou o fascismo a uma posição cada dia mais beligerante. Prevaleceu no partido a mentalidade extremista. Mussolini ainda usava, às vezes, uma linguagem conciliadora, com a esperança de quebrar ou debilitar o espírito combativo da oposição; mas, na realidade, o fascismo voltava a uma tática guerreira. Na seguinte Assembléia Nacional do partido fascista, dominou a tendência extremista que tem em Farinacci seu *condottiere* mais típico. Os revisionistas, encabeçados por Bottai, capitularam em todos os sentidos. Logo, Mussolini nomeou uma comissão para a reforma do Estatuto da Itália. Na imprensa fascista, reapareceu a tese de que o Estado demo-liberal devia abrir o caminho ao Estado fascista-unitário. Este estado de ânimo do partido fascista teve sua mais enfática e agressiva manifestação na rejeição da renúncia do deputado Giunta ao cargo de vice-presidente da Câmara. Giunta se demitiu por ter exigido ao procurador do rei autorização para processá-lo como responsável da agressão ao fascista dissidente Cesare Forni. E a maioria fascista quis ampará-lo com uma declaração estrondosa e explícita de solidariedade. Tal atitude não pôde ser mantida. A maioria fascista, numa votação posterior, a retificou a contragosto, forçada por uma tempestade de protestos. Mussolini necessitou empregar toda sua autoridade para obrigar os deputados fascistas à retirada. Não conseguiu, entretanto, impedir que Michele Bianchi e Farinacci se declarassem descontentes com esta manobra oportunista, inspirada em considerações de tática parlamentar.

O super-fascismo, o ultra-fascismo, ou como se queira chamá-lo, não tem apenas um matiz. Vai do fascismo *rasista* ou *squadrista* de Farinacci ao fascismo *integralista* de Michele Bianchi e Curzio Suckert. Farinacci encarna o espírito das esquadras de *camisas negras* que, depois de treinar truculentamente nos *raids* punitivos contra os sindicatos e as cooperativas socialistas, marcharam sobre Roma para inaugurar a ditadura fascista. Farinacci é um homem tempestuoso e incandescente a quem não lhe interessa a teoria, mas sim a ação. É o tipo mais genuíno do *ras* fascista. Tem em suas mãos a província de Cremona, de onde dirige um jornal, *Cremona Nuova*, que costumeiramente ameaça os grupos e políticos de oposição com uma segunda "onda" fascista. A primeira "onda" foi a que conduziu à conquista de Roma. A segunda "onda", segundo o léxico acérrimo de Farinacci, varreria a todos os adversários do regime fascista numa noite de São Bartolomeu. Ex-ferroviário, ex-socialista, Farinacci tem uma psicologia de agitador e de *condottiere*. Em seus artigos e discursos anda a porretadas com a gramática. A imprensa de oposição assinala (frequentemente) esta característica de sua prosa. Farinacci confunde no mesmo ódio feroz a democracia, a gramática e o socialismo. Quer ser, a todo instante, um genuíno *camisa negra*. Mais intelectualizados -mas não menos apocalípticos que Farinacci- são os fascistas do jornal *L'Impero* de Roma. Dirigem este jornal dois escritores procedentes do futurismo, Mario Carli e Emilio Settimelli, que convidam o fascismo a liquidar definitivamente o regime parlamentarista. *L'Impero* é delirantemente imperialista. Armada da *machadinha do lictor*, a Itália fascista tem, segundo *L'Impero*, uma missão elevadissima no atual capítulo da história do mundo. *L'Impero* também preconiza a segunda onda fascista. Michele Bianchi e Curzio Suckert são os teóricos do fascismo integral. Bianchi bosqueja a técnica do Estado fascista concebido quase como um truste vertical de sindicatos ou corporações. Suckert, diretor de *La Conquista dello Stato*, discorre filosoficamente.

Com esta tendência convive, no partido fascista, uma tendência moderada, conservadora, que não renega o liberalismo nem o Renascimento, que trabalha pela normalização do fascismo e que pugna por encarrilhar o governo de Mussolini dentro de uma legalidade burocrática. Formam o núcleo da tendência moderada os antigos nacionalistas de *L'Idea Nazionale* absorvidos pelo fascismo que se seguiu de imediato ao golpe de Estado. A ideologia desses nacionalistas é mais ou menos a mesma da velha direita liberal. Pávidos monarquistas, se opõem a que o golpe de Estado fascista comprometa o minimo possível as bases da monarquia e do Estatuto. Federzoni e Paolucci representam esta zona moderada do fascismo.

Mas, por sua mentalidade, por seu temperamento e por seus antecedentes, os fascistas do tipo Federzoni e de Paolucci são os que menos encarnam o verdadeiro fascismo. Trata-se, em seu caso, de prudentes e mesurados conservadores. Nenhum romantismo exorbitante, nenhuma desesperada nostalgia da Idade Média, os tira do sério. Não têm psicologia de *condottieri*. Farinacci, por outro lado, é um exemplar autêntico de fascista. É o homem do porrete, provinciano, fanático, catastrófico, guerreiro, em quem o fascismo não é um conceito, não é uma teoria, mas tão somente, uma paixão, um impulso, um grito, um "alalá".

37.
OS NOVOS ASPECTOS DA BATALHA FASCISTA[1]

[1] Publicado originalmente na seção "Biologia do fascismo" no livro *La escena contemporánea*, Lima, Editorial Minerva, 1925.

Como quase todo mundo sabe, ou crê sabê-lo, o fascismo representa a reação. Mas a complexa realidade do fenômeno fascista não se deixa captar integralmente numa definição simplista e esquemática. O *Diretório* também representa a reação. E, entretanto, não se pode estudar da mesma forma a reação no *Diretório* como no fascismo. Não só por desdém à estupidez fanfarrona e condecorada de Primo de Rivera[2] e seus sequazes; não só pela convicção de que estes mediocríssimos *tartarins* são demasiadamente insignificantes e triviais para influir no curso da história; mas sobretudo porque o fenômeno reacionário deve ser considerado e analisado onde se manifesta em toda sua potência, onde assinala a decadência de uma democracia antes vigorosa, onde constitui a antítese e o efeito de um extenso e profundo fenômeno revolucionário.

Na Itália, a reação nos oferece seu máximo experimento e seu maior espetáculo. O fascismo italiano representa, plenamente, a anti-revolução ou, como se prefira chamá-la, a contra-revolução. A ofensiva fascista se explica e se realiza na Itália como conseqüência de uma retirada ou de uma derrota revolucionária. O regime fascista não foi gerado num clube:

2 Miguel Primo de Rivera y Orbaneja (1870-1930), ingressou na Academia Militar aos quatorze anos de idade, servindo mais tarde no Marrocos, em Cuba e nas Filipinas. Em 1902, foi nomeado general de brigada e em 1915, governador militar de Cádiz. Deu um golpe de Estado em 1923 com o apoio de militares, industriais e setores conservadores espanhóis. Implantou um regime ditatorial dirigido por um Diretório militar. Sua ditadura foi inspirada em Mussolini e no fascismo italiano. Criou um partido único, a União Patriótica, em 1924. Perseguiu os anarquistas e os catalanistas, eliminou os partidos políticos, aumentou o protecionismo estatal em favor da indústria nacional, realizou grandes obras públicas e proibiu o uso de línguas regionais em atos públicos. Depois o Diretório se tornou civil. Em 1927, foi nomeada uma Assembléia Nacional. Em 1930, ele apresentou sua renúncia e se exilou na França.

plasmou-se no seio de uma geração e nutriu-se das paixões e do sangue de uma espessa camada social. Teve, como animador, como caudilho, um homem do povo, intuitivo, agudo, vibrante, exercitado no domínio, no comando e na sedução da multidão, nascido para a polêmica e para o combate e que, excluído das fileiras socialistas, quis ser o *condottiere*, rancoroso e implacável, do anti-socialismo; ele marchou à frente da anti-revolução com a mesma exaltação guerreira com que teria gostado de marchar à frente da revolução. O regime fascista, finalmente, substituiu, na Itália, a um regime parlamentar e democrático muito mais evoluído e eficiente, do que aquele assaz embrionário e fictício, liquidado, ou simplesmente interrompido, na Espanha, pelo general Primo de Rivera. Na história do fascismo, em suma, se sente bater ativa, compacta e beligerante, a totalidade das premissas e dos fatores históricos e românticos, materiais e espirituais, de uma anti-revolução. O fascismo se formou num ambiente de iminência revolucionária –ambiente de agitação, de violência, de demagogia e de delírio-, criado física e moralmente pela guerra, alimentado pela crise pós-bélica, excitado pela revolução russa. Neste ambiente tempestuoso, carregado de eletricidade e de tragédia, se temperaram seus nervos e seus bastões; deste ambiente recebeu a força, a exaltação e o espírito. O fascismo, pelo concurso desses vários elementos, é um movimento, uma corrente, um proselitismo.

O experimento fascista, qualquer que seja sua duração, qualquer que seja seu desenvolvimento, aparece inevitavelmente destinado a agudizar a crise contemporânea, a minar as bases da sociedade burguesa, a manter a inquietação pós-bélica. A democracia emprega contra a revolução proletária as armas de sua crítica, seu racionalismo, seu ceticismo. Contra a revolução, mobiliza a Inteligência e invoca a Cultura. O fascismo, em contrapartida, opõe ao misticismo revolucionário um misticismo reacionário e nacionalista. Enquanto os críticos *liberais* da revolução russa condenam o culto da violência em nome da civilização, os capitães do fascismo o proclamam e o preconizam como seu próprio culto. Os teóricos do fascismo negam e detratam as concepções historicistas e evolucionistas que balançaram, antes da guerra, a prosperidade e a digestão da burguesia e que, depois do conflito, tentaram renascer reencarnadas na Democracia e na Nova Liberdade de Wilson e em outros evangelhos menos puritanos.

O misticismo reacionário e nacionalista, uma vez instalado no poder, não pode contentar-se com o modesto ofício de conservar a ordem capitalista. A ordem capitalista é demo-liberal, é parlamentar, é reformista ou transformista. É, no terreno econômico ou financeiro, mais ou menos internacionalista. É, sobretudo, uma ordem consubstancial com a *velha política*. E que misticismo reacionário ou nacionalista não se mistura com um pouco de ódio ou de detração da *velha política* parlamentar e democrática, acusada de renúncia ou de debilidade ante a "demagogia socialista" ou o "perigo comunista"? Não é este, talvez, um dos mais monótonos *ritornellos* das direitas francesas, das direitas alemãs, de todas as direitas? Por conseguinte, a reação, alçada ao poder, não se conforma em *conservar*; pretende *refazer*. Como renega o presente, não pode conservá-lo nem continuá-lo: tem de refazer o passado. O passado que se condensa nestas normas: princípio de autoridade, governo de uma hierarquia, religião do Estado, etc. Ou seja, as normas que a revolução burguesa e liberal abandonou e destruiu porque entravavam o desenvolvimento da economia capitalista. Assim, enquanto a reação se limita a decretar o ostracismo da Liberdade e a reprimir a Revolução, a burguesia bate palmas; mas logo, quando a reação começa a atacar os fundamentos de seu poder e de sua riqueza, a burguesia sente a necessidade urgente de dispensar seus bizarros defensores.

A experiência italiana é extraordinariamente instrutiva a este respeito. Na Itália, a burguesia saudou o fascismo como um salvador. A *Terza Italia* mudou a camisa vermelha garibaldina pela camisa negra mussoliniana. Os capitais industrial e agrário financiaram e armaram as brigadas fascistas. O golpe de Estado fascista obteve o consenso da maioria da Câmara. O liberalismo se curvou ante o princípio de autoridade. Poucos liberais, poucos democratas se recusaram alistar-se no séqüito do Duce. Entre os parlamentares, Nitti, Amendola e Albertini. Entre os escritores, Guglielmo Ferrero,[3] Mario Missiroli e alguns outros. Os clássicos líderes do liberalismo –Salandra, Orlando, Giolitti-, com maior ou menor intensidade, concederam sua confiança à ditadura. Transitoriamente, a adesão ou a confiança dessa gente foi embaraçosa para o fascismo; lhe impunha um trabalho de absorção, superior a suas forças e a suas possibilidades. O espírito fascista não podia atuar livremente se não digeria e absorvia antes o espírito liberal. Na impossibilidade de elaborar uma ideologia própria, o fascismo corria o risco de adotar, mais ou menos atenuada, a ideologia liberal que o envolvia.

A tormenta política desencadeada pelo assassinato de Matteotti contribuiu para uma solução deste problema. O liberalismo se separou do fascismo. Giolitti, Orlando, Salandra, *Il Giornale d'Italia,* etc. , assumiram uma atitude de oposição. Não seguiram o bloco de oposição em sua retirada do *Aventino.* Permaneceram na Câmara. Parlamentares orgânicos, não podiam fazer outra coisa. O fascismo ficou isolado. A seu lado não continuam senão alguns liberais-nacionais e alguns católicos-nacionais, isto é, os elementos mais nacionalistas e conservadores dos antigos partidos.

Os grupos de oposição esperavam forçar, assim, o fascismo a deixar o poder. Pensavam que, criado o vazio a seu redor, o fascismo cairia automaticamente. Os comunistas combateram essa ilusão. Propuseram à oposição do Aventino a constituição do Parlamento do povo. Frente ao Parlamento fascista de *Montecitorio*, deveria funcionar o Parlamento anti-fascista do Aventino. Havia que levar o boicote da Câmara a suas últimas conseqüências políticas e históricas. Mas esta era, franca e claramente, a via da revolução. E o bloco do Aventino não é revolucionário.

---

[3] Guglielmo Ferrero, nascido em Portici, próximo de Nápoles, em 1871, foi um pupilo do criminalista italiano Cesare Lombroso. Ao 26 anos de idade, publicou o controvertido *Europe Giovanne,* teorizando sobre a decadência da civilização latina. Foi exilado por Mussolini, mais tarde tornando-se professor de História da Universidade de Genebra.

Sente-se e proclama-se *normalizador*. O convite comunista não pôde, portanto, ser aceito. O bloco do Aventino se contentou em estabelecer a famosa questão moral: a oposição aventiniana recusava voltar à Câmara enquanto exercessem o poder, cobertos pelo voto de sua maioria, os homens sobre quem pesava a responsabilidade do assassinato de Matteotti, responsabilidade que sob um governo fascista, a justiça se encontrava coagida para esclarecer e examinar.

Mussolini respondeu a essa declaração de intransigência com uma manobra política. Enviou à Câmara um projeto de lei eleitoral. Na prática parlamentar italiana esse trâmite precede e anuncia a convocatória as eleições. Abster-se-iam também os partidos do Aventino de concorrer às eleições? O bloco se ratificou em sua intransigência. Insistiu na mancha moral. A imprensa de oposição publicou um memorial de Cessare Rossi, escrito por este antes de sua prisão, no qual o suposto mandante do assassinato de Matteotti acusa Mussolini. A mancha estava documentada. Mas a dialética da oposição repousava num equívoco. A questão moral não podia dominar a questão política. Tinha, antes, que ocorrer o contrário. A questão moral era impotente para obrigar o fascismo a sair do governo.

Mussolini o recordou à oposição em seu acre discurso do 3 de janeiro na Câmara. O preâmbulo de seu discurso foi a leitura do artigo 47 do Estatuto da Itália que outorga à Câmara dos Deputados o direito de acusar os Ministros do Rei e de enviá-los perante a alta Corte de Justiça. "Pergunto formalmente –disse- se nesta Câmara ou fora daqui existe alguém que se queira valer do artigo 47". E, logo, com dramática entonação, reclamou para si todas as responsabilidades do fascismo. "Se o fascismo –declarou- não foi senão óleo de rícino e porrete, e não uma paixão soberba da melhor juventude italiana, assumo a culpa! Se o fascismo foi uma associação de delinqüir, então, eu sou o chefe e o responsável por esta associação de delinqüir! Se todas as violências foram o resultado de um determinado clima histórico, político e moral, então, que a mim seja imputada a responsabilidade, porque esse clima histórico, político e moral foi criado por mim"! E anunciou, em seguida, que em quarenta e oito horas a situação ficaria esclarecida. Como cumpriu sua palavra? De uma maneira tão simples como notória: sufocando quase totalmente a liberdade de imprensa. A oposição, praticamente privada do uso da tribuna da imprensa, foi peremptória e rudemente convidada a voltar à tribuna do Parlamento. No Aventino já se prepara o retorno à Câmara.

Num recente artigo da revista *Gerarchia*, intitulado "Elogio aos correligionários", Mussolini passa em revista marcialmente as peripécias da batalha. Polemiza com a oposição. E exalta a disciplina de suas tropas. "A disciplina do fascismo –escreve- tem verdadeiramente aspectos de religião". Nessa disciplina reconhece "o ânimo das pessoas que nas trincheiras aprenderam a conjugar, em todos os modos e tempos, o verbo sagrado de todas as religiões: obedecer" e também "o signo da nova Itália que se despoja de uma vez por todas da velha mentalidade anarcóide, acreditando que somente na silenciosa coordenação de todas as forças, obedecerá às ordens".

Isolado, bloqueado, boicotado, o fascismo se torna mais beligerante, mais combativo, mais intransigente. A oposição liberal e democrática o devolveu a suas origens. O ensaio reacionário, livre do empecilho que antes o entravava e enervava interiormente, pode agora cumprir-se em toda sua integridade. Isto explica o interesse que, como experiência histórica, tem para seus contemporâneos a batalha fascista.

O fascismo, que durante dois anos quase havia se contentado em representar no poder o papel de gendarme do capitalismo, pretende hoje reformar substancialmente o Estatuto da Itália. Propõe-se, segundo seus líderes e sua imprensa, criar o Estado fascista, inserir a revolução fascista na Constituição italiana. Uma comissão de dezoito legisladores fascistas, presidida pelo filósofo Giovanni Gentile, prepara essa reforma constitucional. Farinacci, líder do extremismo fascista, chamado nesta emergência à secretaria geral do partido, declara que o fascismo "perdeu dois anos e meio no poder". Agora, livre da pesada aliança com os liberais, purgado dos resíduos da velha política, se propõe a recuperar o tempo perdido. Todos os capitães do fascismo falam uma linguagem exaltada e mística mais do que nunca. O fascismo quer ser uma religião. Giovanni Gentile num ensaio sobre os "caracteres religiosos da presente luta política", observa que "hoje se rompem, na Itália, por causa do fascismo, aqueles que pareciam até ontem os mais sólidos vínculos pessoais de amizade e de família". E por esta guerra, o filósofo do idealismo não sofre. O filósofo do idealismo é, desde há algum tempo, o filósofo da violência. Recorda, em seu ensaio, as palavras de Jesus Cristo: *Non veni pacem mittere, sed gladium. Ignem veni mittere in terram.* E assinala, a propósito da questão moral, que "este aspecto religioso da psicologia fascista gerou o mesmo aspecto na psicologia anti-fascista".

Giovanni Gentile, possuído pela febre de sua facção, exagera certamente. No Aventino não se acendeu ainda a chama religiosa. Menos ainda se acendeu, nem pode acender, em Giolitti. Giolitti e o Aventino representam o espírito e a cultura demo-liberais com todo seu ceticismo, com todo o seu racionalismo, com toda a sua crítica. A luta presente devolverá ao espírito liberal um pouco de sua antiga força combativa. Mas não conseguirá que renasça como fé, como paixão, como religião. O programa do Aventino e de Giolitti é a *normalização*. E por sua mediocridade, esse programa não pode sacudir às massas, não pode exaltá-las, não pode conduzi-las contra o regime fascista. Só no misticismo revolucionário dos comunistas se encontram os caracteres religiosos que Gentile descobre no misticismo reacionário dos fascistas. A batalha final não se livrará, por isso, entre o fascismo e a democracia.

CADERNO DE IMAGENS

Fileira de filiados ao partido de Mussolini (década de 1920).

Manifestação de apoio ao governo de Mussolini (década de 1920)

Manifestantes rebeldes correm da polícia política em Turim (c. 1920).

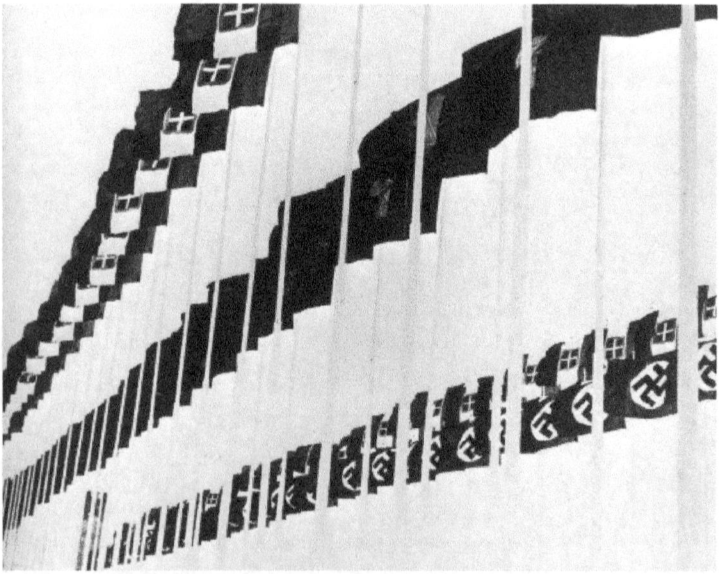

Bandeiras nazistas e fascistas perfiladas juntas durante a visita de Hitler à Itàlia.

Cartaz da mostra da "revolução fascista": influência da estética futurista.

Colagem de imagens de jornais da época.

Mussolini passa em revista suas tropas às vésperas da Segunda Guerra.

Natal dos meninos em filme 1924.

Roma, 19 de abril de 1919: Vittorio Emanuele Orlando e Sidney Sonnino durante a Conferência de Paris.

Mercado San Severino (Salerno, 1919): Comício eleitoral de Giovanni Amendola.

A Guarda Vermelha durante a ocupação de uma fábrica em Turim em setembro de 1920.

Outubro, 1922. Fascistas percorrem os arredores de Roma.

Roma, outubro de 1922. Manifestantes fascistas percorrem as ruas da cidade.